广东华侨史文库

粤籍华侨华人与海外华文教育

裴 艳 著

SPM 南方传媒 广东人民出版社

·广州·

图书在版编目（CIP）数据

粤籍华侨华人与海外华文教育 / 裴艳著. —广州：广东人民出版社，2023.7
（广东华侨史文库）
ISBN 978-7-218-16400-7

Ⅰ.①粤… Ⅱ.①裴… Ⅲ.①华侨—史料—广东 ②华文教育—国外 Ⅳ.①D691.7 ②G749.1

中国版本图书馆CIP数据核字（2022）第252819号

YUEJI HUAQIAO HUAREN YU HAIWAI HUAWEN JIAOYU
粤籍华侨华人与海外华文教育
裴 艳 著

版权所有 翻印必究

出 版 人：肖风华

策划编辑：王俊辉
责任编辑：李永新
装帧设计：奔流文化
责任技编：吴彦斌

出版发行：广东人民出版社
地　　址：广东省广州市越秀区大沙头四马路10号（邮政编码：510199）
电　　话：（020）85716809（总编室）
传　　真：（020）83289585
网　　址：http://www.gdpph.com
印　　刷：广州市人杰彩印厂
开　　本：787毫米×1092毫米　1/16
印　　张：14　字　数：250千
版　　次：2023年7月第1版
印　　次：2023年7月第1次印刷
定　　价：88.00元

如发现印装质量问题，影响阅读，请与出版社（020-85716849）联系调换。

《广东华侨史文库》是《广东华侨史》编修工程的组成部分

由《广东华侨史》编修工作领导小组办公室资助出版

《广东华侨史文库》编委会

主　编：张应龙

副主编：袁　丁　张国雄

编　委：（以姓氏笔画为序）

　　　　刘　进　吴行赐　肖文评　张应龙

　　　　张国雄　袁　丁　黄晓坚

《广东华侨史文库》总序

广东是我国第一大侨乡，广东人移民海外历史久远、人数众多、分布广泛，目前海外粤籍华侨华人有3000多万，约占全国的2/3，遍及五大洲160多个国家和地区。

长期以来，粤籍华侨华人紧密追随世界发展潮流，积极融入住在国的建设发展。他们吃苦耐劳、勇于开拓，无论是东南亚地区的产业发展，还是横跨北美大陆的铁路修建，抑或古巴民族独立解放战争以及世界反法西斯战争，都凝聚着粤籍侨胞的辛勤努力、智慧汗水甚至流血牺牲。时至今日，越来越多的粤籍华侨华人政治上有地位、社会上有影响、经济上有实力、学术上有成就，成为住在国发展进步的重要力量。

长期以来，粤籍华侨华人无论身处何方，都始终情系祖国兴衰、民族复兴、家乡建设。他们献计献策、出资出力，无论是辛亥革命之时，还是革命战争年代，特别是改革开放时期，都不遗余力地支持、投身于中国革命和家乡的建设与发展。全省实际利用外资中近七成是侨、港、澳资金，外资企业中六成是侨资企业，华侨华人在广东兴办慈善公益项目超过3.3万宗、捐赠资金总额超过470亿元，为家乡的建设发挥了独特而巨大的作用。

长期以来，粤籍华侨华人充分发挥桥梁纽带作用，致力于促进中外友好交流。他们在自身的奋斗发展中，既将优秀的中华文化、岭南文化传播到五大洲，又将海外的先进经验、文化艺术带回家乡，促进广东成为中外交流最频繁、多元文化融合发展的先行地，推动中外友好交流不断深入、互利合作不断拓展，成为世界和平与发展的友好使者。

可以说，粤籍华侨华人的移民和发展史，既是中国历史的重要组成部分，更是世界历史不可缺少的亮丽篇章。

站在中华民族更深入地融入世界、加快实现伟大复兴中国梦的历史关口，面对广东全面深化改革开放、奋力实现"三个定位、两个率先"总目标的使命要求，中共广东省委、广东省人民政府决定编修《广东华侨史》，向全世界广东侨胞和光荣伟大的华侨历史致敬，向世界真实展示中国和平崛起的历史元素，也希望通过修史，全面、系统地总结梳理广东人走向世界、融入世界、贡献世界的历史过程和规律，更好地以史为鉴、古为今用，为广东在新形势下深化改革开放、加快转型升级、进一步当好排头兵提供宝贵的历史经验，形成强大的现实助力和合力。

编修一部高质量的《广东华侨史》，使之成为"资料翔实、观点全面、定性准确、结论权威"的世界侨史学界权威的、标志性的成果，是一项艰巨的使命，任重而道远。这既需要有世界视野的客观立场，有正确把握历史规律的态度和方法，有把握全方位全过程的顶层设计，更需要抓紧抢救、深入发掘整理各种资料，对涉及广东华侨史的各方面重大课题进行研究，并加强与海内外侨史学界的交流，虚心吸收国内外的研究成果。作为《广东华侨史》编修工程的重要组成部分，编辑出版《广东华侨史文库》无疑十分必要。我希望并相信，《广东华侨史文库》的出版，能够为广东华侨华人研究队伍的培育壮大，为广东华侨华人研究的可持续发展，为《广东华侨史》撰著提供坚实的学术理论和基础资料支撑，为推进中国和世界的华侨华人研究做出独特贡献，并成为中国华侨华人研究的重要品牌。

是为序。

广东省省长 朱小丹

2014年8月

目 录

第一章　粤籍华侨华人的分布　　　　　　　　　　　　　　　／001
　第一节　亚洲　　　　　　　　　　　　　　　　　　　　　／002
　第二节　美洲　　　　　　　　　　　　　　　　　　　　　／016
　第三节　欧洲　　　　　　　　　　　　　　　　　　　　　／028
　第四节　大洋洲、非洲　　　　　　　　　　　　　　　　　／036
第二章　粤籍华侨华人与"二战"前东南亚华侨教育　　　　　／047
　第一节　华侨教育的初步发展：从私塾到新式学堂　　　　　／047
　第二节　居留地政府管控下的巩固与提高　　　　　　　　　／058
　第三节　粤籍会馆与华侨教育　　　　　　　　　　　　　　／068
　第四节　与祖邦、居留地的关系　　　　　　　　　　　　　／082
第三章　粤籍华侨华人与"二战"后初期东南亚华文教育的
　　　　兴衰　　　　　　　　　　　　　　　　　　　　　　／097
　第一节　新马地区粤侨华文教育的复兴与分途　　　　　　　／098
　第二节　印尼、越南、柬埔寨、缅甸四国粤侨华文教育的
　　　　　兴衰　　　　　　　　　　　　　　　　　　　　　／114

第三节　泰国粤侨华文教育的兴衰　　/ 118
第四章　粤籍华侨华人与当代东南亚华文教育的复兴　　/ 121
　　第一节　越南、柬埔寨、印尼粤侨华文教育的重生　　/ 122
　　第二节　新、马、泰粤侨华文教育发展的新阶段　　/ 132
第五章　粤籍华侨华人与美洲华文教育　　/ 142
　　第一节　粤籍华侨华人与美国华文教育　　/ 142
　　第二节　粤籍华侨华人与加拿大华文教育　　/ 156
　　第三节　粤籍华侨华人与拉丁美洲华文教育　　/ 165
第六章　粤籍华侨华人与欧、非、大洋洲华文教育　　/ 172
　　第一节　粤籍华侨华人与欧洲华文教育　　/ 172
　　第二节　粤籍华侨华人与非洲华文教育　　/ 187
　　第三节　粤籍华侨华人与大洋洲华文教育　　/ 196
余论　粤籍华侨华人与华文教育：从历史看未来　　/ 207

第一章 粤籍华侨华人的分布

广东是中国人海外移民的大省，早在唐朝末年就有广东商人到东南亚进行海外贸易，并留居东南亚各港口。近代以来，广东人在世界范围内的迁徙和流动经历三个高潮时期。第一个高潮是鸦片战争以后，海禁放开，同时西方国家开发殖民地、发展资本主义需要大量劳力，大量广东贫苦农民以契约劳工或自由移民的身份移居海外。1801—1925年，到达英属海峡殖民地的契约劳工有180万~210万。鸦片战争后的百年间自由移民至少在180万以上，他们主要移往东南亚和美洲[①]。第二次高潮是东南亚地区和非洲地区的粤籍华侨华人再移民到北美洲、欧洲和大洋洲。第三次高潮是改革开放以后，中国放宽公民出入境管理政策，通过寻亲团聚、自费留学、商务移民、技术移民等途径移居海外的广东人日益增多。截至2010年，海外粤籍华侨华人约有3000万，分布在160多个国家和地区，其中亚洲约有2300万，美洲约有470万，欧洲约有50万，大洋洲约有45万，非洲约有20万[②]。

---

① 广东省地方史志编纂委员会编：《广东省志·华侨志》，广州：广东人民出版社，1996年，第47页。
② 广东省人民政府侨务办公室、广东省社会科学院：《侨力资源新优势与广东转型发展——2011广东海外侨务资源调研报告》，2012年，第4页。

第一节 亚洲

亚洲是粤籍华侨华人聚居人口最多的地区，其中东南亚在中国以南，且与中国海路交通，是粤籍华侨最主要的居留地。东南亚迄今共11个国家，分布于中南半岛、菲律宾群岛和印尼群岛。就移民比例而论，中南半岛中部的泰国为粤籍华侨最集中的国家，曾有数据显示，该国华侨中，粤籍占十分之九以上，闽籍不及十分之一。菲律宾则恰好相反，闽籍占据绝对多数。越南和柬埔寨华人数量有限，但同样是粤籍华人的集中地。如果以绝对人数论，中南半岛南部的新马地区为东南亚华人散布的中心，所以新马地区的粤侨数量最为可观。

一、泰国

中泰（古称暹罗）交通历史久远，泰国四分之一的人口具有华人血统，足以证明华侨移居泰国之众。华侨移居泰国始于海洋贸易，广东、福建两省以东南沿海的地理优势和先进的航海技术，历来是泰国华侨主要的来源地。在十八世纪以前，福建帮是暹罗华侨的主要方言集团，广东帮要略逊一筹。但是十八世纪以后，广东帮人数增长迅速，逐渐在暹罗华侨中取得绝对优势地位，到1955年，泰国华侨华人总数为231.5万人，其中祖籍广东的有200.7万，占86.7%。[①] 粤籍华侨人数的持续增长得益于诸多因素：

第一，1767—1782年，郑昭成为暹罗王，开启潮州人在泰国历史的近代"曼谷纪元"。郑昭祖籍是广东潮州澄海县，他的父亲在曼谷经商，他谙习武术，在暹罗王宫做侍卫。1766年缅甸军队攻破暹罗首都，暹罗王朝覆灭，后来郑昭率领华侨子弟兵驱逐缅军，收复王城，成为暹罗王，建立吞武里王朝。"他对本身所属的那个语系集团的慈爱态度，鼓励了潮州人移居暹罗。"[②]

第二，从19世纪中叶到"一战"以前，世界贸易的增长、暹罗经济繁

[①] 聂德宁：《华侨在近代中国与东南亚贸易往来中的地位和作用》，载庄国土《世纪之交的海外华人》，福州：福建人民出版社，1998年，第169页。

[②] ［美］施坚雅著，许华等译：《泰国华人社会：历史的分析》，厦门大学出版社，2010年，第51页。

荣和中暹新航运的发展为广东帮各方言群入境暹罗提供了有利条件。为适应世界市场对食糖、胡椒和其他农产品的需求，暹罗东南部和南部种植园不断扩大生产，农民和种植园工人数量不足，潮州人擅长农业种植，自然有大批潮州人进入曼谷和暹罗湾上游的种植园劳动、定居。类似的还有海南人，他们擅长种棉，暹罗种棉业的发展为他们移居求生提供了机会。大量潮州人、海南人能够移民暹罗也离不开两地与暹罗航运交通便捷度的提高。1860年汕头开埠，1882年曼谷至汕头开通定期直达客轮，在最初的两年期间，平均每星期有一班船，1886年曼谷至海口同样开通定期直达客轮，这两条航线保持了50多年，成为潮州人、海南人在19世纪后半叶移居暹罗的关键性因素。另外，汕头与曼谷之间航运的发展不仅促进了潮州人的迁徙，粤籍乡民中其他方言群体也借此路线流入曼谷，最典型的例子就是客家人。客家人的侨乡主要集中于韩江上游及其支流一带，汕头是客家人移民出国最近的港口，汕头与曼谷两地贸易与航运的畅通明显加剧了客家人移居暹罗的趋势。根据1879年中国海关的统计，当年从汕头出境的17215名移民中，客家人大约占27%~29%。

第三，广东近代以来受内乱、革命影响较深，乡民居无宁日，外逃避祸，这样的社会政治背景是粤籍华侨移民暹罗的又一因素。太平天国运动后，潮州地区多年处于"无政府"的混乱状态，辛亥革命前后20年，海南人、广府人、客家人与潮州人的侨乡内乱不断，盗匪横行，械斗等流血冲突时有发生。国民大革命期间，广东作为革命发源地亦饱受战争之苦。1927年，国共分裂，蒋介石在广东对共产党发动进攻，使1927—1928年华人移入暹罗形成空前的高峰。抗日战争全面爆发后，日军侵略范围很快波及华南，广东沿海居民纷纷离乡外逃，1937—1945年，每年移居泰国的有6万，合计40余万[①]。

"二战"以后，泰国限制华侨自由出入，1947年中泰协议每年移民限额1万人，1949年更减至200人，广东华侨移居泰国几乎停止。1976年，中泰建交，1978年，中国确立对外开放经济政策，粤籍新生代不断到泰国求学、工

---

① 陈烈甫著：《华侨学与华人学总论》，台湾商务印书馆，1987年，第91页。

作、发展、经商，粤籍华侨华人的数量增长很快。据2010年统计，泰国华侨华人总数有700万左右（另据当地华社人士估计，泰国的华侨华人可能已经超过1000万），其中粤籍占80%以上，粤籍华侨华人中潮汕籍约占70%，广州、肇庆籍约占9%，客家籍占6%。①

二、新加坡和马来西亚

新加坡和马来西亚如今是两个独立的国家，但在近代历史上两者同属马来亚，就华人移民的角度观察，两者密不可分。中国与马来亚的经济联系可上溯至公元前200年，但有据可查的移民活动则在唐代方才出现，主要是一些僧侣到印度求佛，还有政府派遣的使臣到海外宣示国威，僧侣和使臣仅途经马来亚或作短暂停留，长期留居的人非常少。宋元以后，随着中外贸易的发展，往来于马来亚的中国商人渐渐增多，在马六甲形成了华人移民聚落，但初期多是来自福建的商人。16世纪以后，随着葡萄牙、英国等西方殖民势力侵入马来亚，马六甲、槟城、威尔斯、新加坡等沿海港口相继被开发，并向内陆逐渐伸展。中国东南沿海流入马来亚经商、垦殖、开矿、做工的人越来越多，其中很多来自广东各方言区。1778年白克莱的《星洲纪事》中提到的第一个中国人就是1763年出生在广州，15岁到南洋的陈泽生。

1840年后，中国海禁大开，广东省地方官员、普通民众对海外移民的态度更加宽容。清政府在法律上确立了中国人迁徙海外谋生定居的自由，加上西方殖民者开拓马来亚迫切需要大量劳工，粤人纷纷设法南渡，新加坡当时是南洋交通中心，许多人经过此地转道缅甸、印尼，但是更多人留居新加坡或者慢慢流动到马六甲、槟榔屿等地。据1881年英人所刊户口册统计，新加坡当年有华人86066人，其中广东籍有51986人，分别是广州14853人，潮州22644人，嘉应州6170人，琼州8319人，另有福建人24981人，三州府（新加坡、马六甲、槟榔屿）土生华人9527人，不列籍华人272人。②锡矿是马来亚的主要自然资源，早期粤籍乡民中做锡矿劳工的人很多，在马来联邦，矿业

---

① 吴锐成主编《侨情与侨务文集》（第一辑），广东省人民政府侨务办公室，2010年，第2页。
② 吴玉成著：《广东华侨史话》，香港：世界出版社，1996年，第112页。

工人的主要来源是广州人和客家人①。潮州移民因为擅长种植业，许多人在新加坡的种植园劳作，主要种植的作物有木薯、胡椒、甘蔗、丁香、甘密等。海南人则多居住在城镇中做欧洲人的仆役或零售商，或在柔佛等地乡间从事树胶业。侨民中大多数人生活在社会底层，做小商小贩或苦力劳动，但也有部分人通过承包种植园、垄断经营获利丰厚，成为富商，据1881年马建忠槟榔屿游历记载，"此间华商侨寓者约8万人，潮商为首，广帮次之，非如新加坡之富户尽属广人"②。说明到19世纪末，槟城、新加坡粤人中家资丰厚的富商已经不在少数。

粤籍人到马来亚除了以契约劳工的身份或通过亲族乡缘的关系自由移民外，还有部分是有组织地被成批招募过去，比如，在沙巴和砂拉越，因为荒地辽阔、人口稀少，所以20世纪初年曾有广东农工集体移居到此建立垦殖区。1901年，广东人邓恭叔在砂拉越诗巫创立广东农业公司，第二年与砂拉越白人罗阇签约，招募广东农民开垦种植园。尽管后来公司因此亏损被拍卖，但广东移民后裔仍聚居其间，形成广东港。

19世纪下半叶至20世纪上半叶的百年间，马来亚的粤籍人数量增长很快，据1921年、1931年、1947年三次人口统计，广州人：332307——418298——641945，客家人：318139——218739——437407，潮州人：130231——209004——364232，海南人68393——97894——157649。③尽管客家人在1921和1931年统计时间段，出现了异常的人数减少，但广东帮从1921年84万余增加到1947年160余万，二十年间人数增长了一倍，粤籍人移居马来亚规模可见一斑。

"二战"以后因为国际政治局势的改变，中国向海外移民几乎中断30年，在此期间，马来亚从殖民统治下解放出来成为独立国家，新加坡从马来西亚联邦脱离，建立独立的共和国，华人在马来西亚和新加坡地位有所不同。在马来西亚，华人是次于马来人的第二多数民族，但马来西亚政府对华人的政策多有排斥和限制，华人在马来西亚总人口的比例呈下降的趋势。在

---

① 陈达：《南洋华侨与闽粤社会》，北京：商务印书馆，2011年，第66页。
② 吴玉成著：《广东华侨史话》，香港：世界出版社，1996年，第112页。
③ 以上为根据《南洋华侨与闽粤社会》和《华侨学与华人学总论》二书综合而得的数据。

新加坡，华人是主要多数民族，占总人口四分之三，新加坡成为除中国外，世界上唯一以华族人口占绝大多数的国家。随着时间的推移，尤其是1974年、1990年中马、中新相继建立外交关系，中国对外交往日益广泛频繁，越来越多的新移民流入新马，两国华侨华人的数量不断升高。根据《新加坡统计年鉴》2014年数据，新加坡华侨华人总数约达353.3万，其中福建人、潮州人和广府人涵盖了新加坡华人人口的四分之三，根据《广东省志·华侨志》对新加坡粤籍华侨占45%的估算，新加坡粤籍华人总数约为159万。而2000年对马来西亚华人统计的数据显示，马来西亚共有华人600万，其中客家人130万（占21%），广府人114万（占19%），潮州人72万（占12%）。①

三、印尼

印尼为距离中国最远的东南亚国家，但考古发现，早在汉代中印尼之间已经产生经贸往来。粤人移居印尼，见于史料记载的，始于唐朝末年。当时，黄巢率领的农民军袭击广州，为了躲避战祸，部分广东人南下逃亡到爪哇、苏门答腊等地，有的选择留居此地，逐渐形成聚落。公元943年，阿拉伯旅行家马素途经苏门答腊，看见"有许多中国人耕植于此岛，而尤以巴林邦（即三佛齐，今巨港）区域为多，概避其国中黄巢之乱而至者"。②此后，随着时间推移，历朝历代都有一些广东人因为躲避战乱、出洋贸易、外出谋食等原因移居印尼。如，元末明初，有广东南海的梁道明带着家眷流寓苏门答腊巨港，成为数千闽粤军民的首领，雄视一方。此外，巨港地区还有一个以广东潮州陈祖义为首的华人移民集团。爪哇岛也是明初广东移民的聚集点。据跟随郑和下西洋的通译马欢的《瀛涯胜览》记载，东爪哇出现的若干华侨村落中有许多是广东人，"杜板（今厨闽），……此处约千余家，以二头目为主，其间多有广东及漳州人流居此地"，"新村（今格雷西，又译锦石），……原系沙滩之地，盖因中国之人来此创居，遂名新村，至今村主广东人也。约千余家"。③

---

① 李逢蕊：《客家根源与客家精神》，发表于2000年8月27日，马来西亚客联代表大会开幕词摘要。
② 温广益等编著：《印度尼西亚华侨史》，北京：海洋出版社，1985年，第55页。
③ 广东省地方史志编纂委员会编：《广东省志 华侨志》，广州：广东人民出版社，1996年，第39页。

16世纪以后，荷兰殖民者入侵印尼，殖民地经济的开拓需要大批劳动力，在此背景下，移居印尼的广东人日渐增多，这其中有很大一部分是被绑架或诱骗而至的。17世纪初，一名离任的荷兰东印度公司总督在给他继任者的备忘录中说："巴达维亚、摩鹿加、安汶、班达等地区，目前正需要很多工人去开发，世界上没有比中国工人更适合做这项工作的。现在季候风正好，他们可以派遣战舰前往中国海岸，俘虏中国男女幼童以归。"①闽粤两省濒临海岸，受此不人道的招徕劳工政策的影响尤深。鸦片战争以后，清政府开放海禁，加之荷兰开始开发苏门答腊，需要大批劳工种植烟草、橡胶，开发锡矿，遂在香港、汕头两地设站招募劳工，自1888年到1931年的四十三年中，华工受雇在苏岛棉兰登陆的就有30.5万人，其中许多为粤籍人，到民国后期，印尼的粤籍侨民已经形成庞大的群体。据统计，1930年，印尼粤籍华侨共有426678人，其中客家人200736人，潮州人89812人，广府人136130人②。四年之后，这个数字进一步升高。根据1934年国民政府侨务委员会的统计，印尼的华侨共有1232650人，其中客家人占20%，共计246530人，潮州人占10%，共计123265人，广府人占15%，共计184897人③，粤籍总数超54万。

印尼早期的粤籍华侨主要从事矿业和种植业。早在1776年，就有客家人在婆罗洲（今加里曼丹岛）西部的坤甸开辟矿区，他们用先进的工艺方法，扩大了当地金矿开采的规模。后来，客家人还在邦加、勿里洞开辟了许多锡矿场，大量的锡矿工人都是客家人，他们形成了华族聚落中的矿区模式，具有强韧的地缘和血缘纽带。在苏门答腊、加里曼丹的油田和煤矿，则有众多的广府人及潮州人被雇用。粤籍侨民也在乡村定居，从事农业和园艺，其中尤以潮州人最为典型，他们种植水稻、水果、蔬菜，也大规模种植烟草、胡椒、甘密、蔗糖、橡胶等经济作物。当然也有相当数量的粤侨经商，他们常常按照不同的方言群形成各自的行业优势，比如梅县的客家华侨多经营杂货、酒类、鞋、首饰、缝衣、洗衣店及理发店，广府人多经营饮食、旅店、

---

① 李学民、黄昆章著：《印尼华侨史（古代至1949年）》，广州：广东高等教育出版社，2005年，第98页。
② 杨建成：《三十年代荷属东印度华侨商人》，台北："中华学术院"南洋研究所，1984年，第17-18页。
③ 杨建成：《三十年代荷属东印度华侨商人》，台北："中华学术院"南洋研究所，1984年，第20页。

照相业、土木工程及机器修理等。19世纪中叶以后，随着近代航运发展以及商业贸易日趋发达，粤籍华侨中的一些商业精英抓住机遇，扩大自己的商业规模，积累大量财富，成为华社的中坚力量。比如大浦籍张弼士在巴达维亚（今雅加达）经商有成后，又在印尼农村开办多家垦殖公司、矿务公司，还创设现代轮船公司，航运于东南亚和中国南部港口，他经营的企业涉及农、工、商、矿、金融、交通等多个行业，建立庞大的商业帝国，成为南洋巨富。还有棉兰开埠功臣张榕轩、张耀轩兄弟，巴城中华商会首任会长丘燮亭、著名实业家丘元荣等都是印尼商界的代表人物。

"二战"以后，印尼独立建国，尽管苏加诺执政期间，中印尼关系良好，但苏加诺政府对内实行民族主义政策，不再允许华人自由出入，加强了对华侨的监督和控制。1966年苏哈托上台后，进一步实行严厉的华人同化政策，禁止中国人入境，所以印尼华人数量的增长主要依靠人口的自然增长。据统计，1961年印尼华侨华人总数为245万[1]，20世纪80年代初大约为600万，2005年为800万，占印尼总人口的3%～4%。印尼华侨华人一直以来以闽籍和粤籍为主，与闽人相比，大致在19世纪中叶以前，粤籍侨民数量少于闽籍；但自苏岛开发，粤籍人大量流入，加之印尼独立前后，许多客家人涌入雅加达做建筑技工与劳工，所以如今印尼的华侨华人中粤籍至少约略与闽籍相当，或者超过闽籍。由于印尼当局长期没有进行人口统计和调查，所以依据历史的数据和相关人士估算，华侨华人中粤籍约占45%[2]，即360万左右。[3]

四、印支三国

印支三国分别为越南、老挝和柬埔寨，作为中南半岛东部的三个国家，它们在地理、历史和文化方面，均具有密切的相关性，中国移民在印支三国的兴衰、历史遭遇也可作为一个整体观察。

在东南亚国家中，越南是与中国关系最密切的，在秦汉—宋代的千年

---

[1] 黄昆章著：《印尼华侨华人史（1950至2004年）》，广州：广东高等教育出版社，2005年，第11页。
[2] 广东省地方史志编纂委员会编：《广东省志·华侨志》，广州：广东人民出版社，1996年，第59页。
[3] 刘权著：《广东华侨华人史》，广州：广东人民出版社，2002年，第61页。

中，越南北部作为中国领土的一部分，由中国皇帝设郡县、派地方官进行行政管理，因此严格意义上的越南华侨是在宋代以后出现的。广东与越南隔海相望，海路交通便利，因此越南独立建国后，就有广东人移居越南。目前所见碑刻资料显示，元明时期，粤籍华侨商人主要聚居在越南北方的庸宪（今兴安省兴安市），并修建天后庙，形成华人社区[①]。尽管也有文人、画家因为躲避战乱、外出谋生移居越南，但从事季节性往返贸易或自愿在海外居留的经纪人仍然是华侨的主体。他们携带中国特产瓷器、漆器、丝织、凉伞、药材、草席、锡器、铁器等交换越南的米粮。这些商人多数来自闽粤两省，在17世纪以前，闽商多于粤商。明末清初，因为抗清斗争失败而流亡海外的明朝遗民中有整批逃入印支地区的；清朝平定台湾后开放海禁，沿海居民中海外经商、偷渡越境的人日渐增多，掀起了一轮移民高潮，印支地区的广东移民主体更加多样化。据1727年浙闽总督奏报，"从前商船出洋之时，每船所报人数，连舵水、客商，总计多者不过七八十人，少者六七十人，其实每船皆私载二三百人。到彼之后，照外多出之人俱存留不归。更有一种嗜利船户，略载些货物，竟将游手之人偷载至四五百之多，每人索银八两或十余两，载往彼地，即行留住。此等人大约闽省居十之六七，粤省与江浙等省居十之三四"[②]。显然，私自偷渡出境、定居海外的贫民成为粤籍侨民的一个新群体。18世纪末19世纪初，中国国内人口膨胀，闽粤两省因为农产不丰，缺少粮食，出现了大量海外移民。在印支地区，这些侨民以交趾支那为中心发展起来，他们深入到安南人、柬埔寨人当中，进行米、盐、酒、鸦片、肉桂、烟草、砂糖等物产的交易，几乎垄断了对外贸易。[③]在此期间，粤籍侨民数量增长迅速，1896年，越南南部安江省龙川市的广东会馆碑刻记载华人商号多达785家，广泛分布于越南南方的十一个地区。在北方，1803年，河内帆行街的广东会馆碑刻记载"我客有历世以居，有新到以处，舟车之辏集，

---

① 谭志词：《17—19世纪的越南广东籍华侨华人——以碑刻史料为中心的分析》，刘泽彭主编《互动与创新——多维视野下的华侨华人研究》，桂林：广西师范大学出版社，2011年，第3页。
② 刘鉴唐、张力主编：《中英关系年要录（公元13世纪—1760年）》第一卷，成都：四川省社会科学院出版社，1989年，第362–363页。
③ 崔丕、姚玉民译《日本对南洋华侨调查资料选编（1925—1945）》第一辑，广州：广东高等教育出版社，2011年，第142页。

货殖之居奇，近古以来，于今为盛"，1815年会馆重修时，捐款名单有263人和商号，而同年修建的福建会馆碑刻记录的捐款人数只有30人①，说明到19世纪，粤籍华侨华人在数量已经超过福建人。

印支地区华人数量的增长也得益于19世纪初年越南政府实行分帮治理、以华治华的统治政策。华侨按照籍贯、方言、习俗的不同，被分为广肇、福建、福州、潮州、客家、海南、琼州等七府，后来又合并为五府，无论是七府还是五府，各方言群的帮长都被授予充分的权力管理帮内成员，这种政策导致华人势力的进一步扩张。

19世纪中叶以后，法国殖民势力深入远东，越南、柬埔寨先后成为法国殖民地。为了鼓励更多的中国契约劳工到印支地区开发殖民地，法国殖民当局继承越南阮朝分帮治理的统治模式，对华侨采用自由主义的政策，使得华侨人数增长很快，据统计，到1906年，印支三国的华侨人数约为232000人②，其中大部分是粤籍。与闽侨主要经商不同，粤侨的职业构成比较多样，广东南部沿海的广肇帮多集中在城镇，尤其是堤岸等华侨众多的城市，他们有制作各种家用电器、装饰品和机修、木工、制鞋、制衣的特长，西贡和堤岸的杂货业几乎是他们的独门生意。潮州人多是鸦片战争后以契约华工的身份进入越南的，他们除了一少部分经营商业外，多做苦力和船夫，在越南西部从事农业的也为数不少。海南帮大多从事农业，尤以种植胡椒为主，但也有不少人在大城市做帮佣。客家人的商业势力紧随在福建人和广东人之后，"茶商方面大致为其所独占"③。19世纪末20世纪初，法国殖民者忌惮华侨势力的增长，于是设卡征税，限制移民入境。在经济上，法国人控制了矿业、新式经济作物的种植，管制稻米贸易，力图清除华侨势力，但胡椒和蔬菜种植仍掌握在粤籍华侨势力下，其中胡椒为印度支那出口到欧洲的重要作物，产量占世界产量的1/7，海南华侨垄断胡椒种植，蔬菜栽培由广东华侨垄断④。

---

① 谭志词：《17—19世纪的越南广东籍华侨华人——以碑刻史料为中心的分析》，刘泽彭主编《互动与创新——多维视野下的华侨华人研究》，桂林：广西师范大学出版社，2011年，第4页。
② 杨建成主编：《法属中南半岛之华侨》，台北："中华学术院"南洋研究所，1986年，第33页。
③ 杨建成主编：《法属中南半岛之华侨》，台北："中华学术院"南洋研究所，1986年，第52页。
④ 崔丕、姚玉民译《日本对南洋华侨调查资料选编（1925—1945）》第一辑，广州：广东高等教育出版社，2011年，第159—160页。

据统计，20世纪30年代，广肇籍华侨占越南全部华人人口的50%，潮州、海南、客家籍华人共占30%，闽籍华人占20%①。

"二战"以后，中国陷入内战，闽粤两省迁入印支三国的侨民增多，到20世纪50年代，印支三国华侨华人总数为130.5万人，其中越南100万人（南越95万人，北越5万人），柬埔寨30万人，老挝5000人②。其中粤籍华侨华人一般估计占总数的60%左右，约为78万人。③之后近三十年，印支华人社会实现了平稳发展，尽管受民族主义思潮影响，印支三国独立后实行了不同程度的限制华侨的政策，但总体上，华侨华人的规模、社团、经济都得到一定发展，粤籍华侨华人数量也水涨船高。据统计，柬埔寨在20世纪60年代初华侨华人总数为42.5万，其中粤籍各方言群占98%，计41.7万人。20世纪70年代中叶，越南华侨华人约为150万，其中最大的方言群体为广东人④；老挝华侨华人总数10万人左右（也有人估计为15万），其中以潮州人最多，占70%，其次为客家、海南和云南人⑤。

20世纪80年代末，印支三国重新恢复和平发展，华人社会地位改善，经济优势地位得以重建，流落到世界各地的难民有一部分重返印支地区，因此三国华人人口不断增加。由于70年代末难民潮以及新移民涌入的影响，印支三国各方言群体的人口比例变得比较复杂。据1989年越南胡志明市统计，广东方言群体占华人总数的56.5%，潮州人、客家人、福建人和海南人所占比例分别为34%、1.5%、6%和2%⑥。2002年日本学者对柬埔寨金边华侨聚居区的调查表明，广东省各方言群体比例约为：潮州籍80%，广肇籍15%，海南籍4%，另有少量客家人。⑦越柬两国粤籍人仍占绝大多数，但老挝有所不同，1999年学者对琅勃拉邦的调查发现，粤籍华人比例已经很少，95%为新迁的

---

① 庄国土著：《华侨华人与中国的关系》，广州：广东高等教育出版社，2001年，第179页。
② ［英］霍尔著，中山大学东南亚研究所译：《东南亚史》下册，北京：商务印书馆，1982年，第973页。
③ 广东省地方史志编纂委员会编：《广东省志·华侨志》，广州：广东人民出版社，1996年，第52页。
④ ［法］利奥内尔·韦隆：《1975至1979年间的越南华人》，《八桂侨史》1989年第1期。
⑤ 庄国土：《略论二战以来老挝华人社会地位的变化》，《华侨华人历史研究》2004年第2期。
⑥ ［越南］陈庆：《越南华人的人口学分析》，《八桂侨刊》2001年第3期。
⑦ ［日］野泽知弘《柬埔寨的华人社会——关于金边华人华侨聚居区的调查报告》，《南洋资料译丛》2012年第2期。

云南人[1]。以上述调查为计算依据，目前印支地区，越南华人115万，粤籍占94%，计108万；柬埔寨华人80万，粤籍占99%，计79万。

五、缅甸

缅甸位于中南半岛西侧，与中国云南省交界，因此中缅两国早期的交往，主要表现为云南商人往返两地开展商贸，但是交易的商品比较单一，一般是用四川产的工艺品、井盐换回缅甸的土产，其中有少量商人留居缅北开店营业，成为最早的华侨。之后，一部分抗清失败的明朝遗民逃入缅北，在乡间与土人杂处，垦殖农田、开采银矿，成为华侨的又一来源。

粤籍人移居缅甸开始于中缅海上交通开辟之后，时间大约为17世纪中叶。当时的航线大致为广东沿海—越南—马来亚—新加坡—马六甲海峡—缅甸仰光。与云南商人不同，粤商驾驶帆船到达缅甸要绕过中南半岛一圈，除了携带中国产品如瓷器、丝绸、细布、茶叶与工艺品外，还能沿途顺便携带马来亚和印尼出产的土产和黄金，使得商路大大扩充。19世纪中叶以后，英国殖民者占领缅甸，为了开发殖民地，英国殖民当局广泛招徕华侨到缅甸开展商贸、修路架桥，从事基础建设。缅甸华侨数量迅速增加，到1941年，总数达35万人。

英属缅甸时期移居的华侨主要来自闽粤两省，其中很多人是从马来亚再移民而来。他们多分布在下缅甸，职业略有分工：闽侨经营的为米业、辗绞、土产、出入口、布匹、百货、杂货、航运、汽车运输、化妆品、茶业、咖啡、养猪、养鸭等；粤侨经营的为酒楼、餐馆、茶室、当铺、木材、建筑工程、酒菜、瓷器、什货、金饰及各种技工等[2]。闽粤华侨数量比较，则闽人略多于粤人，1931年，下缅甸沿海和伊洛瓦底江三角洲地区的福建人有50038人，广东人有33990人[3]。

"二战"后缅甸独立，在国家主义政治理念下，缅甸华人受到排挤。1962年，缅甸军人集团掌政，积极推行国有化政策，导致缅甸华人生存困难，有10万华人移居泰国、新加坡、澳大利亚与美国南加州。1982年，缅甸

---

[1] 庄国土：《略论二战以来老挝华人社会地位的变化》，《华侨华人历史研究》2004年第2期。
[2] 陈烈甫著：《华侨学与华人学总论》，台湾商务印书馆，1987年，第108页。
[3] 夏玉清：《当代缅甸华人社会的延续与变迁》，《东南亚纵横》2018年第3期。

政府通过新公民权法，歧视外籍人，使华人难以立足，许多人移居中国台湾和香港地区、澳大利亚与美洲。1988年以后，随着缅甸国内政局的变化以及中缅关系好转，缅甸调整华人政策，缅甸华人数量、华人经济地位和华人社会逐渐恢复发展。

据2008年广东省侨办的调研统计，缅甸华侨华人有250万～300万人，其中云南籍超过60%，福建籍约30%，广东籍约10%[①]。

六、菲律宾

菲律宾是位于西南太平洋的一个群岛国家，与东南亚其他国家相比，这里的华人数量不多，华人在全国人口中的比例最低。从籍属上看，菲律宾华侨几乎都来自粤闽两省，且闽侨数量远远超过粤侨。

广东省与吕宋岛的贸易关系最早可以上溯至宋代。《宋史》记载，"又有摩逸国，太平兴国七年（982年），载宝货至广州海岸"。清雍正年刊刻的《海国见闻录》，记载了从广州出发，经过西沙群岛与东沙群岛之间的长沙门通往菲律宾群岛的航路——"广之番舶、洋艘，往返南洋吕宋、文莱、苏禄等国者，皆从长沙门而出"[②]。正是在广东与菲律宾的古代贸易活动中产生了早期的粤籍侨民。16世纪以后，西班牙统治菲律宾，为了扩大中菲之间的贸易规模，西班牙殖民者设立贸易商馆，鼓励中国沿海居民来菲贸易和留居，华侨商人、技工等大量涌入菲岛，但因为地理和交通相对不便，粤侨的数量并不多。第一次鸦片战争之后香港开埠，随着香港、澳门与马尼拉通航，粤侨到菲的人数渐渐增多。19世纪中叶，旅菲粤侨有500人，到19世纪末增加到3000人，占菲华侨总数的5%[③]。粤侨主要集中在马尼拉和怡朗两地，从事饮食、制鞋业以及经营商业。到19世纪末，粤侨经营的商号约有500多家[④]。

---

① 吴锐成主编：《侨情与侨务文集》（第一辑），广东省人民政府侨务办公室，2010年，第1页。
② （清）魏源：《魏源全集》第17册皇朝经世文编卷70-89兵政，长沙：岳麓书社，2004年，第560页。
③ 何思兵：《旅菲粤侨与十九世纪中国驻马尼拉总领事馆的设立》，张应龙主编《广东华侨与中外关系》，广东人民出版社，2014年。
④ 施振民：《菲律宾华人文化的持续：宗亲与同乡组织在海外的演变》，《"中央研究院"民族学研究所集刊》第42卷，1976年，第148-149页。

1898年美西战争后,美国取代西班牙成为菲律宾的宗主国。由于美国实行限制华侨移民的政策,所以美属期间,菲律宾华侨数量增长不如其他东南亚国家迅速,1940年居菲华人自1898年的9万增加到20万。粤籍华侨在此期间的比例略有增长,根据一项对全菲20个华侨义山墓碑的调查,19世纪末到20世纪初去世的30637名华人中,89.26%是福建人,9.86%是广东人,在粤侨中,60%为台山人,其次为开平人、香山人、潮州人以及汕头人①。

"二战"以后,菲律宾实现国家独立,在民族主义浪潮影响下,菲律宾在1966年之前实行了限制华侨的"菲化"政策,从根本上断绝了中国移民进入菲国的途径,在菲华人数量的增加完全依靠人口自然增长。据统计,在20世纪60年代时,居住在菲律宾的广东人总数将近有20万人,但后来不少华人先后移居美国、加拿大等地,也有回香港定居的。到80年代人数只剩下12万~15万。②今天很难准确估计菲律宾华人中粤籍有多少,有一种说法是21世纪初粤籍华侨的比例为8.8%③,据2014年国侨办的统计,菲律宾华人有150万,则粤籍华人约为13.2万。

粤籍华侨华人始终是菲律宾华侨华人中的少数派,所以他们很早建立起社团组织维护本方言集团的利益。马尼拉的广东人在1850年成立了会馆,从19世纪80年代到1941年期间,他们建立了至少15~20个广东宗亲会、一个洪门会、几个学校和剧团④。1951年,在菲律宾许多粤侨领袖提议下,成立了菲律宾广东侨团总会,这是菲律宾粤籍华侨社团的最高领导机构,共有40多个粤侨团体参加。1986年侨团总会在马尼拉市唐人区建成一座四层高的新会所——广总大厦,象征着广东人大团结的精神。

七、日本

日本是东亚的岛国,与中国隔海相望,早在秦汉之际已有中国人徐福率

---

① 吴文焕:《菲律宾华侨义山碑文的史料价值》,《近代中国史研究通讯》1996年第18期。
② 刘权著:《广东华侨华人史》,广州:广东人民出版社,2002年,第64页。
③ 何思兵:《旅菲粤侨与十九世纪中国驻马尼拉总领事馆的设立》,张应龙主编《广东华侨与中外关系》,广州:广东人民出版社,2014年。
④ [加拿大]埃德加·威克伯格:《战后菲律宾城市的华人社团》,《南洋资料译丛》1994年第Z2期。

众泛海东渡，因此一般认为日本是继朝鲜后，中国人移居海外最早的国家。秦汉以后中国人东渡日本传扬佛教、讲学、做工匠、政治避难或从事商贸活动的记载屡见于史书记载。广东人移居、定居日本主要在明末以后。1560年明朝重开宁波、泉州、广州三港，1570年日本将长崎辟为对外通商港口，中国与日本沿海贸易开始活跃，广东商船被鼓励到长崎等地经商，"广东府商船来到日本，随任何郡县岛屿，商主均可随意交易，如奸谋之徒，枉行不义，可据商主控诉，立处斩刑，日本人其各周知勿违"①。华商之外，也有许多官吏、士大夫为躲避明末清初的政治动乱漂洋过海，流寓长崎，长崎华侨社会逐渐形成。在此过程中，广东、福建、浙江各籍华侨依出生地和方言不同，结成乡帮，建筑各自的会馆、祠堂、佛殿。与三江帮、福建帮相比，长崎华侨社会中广帮人数少，势力微不足道。1854年，受美国佩里舰队威迫，日本从闭关锁国转变为对外开放，英美商社涌入新开港的横滨、神户等通商口岸，按照在中国开办商社的经验，他们雇用了富有买办经验的中国人担任司账、翻译或什役佣人，这些买办多为广东人。1871年，中日签订《中日修好条约》，广大华商被准许在开放的港口城市自由贸易。许多华商来自广州、汕头、海南、梅州、香山等地，受雇于使领馆、欧美商社或成为自由贸易商，此后广东人移居日本的人数陡增，成为旅日华侨中的新兴力量。据1878年统计，长崎华侨总数476人，其中广东省籍151人②。在横滨，"中国人相当的一部分是广东省，特别是广州府出身的"③，一份户籍资料显示，1954年横滨华侨总数4431人，其中广东籍2240人，广东人在横滨华侨社会的优势一直保持到"二战"以后。神户也是广东华侨占优势地位的地方，19、20世纪之交56位较有成就的神户华侨中，广东籍占了32位④。随着商业的发展，广东的旅日华侨建立了许多宗帮公所，会馆，主要有长崎的广东会所、神户的广业公所、横滨的亲仁会等。

此后，受中国人民抗日战争、太平洋战争、中日建交等事件影响，旅日

---

① ［日］木宫泰彦著，胡锡年译：《日中文化交流史》，北京：商务印书馆，1980年，第624页。
② 池步洲著：《日本华侨经济史话》，上海社会科学院出版社，1993年，第216页。
③ 罗晃潮著：《日本华侨史》，广州：广东高等教育出版社，1994年，第180页。
④ 张应龙：《简论日本神户华侨与广东侨乡的关系》，《华侨华人历史研究》2003年第2期。

华侨人数几度增减，广东华侨的总数和分布也时有变化。由于"二战"后台湾回归祖国，所以旅日华侨如果按省籍分，则以台湾籍居多，其后为福建、黑龙江，广东居第四位。据1991年日本入管协会统计，全国都道府县的华侨总数150339人，其中广东籍7118人[①]，主要分布在神奈川县（横滨）和兵库县（含神户），也有少量在东京都、爱知县、京都府、大阪府、福冈县和长崎县[②]。当代在日广东籍社团主要有日本广东同乡会、兵库县广东同乡会、广东要明鹤同乡会等。

以上诸国为粤籍华侨华人人数或比例较多的亚洲国家。实际上，只要是海水流过的地方就有华侨，粤籍华侨随着几百年的历史变迁，已经遍及亚洲各国，包括许多地狭人少的小国。东南亚国家文莱，据20世纪80年代统计，全国人口只有20万，其中五分之一为粤籍，他们大多来自香港，居住在产油区，多任油矿技匠及劳工[③]。南亚的印度也有少量粤籍侨民，他们主要是伴随着商贸关系发展而产生；在印度加尔各答，从事制鞋业、成衣业的粤侨也有不少，多数为客家人。

第二节　美洲

一、美国

中国与美国隔着浩瀚的太平洋，距离遥远，但是航海技术的发展、资本主义经济扩张的必然性还是使得在18世纪80年代，两国之间的贸易关系开启了。广州作为当时中国对外通商的唯一孔道，成为诸多美国商船的驻足地。1784年，美国商船"中国皇后号"满载棉花、皮货、西洋参第一次从纽约来到广州，回程则装满中国出产的茶叶、丝绸、瓷器、肉桂等。大约在同时，美国的东西海岸出现了广东移民的身影。1785年美国商船"巴拉斯女神号"从广州返达美国东海岸巴尔的摩，船上有三名广东海员，名字是阿新（Ah

---

[①] 池步洲著：《日本华侨经济史话》，上海社会科学院出版社，1993年，第53-55页。
[②] 池步洲著：《日本华侨经济史话》，上海社会科学院出版社，1993年，第58页。
[③] 陈烈甫著：《华侨学与华人学总论》，台湾商务印书馆，1987年，第128页。

Sing）、阿全（Ah Chuan）和阿官（Ah Cun）。西海岸的加利福尼亚，当时是西班牙属地，有一个广东人名叫亚南（Ah Nam）的在1815到1817年间给西班牙总督当厨师。

19世纪50年代以后，为了开发美国西部金矿、修筑太平洋铁路，美国对华工的需求大量增加，广东侨民开始大规模涌入美国。他们少数来自珠三角附近的三邑（番禺、南海和顺德县）以及东莞、宝安、镇海、客家地区、中山和香港等地，多数来自四邑（台山、开平、恩平、新会等县），以赊单工或自费的形式搭船横渡太平洋来到美国。广州、香港是运送华工的两个重要港口。据统计，1850年，从香港开往旧金山的客轮有45艘，每艘载客五百人左右，到1853年发展为香港每星期都有来往旧金山的船只，"一家大商行已在旧金山与香港之间开辟定期班轮"[①]。同时为了方便组织华工出洋到美国谋生，美国粤侨的六大会馆在香港和广州都设有招募赊单工的机构，很快，美国形成了规模庞大的广东移民人流，1873年美国华侨有135000人[②]，相比1850年的700多人，二十四年间人数增长了90倍。

1882—1943年，美国实行"排华法案"，禁止普通华人继续移民美国，但是由于广东侨乡已经形成比较成熟的移民网络和累积效应，所以，广东人移民美国的现象在此期间并未完全消失，每年通过海关盘查，顺利入境美国的大约有一两千人[③]。

美国早期华侨身份多样，包括商人、海员、学生、工人、农民、家庭佣工各类，19世纪50年代以后，华侨的主体变为贫苦的工人、农民、渔民和城市贫民。他们聚集在矿区、林区、牧区、偏僻的农村，从事矿山开发、铁路建设、农田开垦等活动，19世纪70年代以后，许多华侨进入城市，开餐馆、洗衣店、经营小型工商业企业。伴随着华侨职业的转变，华侨的地理分布也常常发生变化，旧金山、纽约、芝加哥等都市的唐人街是华侨比较集中的地方。

---

① 李春辉、杨生茂主编：《美洲华侨华人史》，北京：东方出版社，1990年，第82页。
② 陈烈甫著：《华侨学与华人学概论》，台湾商务印书馆，1987年，第144页。
③ ［美］宋李瑞芳著，朱永涛译：《美国华人的历史和现状》，北京：商务印书馆，1984年，第11页。

"二战"以后，由于中国国内政局的变动和国际政治局势的变化，美国的新华人移民来源变得比较复杂，除了中国的移民外，东南亚等国家的华侨也因为所在国排华浪潮的影响纷纷选择再移民，美国是主要的目的地之一。就籍贯来说，战前美国华侨90%都是粤籍，战后则半数为粤籍，半数为其他各省籍[1]。与战前老华侨相比，粤籍新华人的移民途径更多样化了，除了劳务输出之外，专业移民、投资移民、家庭团聚移民也成为常见的移民形式。另外，20世纪70年代末，越柬老三国约有30万~40万华人难民涌入美国，他们大部分都是广东人。20世纪90年代以后，美国的中国新移民与日俱增，据2016年统计，美国华侨华人总数为508万[2]，粤籍人士占50%~60%，则为250万~300万。

战后粤侨的职业构成也与从前有很大不同，由于教育程度的提高，他们大多已不再从事低工资的苦力劳动，而是成为专业技术人员、工程师或大公司、大企业的白领职员。粤侨占优势的洗衣业逐渐衰落，但餐馆业更加兴盛，据1980年统计，美国的华人餐馆已发展到15000家，粤菜馆是主要门类。这些餐馆中的粤菜原料基本都由中国直接进口，广东台山、广海的咸鱼，中山的虾膏，蚝油以及餐馆所需的酱油、燕窝、鱼翅、鱼肚都是从中国用远洋轮渡运来的[3]，粤菜用料考究、风味独特，颇受当地人欢迎。在工商企业中，广东中山的周崧创立的中兴公司经营得法，生意兴隆，在美国各大中城市开设分店40余家，在华人社会和美国西部各州和夏威夷都很有影响[4]。

作为最早到美国挣扎求生存的华人群体，粤侨从一开始就成立了以地缘为基础的同乡会，到1876年建立三邑会馆、人和会馆、宁阳会馆、合和会馆、冈州会馆、阳和会馆、肇庆会馆七大会馆组织，并在此基础上成立了统属众会馆的综合性机构——中华会馆，这些组织在团结华侨、化解纠纷、敦睦感情、维护华侨利益等方面发挥了重要作用。"二战"后，随着华侨群体日益融入主流社会，华侨社团的功能和领导构成发生了新的变化。同时，随

---

[1] 陈烈甫著：《华侨学与华人学概论》，台湾商务印书馆，1987年，第146页。
[2] 美国侨报网：《美国华裔超508万为亚裔最大族群！中印移民数量暴增》，2018年5月3日。
[3] 赵欣：《近代旅美华侨华人与中美文化的双向交流》，《史学集刊》2007年第4期。
[4] 李春辉、杨生茂主编：《美洲华侨华人史》，北京：东方出版社，1990年，第141-142页。

着中国内地和港澳台地区、东南亚及世界其他国家和地区的粤籍新移民的大量流入，粤籍侨团的数量和种类日益丰富，除了传统的地缘、血缘型社团，还出现了许多政治型和文化学术团体。而在地缘型社团中，由于印支半岛的华侨难民将原居住国的华侨社团形态移植到美国，因此在原粤属侨团之外，又建立了许多广肇同乡会、海南同乡会、潮州同乡会、客家联谊会等。其中尤以潮州同乡会规模扩张最快，1983年成立了全国性的全美潮州总会，具有广泛的影响。

二、加拿大

加拿大是北美另一土地广阔的国家，粤籍华侨移民加拿大的背景和沿革与粤籍华侨移民美国非常相似。据考证，早在1788年曾有50名广东铁匠和木匠被招募到今加拿大西部的温哥华岛，在那里建造了一艘40吨重的三桅大帆船。1858年，加拿大的弗雷塞河与汤普森河沿岸发现金矿，吸引美国加州的华侨再移民到维多利亚和不列颠哥伦比亚的采矿区；同时，从广州、香港也有大批的广东人乘船来到加拿大淘金，广东人移民加拿大形成了一股风潮。仅1869年一年内，从海路抵达维多利亚的华侨就有4000名[①]。1872年，加拿大联邦政府决定修建从东海岸到西海岸的大铁路，需要大批华工，因此，像美国修建太平洋铁路一样，许多广东人应募而至，他们一部分是从美国而来，是建筑美国铁路的熟练工，一部分是通过维多利亚和香港的招工办事处获得信息，以契约劳工的身份从香港和美国陆续而来。据统计，自1881年到1884年，来到维多利亚的华工达到15701人。早期移民到加拿大的中国人绝大多数都来自广东珠三角一带，据1884年统计，在加拿大的华侨，四邑（台山、开平、恩平、新会）占63.6%，番禺、南海、顺德三县占18.3%，鹤山、增城、中山、宝安、东莞、花县、阳江占18.2%，其他县或其他省共占1%[②]。

1885年以后，随着加拿大金矿的枯竭、太平洋铁路施工的结束，加拿大转而采取歧视、限制华人的政策，"一战"以后更是通过含有禁止中国人入

---

① 黄启臣：《粤籍华侨华人在加拿大》，《华侨华人历史研究》1997年第2期。
② 黄启臣：《粤籍华侨华人在加拿大》，《华侨华人历史研究》1997年第2期。

境条款的移民法,使得加拿大华人人口有所减少,从1918年的4万降至1941年的3.4万①。

加拿大的早期华人移民主要在金矿和铁路做工,或从事相关的运输业、伐木业、商业和服务业;20世纪20年代以后,华人劳工逐渐减少,粤侨开餐馆、洗衣店的人逐渐增多。他们居住的环境也逐渐从乡村转移到城市,维多利亚、多伦多、温哥华是华人比较集中的地方,建有唐人街。

"二战"以后,随着中国国际地位、二代华人文化程度的提高,加拿大政府和当地人逐渐改变了对华侨的印象,加之华人会馆始终为废除歧视华人的苛例不断努力,1947年,加拿大政府终于废除了排华法令,放宽华人入境限制,华人移民人数不断增加。其中广东人除了从中国内地移居外,还有一大部分是从中国台湾、香港、澳门等地区再移民的,另外20世纪70年代末,有超过一万名印支难民流入加拿大,其中有一半左右都是广东人②。随着移民来源的多元化,如今加拿大华人中粤籍的比例有不同的说法:1995年加拿大《世界周刊》刊登的文章称,加拿大华人中80%左右是粤籍人③;而2002年出版的《广东华侨华人史》一书则认为"现今加拿大的华侨华人中粤籍的占50%左右"④。如今,加拿大华人已超过120万⑤,则粤籍人为60万以上。

"二战"后,随着新一代接受过高等教育的加拿大华人的成长,以及华人新移民的不断流入,加拿大华侨华人的职业有了进一步改变,不少人摆脱旧华侨从事的体力劳动,转而经营工商业、金融业、房地产业。粤侨则在餐馆业大展身手,通过推陈出新,创新粤菜,加拿大的粤菜餐馆经营红火。据统计,在20世纪90年代中期,多伦多唐人街遍地的中餐馆做的基本都是广东菜⑥。另外,随着港澳移民的增加,香港、澳门的富豪、地产大亨相继在温哥华、多伦多投资房地产,据统计,在20世纪90年代末,华侨华人在加拿大的

---

① 周南京主编:《华侨华人百科全书 历史卷》,北京:中国华侨出版社,第200页。
② 陈烈甫著:《华侨学与华人学总论》,台湾商务印书馆,1987年,第151页。
③ 刘光华:《枫叶国里的华人》,载加拿大《世界周刊》1995年5月14日。
④ 刘权著:《广东华侨华人史》,广州:广东人民出版社,2002年,第78页。
⑤ 王奕轩,陆毅茜,宗力:《从统计数据看当代加拿大华侨华人的人口特征》,《华侨华人历史研究》2014年第4期。
⑥ 车耳著:《如此加拿大》,北京:科学出版社,2004年,第9页。

房地产资本达到50亿加元，其中80%是广东人投资的。①

三、墨西哥

墨西哥位处北美洲，但属拉丁文化国家，加之经济相对落后，所以与同处北美洲的美国、加拿大相比，华侨华人人数并不多，而且因为新移民流入较少，所以华侨来源地比较单一，仍以粤籍占绝对多数。

中墨贸易关系始于明末清初，当时墨西哥、菲律宾同在西班牙殖民统治下，"中国的工商业者得到了菲律宾的重要市场，并通过菲律宾得到西班牙所属的南美洲市场"②，中国的瓷器、丝绸、工艺品大量输入墨西哥，墨西哥的银币、土特产等也不断运入中国。在不断的商贸往来中，有部分中国人留居墨西哥，但人数较少。

19世纪60—70年代，结束了内外战争的墨西哥进入了稳定发展时期，出于经济开发的需要，政府采取了鼓励外来移民的政策。其后，1899年年末，中墨两国签订《中墨通商友好条约》，允许两国公民自愿出洋，彼此侨居，华工进入墨西哥的人数一下子增多了。这些华工基本都是广东人。他们从两个方向流入墨西哥。其一，从美国转道而来。1864年美国商人承包从美国埃尔帕索到墨西哥城铁路的修建，当地劳力缺乏，而美国修建太平洋铁路曾雇佣大批华工，华工吃苦耐劳、经验丰富，因此成为美国商人招募的对象。1877年、1884年、1885年分别有三批华工从加州、从美国东南部来到墨西哥参与修筑铁路。其二，从广东、香港等地招募而来。招募的方法一般是通过华侨在家乡招引，如1891年英美筑路公司曾通过一个华工工头卫老从其家乡广东台山和香港等地招募华工1800人到墨西哥修筑铁路，1900年广东台山华侨李明从家乡召集华工800多人到墨西哥梅里达种植园做工③。1902年，中国商人伍学晃和黄国兴开设茂利轮船公司、中华轮船公司，开辟中墨之间的直达航线。广东华工进入墨西哥达到了全盛期。据统计，从1902到1921年，曾

---

① 黄启臣：《粤籍华侨华人在加拿大》，《华侨华人历史研究》1997年第2期。
② ［美］海颠：《菲律宾民族发展的研究》，第五篇，第一章。
③ 萨那、张玉玲：《论墨西哥华侨社会的变迁》，《华侨华人历史研究》1989年第1期。

先后有四五万粤籍贫苦华人到墨西哥谋生①。旅墨华侨多集中在美墨边境的铁路、铜矿、石油公司、种植园当劳工，或者经营小餐馆、洗衣店、杂货店，在一些城市形成了华人区，"唐话成为通用语言，华人所写唐文票据，可当作支票使用。中华会馆、致公堂、各姓氏、乡籍等华侨团体都自置房屋。中国式戏院、茶楼亦有两间，俨然中国城市，华人称之'小广州'"②。

1921年后，墨西哥实行新的移民政策，华工被禁止入境，加之1929年世界经济危机的影响，排华事件时有发生，华侨华人的数量开始减少。1972年，中墨两国正式建立外交关系，两国的关系进入新的发展阶段，但由于墨西哥长期实行限制外国人入境的政策，墨西哥华侨的数量始终比较少。据20世纪80年代统计，墨西哥的华侨大约有2万人，其中十分之八为粤籍③。2013年广东省侨办到墨西哥调研侨情，据中国驻墨西哥大使馆的统计，墨西哥现有华侨华人5万人，主要聚居在首都墨西哥城和下加州的蒂华纳、墨西卡利等地，粤籍华侨华人在下加州更有影响，当地华人餐馆业由广东人主导。相较之下，在墨西哥城，外省华人新移民逐渐增多，且在主流社会有较多影响力，而原来占主导的粤籍社团却内部矛盾重重，影响力持续降低。

四、巴拿马

巴拿马位于中美洲南端，是目前中美洲华侨华人数量最多的国家，像其他中美洲的国家一样，巴拿马华侨华人的籍贯主要是粤籍。粤籍华侨移居巴拿马有一百五十余年的历史。要完整地勾勒这一百五十余年移民发展的轨迹是一件比较困难的事情，但是其间粤侨的人数有两个高峰时期是比较明显的。第一次是在19世纪中叶—20世纪初年。这段时期巴拿马是哥伦比亚共和国的一部分，尚未独立建国。西方殖民者为了经济扩张和贸易运输的需要，急于在巴拿马开辟连接太平洋和大西洋的通道。在此背景下，1850年，美国人取得横贯巴拿马的铁路修建权，这条铁路以巴拿马城和科隆两地为始终。之后19世纪80年代到20世纪初年，法、美两国先后取得巴拿马运河的开

---

① 李春辉、杨生茂主编：《美洲华侨华人史》，北京：东方出版社，第629页。
② 李春辉、杨生茂主编：《美洲华侨华人史》，北京：东方出版社，第629页。
③ 陈烈甫著：《华侨学与华人学概论》，台湾商务印书馆，1987年，第152页。

凿权。铁路和运河的修建工程浩大，需要大量劳工，粤籍华侨以契约华工的身份大量流入巴拿马，形成了旅巴粤侨的第一个高潮时期。粤籍华工一般在香港和澳门上船，经过三个月的海上漂流，到达巴拿马湾，先在塔沃加岛登陆，再转到巴拿马城小住，然后集体到甘博亚镇和戈尔戈纳镇之后的马特秦镇居住，参与铁路的西半段工程的施工①。据统计，在1852—1856年，从香港和澳门上船进入巴拿马的华工有2万人②。1888年法国修建巴拿马运河，也大量雇佣广东华工，这一年有2000名广东客民到巴拿马运河工地做工③。除了铁路和运河的华工之外，在此期间，还有部分广东华侨作为驿站移民，临时滞留巴拿马，随后去拉美其他国家和地区。总之，19世纪后半期是整个近代巴拿马华侨移民人数最多的时期。

之后随着铁路、运河建设的完工，有大量华工离开巴拿马，因此到19世纪末20世纪初，巴拿马的华侨人数已经减少到5000人④。1903年巴拿马独立建国后，政府对华侨的态度变为限制、排斥，旅巴华侨人数进一步减少，到1918年仅剩3500人，其中2500人居住在首都巴拿马城，在科隆的有700人，在保加斯有300余人。他们祖籍全为广东，约有1800人经商，其余则从事农业等体力劳动⑤。20世纪20年代后，受世界经济危机的影响，巴拿马又进一步出台限制、禁止华人入境的法令，直到"二战"后期，随着经济危机和排华浪潮的结束，巴拿马华侨的人数才慢慢有所增加。据1941—1944年的统计，旅巴华侨人数为13000人⑥。

20世纪80年代以后，中国打开国门，形成新的移民高潮。巴拿马因为政治安定、经济比较繁荣，中巴经贸往来良好，所以吸引了大量华人新移民，其中最主要的移民来源是广东花县（今广州花都区）。据统计，在1989年，

---

① 高伟浓著：《拉丁美洲华侨华人移民史、社团与文化活动远眺》（下），广州：暨南大学出版社，2012年，第2页。
② 余熙：《华人对巴拿马发展的贡献》，《世界知识》2017年第14期。
③ 高伟浓著：《拉丁美洲华侨华人移民史、社团与文化活动远眺》（下），广州：暨南大学出版社，2012年，第3页。
④ 李春辉：《拉丁美洲史稿》（上、下册），北京：商务印书馆，1983年，第351-353页。
⑤ 丘日庆：《巴拿马排华论》，《华侨先锋》1941年5月，第2卷，第22期，第7页。
⑥ 李春辉、杨生茂主编：《美洲华侨华人史》，北京：东方出版社，1990年，第612页。

花县巴拿马华侨人数达37266人[①]。华人新移民的途径不一，有的是因为亲友、同乡在巴拿马定居，以侨眷的身份受邀请到巴拿马继承财产、帮助经营商业；有的是持旅游、考察签证非法滞留进而取得合法居留权；有的是利用偷渡的方式非法入境；也有在外留学进而就业留居的。如今巴拿马的华人来自五湖四海，但总体来说，仍以广东人为主。据2006年统计，巴拿马华人有15万，其中10万为广东花县人，3万为广东省恩平、开平、台山、新会等四县人，1万为中山县人，其余来自清远、从化、鹤山、赤溪、顺德、番禺、南海、三水等地区[②]。当代粤籍华侨多从事商业贸易，"全国有华营商业400多家，包括超市、进出口贸易行、餐馆、杂货店，还有华营工厂20多家，华营农场10多家"[③]，祖籍香港新界的黄国贤和广东清远的黄伟文是粤侨中著名实业家的代表。

粤籍华侨在巴拿马历史悠久，为了互助互爱、精诚团结，他们一开始就建立了许多血缘、地缘性社团组织。1854年来自惠州、东莞、宝安、赤溪等地的移民组建了"同庆堂"，1883年巴拿马多个客家团体联合成立了全侨性的客家会馆——人和会馆，此外还有1920年建立的鹤山公所，1921年建立的花县同乡会、1943年成立的中华总会、清远从化同乡会等。其中花县同乡会因为侨胞众多，是如今规模最大的侨团组织，2001年，坐落于巴拿马城的面积200平方米的花县同乡会新型会馆建成启用，进一步扩大了同乡会的影响。

五、秘鲁

秘鲁位于南美洲的西部，濒临太平洋，自中国航海跨越太平洋到南美洲，秘鲁是首先到达的地方，因此秘鲁的华人移民历史悠久。像许多拉丁美洲国家一样，华工也是秘鲁最早的华人移民群体，一般认为，秘鲁的华工最早出现于1846年，华人"在澳门被番人拐骗，由帆船而来，直到庇噜（秘鲁）国哩吗（利马）埠发卖"[④]。此后，随着秘鲁经济开发，华工来此不绝

---

① 张彬：《巴拿马新移民：广州花都区儒林村侨乡调查》，暨南大学硕士论文，2013年。
② 杨发金：《走进巴拿马华人》（上），《侨务工作研究》2006年第6期。
③ 吴锐成主编：《侨情与侨务文集》（第二辑），广东省人民政府侨务办公室，2014年，第139页。
④ 吴凤斌著：《契约华工史》，南昌：江西人民出版社，1988年，第28页。

如缕，直到1874年苦力贸易被禁止，共有10余万人输入秘鲁。他们大多在广州、香港、澳门登船，主要是广东珠三角一带的居民。他们名为契约华工，但因为当时拉丁美洲劳力短缺，苦力贸易能够产生暴利，因此这种劳工的迁移必然伴随着血腥、欺骗和残忍。华工的来源有三类：在广东省经常发生的宗族械斗中的俘虏，这些俘虏被他们的俘获者在各内河上卖给中国或葡萄牙的人口贩子；在沿海一带被强行绑架——主要是被从澳门来的操纵快船的匪徒所绑架的村民或渔民；被暗线勾引赌博者，赌输后，遂依照在这方面特有的一种偿还观念以自身劳力来偿付[1]。

在19世纪60年代以前，秘鲁华工主要集中于太平洋沿岸的钦查群岛，从事开采鸟粪的工作。鸟粪因为是农业优质肥料，自19世纪40年代末开始，成为秘鲁重要出口物资，1861—1866年该国财政收入中75%来自鸟粪收入[2]。钦查群岛盛产鸟粪，"第一、二批输入的华工即被令做铲鸟粪及其装袋的工作"[3]。19世纪60年代以后直到1874年，契约华工主要被分配到大种植园，从事农业劳动。秘鲁沿太平洋一侧各省有大量种植园，出产甘蔗和棉花，由于1861年美国爆发南北战争，世界市场棉花、蔗糖短缺，价格飞涨，刺激秘鲁种植园扩大生产，因此华人劳工大量进入种植园。据1870年统计，秘鲁圣达省有1026名亚洲人，其中843人在种植园劳动，占总数的82%[4]。

1874年中秘签订《中秘通商条约》，建立外交关系，秘鲁华人移民结束了契约劳工时代，进入自由移民阶段。由于之前的华工主要来自广东珠三角，且他们获得自由身份后，大部分都留在秘鲁定居，并未回国，所以在他们的牵引提携下，有许多珠三角的贫苦农民继续向秘鲁移居谋生。据统计，到1888年，秘鲁的华侨华人共有60000人，他们主要集中居住在利马和沿海一带城镇，他们的籍贯多为广东中山、四邑、鹤山、南海、番禺等地[5]。20世纪初年，秘鲁开始限制无技术的华工入境，但到1928年之前，华侨在两国之间

---

[1] ［美］马士著，张汇文等译：《中华帝国对外关系史》（第二卷），上海书店出版社，2005年，第188页。
[2] 李春辉、杨生茂主编：《美洲华侨华人史》，北京：东方出版社，1990年，第483-484页。
[3] 陈翰笙主编：《华工出国史料汇编》（第六辑），北京：中华书局，1984年，第236页。
[4] 陈翰笙主编：《华工出国史料汇编》（第六辑），北京：中华书局，1984年，第236页。
[5] 李春辉、杨生茂主编：《美洲华侨华人史》，北京：东方出版社，1990年，第568页。

仍能自由往来，到秘鲁的华商也不在少数；在番禺，从1890—1929年，有不少于7000人移民到秘鲁①。1930年世界经济危机后，秘鲁限制华人入境日益严格，华人经济处境艰难，到1937年，旅秘华侨减少到7030人，直到1949年才缓慢回升到10421人②。

秘鲁的契约华工摆脱奴隶枷锁后，一部分与种植园主签订自由华工合同，继续留在种植园做工；一部分进入城镇经营商业，开餐馆、粮食杂货店、旅馆、戏院、农场和肥皂、蜡烛工厂等，或者做厨师、木匠、泥瓦匠、鞋匠、佣人等职业；还有一部分人进入东部亚马孙河林区，开采橡胶、淘金沙、种水稻和玉米。随着华人在城镇的聚居以及华人经济的发展，秘鲁的华人社会开始形成，华人社团的组织开始出现，19世纪80年代末，秘鲁首都利马已经出现了南海、番禺、中山等十几个华人会馆。其中1886年成立的中华通惠总局，是秘鲁华侨的全国性总机构，1947年下辖社团19个，仅利马地区就有番禺会馆、中山会馆、古冈州会馆、花邑会馆、同升会馆、龙岗公所、鹤山会馆、卡亚俄中华会馆八个社团。这些会馆都为地缘型社团组织，既归总局管辖，平时也独立在华侨华人中开展活动。

1971年，中华人民共和国与秘鲁建交，20世纪90年代后，秘鲁进一步放宽对华人入境的条件，中国香港移民、中美洲其他国家的华侨华人的再移民以及中国内地的新移民不断流入秘鲁，形成中国人移居秘鲁的新高潮③。据2008—2009年广东省侨办的调研结果，秘鲁的华裔超过120万（秘华协会会长认为华裔有500万），其中华侨华人有30万④。如今秘鲁华侨华人职业以商业为主，但是多为家庭式小本经营的餐馆或杂货店，投资较大的大公司、大企业比较少。同时，因为华人移民历史长，融入主流社会比较深，华人参政现象比较常见。

六、巴西

巴西是南美洲最大的国家，但因为地理位置处于南美洲东部，距离中国

---

① 番禺县侨办主编：《番禺县华侨、港澳同胞志》，1985年，第7页。
② 李春辉、杨生茂主编：《美洲华侨华人史》，北京：东方出版社，1990年，第668–669页。
③ 国务院侨办侨务干部学校编著：《华侨华人概述》，北京：九州出版社，2005年，第149页。
④ 吴锐成主编《侨情与侨务文集》（第一辑），广东省人民政府侨务办公室，2010年，第43页。

遥远，海路交通需要跨越太平洋后，经过巴拿马运河，再沿大西洋西海岸南行方能到达，所以在近代历史上，移民到巴西的华人数量不是很多，籍贯以粤籍为主。

华人移民巴西始于19世纪初年。1810年葡萄牙国王计划在巴西殖民地发展种茶业，派人到广东、澳门招募种茶工人，在里约热内卢种植园试种茶树，取得成功，部分种茶工人后来留居下来，成为较早的华人移民。大约同时，巴西种植园经济的发展需要劳动力，契约华工通过种种方式进入巴西，部分填补了巴西劳力需求。据统计，在1856年之前，有360名中国人随同一艘美国船抵达了里约热内卢。1859—1866年，有612名中国工人从新加坡被运抵巴西。1874年，巴西公司设法运送了1000名中国人到巴西培植茶叶[①]。与其他拉美国家，比如秘鲁、古巴等国输入契约华工的数量相比，巴西的华工人数非常有限，主要是因为19世纪70年代以后，英国和葡萄牙禁止他国从香港、澳门招揽华人移民，而且由于契约华工在拉美的悲惨遭遇，中国政府加强了移民的管控。据统计，到1881年中巴建交时，巴西华侨约有2000人[②]。中巴建交后，华工去巴西的仍然较少，1884—1933年的50年中，华侨进入巴西的总数为1581人，平均每年入境31人[③]。他们多数来自广东和浙江沿海各省。

新中国成立后，华人移民巴西人数增长很快，1959—1975年，巴西华人从6700多人增为46000余人[④]，他们大部分来自中国港澳台地区、印尼等，从台湾去的华侨中，闽、客各半是其特点[⑤]。20世纪80年代以后，中国内地的新移民也将巴西作为理想的移居国之一，他们来自广东、福建、湖北、东北各省籍，如今巴西是世界华侨华人籍贯最复杂的地区。广东台山作为传统的侨乡，依然是巴西华侨的重要来源地。台山市海宴镇有一个村由于有许多人移民巴西，而被称作"巴西村"。近代以来从巴西村移民巴西的有14652人，约占巴西华侨华人总人口的7%[⑥]。就整个广东省籍华人群体而言，如今总数

---

① 茅海建《巴西招募华工与康有为移民巴西计划之初步考证》，《史林》2017年第5期。
② 李春辉、杨生茂主编：《美洲华侨华人史》，北京：东方出版社，1990年，第673页。
③ 李春辉、杨生茂主编：《美洲华侨华人史》，北京：东方出版社，1990年，第673页。
④ 陈烈甫著：《华侨学与华人学总论》，台湾商务印书馆，1987年，第158页。
⑤ 台湾华侨协会总会主编：《巴西华侨概况》，台湾正中书局，1991年，第75页。
⑥ 《广东台山有片"巴西村"》，南方新闻网2016年8月8日。

约有8万人①，占巴西华人总数的20%，人数比例较多的省份还有台湾省籍占60%，江浙、山东省籍占20%弱②。

早期广东移民都是华工，华工契约期满后，渐渐从事杂货业、餐饮业、洗衣店和商品零售业。广东新移民以从事餐饮业为主，与其他省籍新移民相比，广东籍人多来自农村，文化水平较低，从事专业技术工作或投资大企业、大工厂的较少。在里约热内卢，几乎所有的广东人都在开角子店，以及为角子店提供服务的面粉、配料店。巴西华人参政的著名代表、华人首位女议员李少玉最初就是在圣保罗经营餐馆。巴西广东同乡会是巴西最大的粤籍地缘社团，有会员3000多人③，遍布巴西各地，如今在年轻一代社团骨干带领下，同乡会正努力走出传统模式，把社团功能向促进会员经济发展和融入主流社会方向发展。除了地缘社团外，广东华人还建立了新型商会，如巴西广东工商文化总会、巴西广州企业家协会等。

第三节 欧洲

与东南亚和美洲等地粤侨人数居多不同，欧洲华侨华人来源比较复杂，浙江、广东、安徽、湖北、山东、江苏等省都有移民广泛分布于欧洲各国且人数相当。早期粤籍旅欧华侨多为海员，他们最先到达的国家主要是西欧传统的海权国家如英国、法国、荷兰等。"一战"期间中国加入协约国，为了缓解协约国成员劳力短缺的困境，段祺瑞政府招募近30万华工到欧洲战场从事战地勤务，"以工代兵"，粤籍华工主要是在香港、广州等口岸被招募，他们中的一小部分人在战争结束后，留在法国，后来又进一步分流到意大利、西班牙、葡萄牙，成为欧洲最早一批有一定规模的粤籍华侨群体。

除华工以外，以自由民身份侨居欧洲的广东华侨主要是宝安人。早在

---

① 高伟浓著：《拉丁美洲华侨华人移民史、社团与文化活动远眺》（上册），广州：暨南大学出版社，2012年，第26页。
② 李春辉、杨生茂主编：《美洲华侨华人史》，北京：东方出版社，1990年，第674页。
③ 《广东侨联安排巴西广东同乡总会在珠三角三市参访》，中国侨网，2009年4月22日。

20世纪初，英国、荷兰等地的华人聚居区中都先后出现过颇有势力的宝安帮；20世纪50年代以后，因为中国内地居民对外移民受到限制，许多宝安农村人借地缘条件先前往香港，之后再移民到欧洲。另外，因为香港与英国的历史渊源，"一战"后香港工人到英国餐馆务工的人数为数不少，还有大量的香港学生到英国留学并定居就业，而香港人从籍贯上看，绝大比例都是广东人。据1886年统计，香港华人人口共有199875人，其中广东移民有197526人，即使在以闽方言为主的新界，也是同样的人口格局①。如今在欧洲的英、荷、比、德等国的华人社会中，香港文化色彩浓郁，粤语是华人群体的主要方言。

欧洲广东华侨的另一大群体为"二战"后东南亚及美洲国家的华裔再移民。主要包括两部分：一是20世纪70年代形成的印支三国华裔难民，这一群体的数量大约为76.5万②，其中有12万~15万流入欧洲，他们广泛分布于几乎所有西欧国家，其中法国、英国、西德三国人数最多③。印支三国华侨华人中祖籍广东的一般估计占总数的60%④。二是印尼和苏里南的华裔再移民，他们再移民的国家为荷兰。从印尼移居到荷兰的华侨华人既包括留学生，也包括印尼独立时移居到荷兰的华裔以及各种自由移民。荷兰学者估计，以自由民身份移居到荷兰的印尼华裔大约有7000人。⑤苏里南也曾经是荷兰的殖民地，20世纪70年代因为国内政局动荡，大约有4000名华裔移居到荷兰，这些人原籍多为广东宝安、东莞、惠阳三地，多融入荷兰的香港人群体⑥。

据统计，到20世纪末，欧洲华侨华人总数约有150万⑦，大部分集中于西欧各国，其中粤籍华侨华人数量较多的国家有英国、法国等。

---

① 张振江：《早期香港华人流出地试析》，《南方人口》2008年第1期。
② 向大有：《关于印支华裔难民问题的再认识》，《八桂侨史》1988年第1期。
③ 李明欢著：《欧洲华侨华人史》，北京：中国华侨出版社，2002年，第500-501页。
④ 广东省地方史志编纂委员会编：《广东省志·华侨志》，广州：广东人民出版社，1996年，第52页。
⑤ 李明欢：《当代欧洲华人人口构成剖析》，郝时远主编《海外华人研究论集》，北京：中国社会科学出版社，2002年，第416页。
⑥ 李明欢：《当代欧洲华人人口构成剖析》，郝时远主编《海外华人研究论集》，北京：中国社会科学出版社，2002年，第417页。
⑦ 朱慧玲：《欧洲华侨华人社会的现状及其特点》，《华侨华人历史研究》1999年第4期。

一、英国

据2014年中国驻英大使馆介绍,英国华侨华人有65万人,其中有40多万来自香港和广东[①]。粤籍华侨华人旅居英国具有特殊的历史渊源。首先,鸦片战争之前,中外贸易的主要份额来自中英贸易,而闭关锁国的清政府将中外贸易的唯一口岸限制在广州,因此当时广州经常可见英国商人的身影,广州在中英贸易中的地位显而易见。另外,香港在近代被英国管辖期间,香港人移居英国具有特殊的优势。

19世纪初期,曾经有两名广东人,一个叫冯亚生、一个叫亚学,他们或者出于好奇,想知道西方是什么样,或者是想发财,曾在1816年搭乘英国轮船到达伦敦。这是有姓名可考的较早的旅英广东人[②]。与此同时,还有为数不少的中国青年受雇于英国的远洋公司做海员,他们常年往返于中欧航线之间,在这过程中,有部分人因故滞留英国港口,资料显示,到19世纪初期留居伦敦的中国海员已有一定数量。从籍贯上看,因为雇用中国海员的远洋公司一般不具备直接到中国本土招募水手的能力,他们主要是通过设在香港的中介机构代为招募,因此早期的中国海员多来自香港本地,或广东珠三角一带的宝安以及台山、开平、恩平、新会四邑。据学者李明欢的研究,在19世纪末20世纪初,香港已经出现宝安人开办的"行船馆",专门介绍乡亲到欧洲的轮船公司当水手;在宝安很多农村,还形成了这样的风气:男孩长大后,最好的出路就是去香港"上外国公司的大船"当水手[③]。这些粤籍海员主要居住在伦敦、利物浦、格拉斯哥等海港城市,大约在19世纪80年代,东伦敦的坞区、利物浦的皮特街和克利夫兰广场附近开始出现唐人街。随着华人跳船留居,唐人街华人职业出现新的变化,广东四邑人基本以洗衣为业。为了异域求生、守望相助,1906年英国利物浦四邑人成立"英国四邑总会馆",是欧洲华侨史上第一个地缘型社团。

除了海员以外,"二战"以前英国还出现两类短暂留居的华人群体。一是留学生。随着近代留学运动的兴起,广东青年因为地处经济文化发达地

[①] 吴锐成主编:《侨情与侨务文集》(第二辑),广东省人民政府侨务办公室,2014年,第106页。
[②] 李明欢著:《欧洲华侨华人史》,北京:中国华侨出版社,2002年,第70页。
[③] 李明欢著:《欧洲华侨华人史》,北京:中国华侨出版社,2002年,第88页。

区，通过官派或自费到英国留学的人有不少，据民国初年一份《东西洋留学会员录》统计，在英国留学的粤籍学生有13人，他们主修的专业有法律、实业、医学等①，在留学前多有在香港读书的经历。留英学生大部分学成之后回归祖国，但也有个别以留学始而以移居终。二是"一战"华工。"一战"期间，协约国从我国招募华工23万人，其中"英国所招者计五万人"②。战后由于经济衰退，大部分华工被遣返，但也有少数人留下来继续务工或经商。据统计，"二战"结束时，旅英华侨华人不到5000人③。

"二战"以后，英国的华侨华人数量有了大幅度增长。就粤籍华人群体而言，他们的来源主要有三类：一是东南亚原英国殖民地华人的再移民。东南亚国家是传统闽粤华侨的聚居地，"二战"前，缅甸、马来亚、新加坡、文莱等地都是英国的殖民地，战后东南亚国家先后实现民族独立，受战争及政治变动影响，部分英属殖民地华人纷纷离开东南亚，当时英国对英属地华人的移民政策非常宽松，吸引了大量东南亚华人流入。据1961年统计，在英格兰和威尔士的华人中有26%来自新加坡，25%来自马来亚④。这当中，粤籍华人占有相当比例。二是印支难民。印支难民是20世纪70—80年代形成的大规模逃离印度支那的移民群体，据统计，全世界40多个国家和地区共接收印支难民达160万⑤，其中英国接收20700人⑥；一般认为，印支难民中60%为华侨华人，即12420人，其粤籍占90%以上。三是战后香港人移民英国。20世纪50年代以后香港新界水稻种植业破产，面临生存危机的新界农民在港英殖民当局的支持下，纷纷移民英国，据统计，从1955年到1960年期间，移民到英国的新界人平均每年有450名⑦。不断涌入的新界人大多被英国中餐业吸纳，这主要是因为战前留居英国的船员纷纷转型经营中餐馆，需要大量厨师和雇工，在20世纪60年代末，全英3000家中餐馆的雇主及从业人员中，90%以上

---

① 刘晓琴著：《中国近代留英教育史》，天津：南开大学出版社，2005年，第156-160页。
② 李长傅著：《中国殖民史》，台湾商务印书馆，1983年，第286页。
③ 廖小健：《英国政府的华侨华人政策》，《八桂侨史》1996年第3期。
④ 李明欢著：《欧洲华侨华人史》，北京：中国华侨出版社，2002年，第378页。
⑤ 方雄普、谢成佳主编：《华侨华人概况》，北京：中国华侨出版社，1993年，第123页。
⑥ 康晓丽：《20世纪60年代以来的越柬老华人海外移民》，《东南亚南亚研究》2015年第2期。
⑦ 李明欢著：《欧洲华侨华人史》，北京：中国华侨出版社，2002年，第418页。

是来自香港新界①。20世纪80年代以后，中英谈判香港回归问题，尽管议定香港实行"一国两制"，但还有很多港人对香港回归后的前途没有信心，中青年移民发达国家的人数大增，英国作为香港人传统的移民目的国，几乎每年都有4000余人移入②。

如今，英国大约有华侨华人65万人，其中有40多万来自香港和广东③。"二战"以来，华人的主要职业是经营中餐馆和中医药店。据不完全统计，英国华人餐馆和外卖店已经发展到2万多家，中餐馆以粤式菜肴为主。

二、法国

在欧洲大陆，法国是华侨移民人数较多，移民历史比较悠久的国家。早在16世纪西方资本主义国家致力于世界范围内殖民扩张之时，法国就曾在香港、澳门招募广东劳工开发海外殖民地，广东华侨与欧洲有了最早的接触。明末清初，中西文化交流进入新的发展阶段，与耶稣会士来华传教相呼应，有一些中国文人、基督徒反向进入欧洲从事翻译、图书编目等文化工作，其中有少数留居当地。据法国汉学家的考证，第一个踏上法兰西土地的广东人是顺德花匠、基督徒胡若望。他曾由库泊列神父引领在宫廷觐见路易十四国王④。鸦片战争后中国打开对外交往大门，法国出现了华人商贩、艺人、自由职业者以及海员等，其中有部分是粤籍人。1867年王韬游历欧洲，在日记中曾记录"有粤人携优伶一班至，旗帜新鲜，冠服华丽，登台演剧，观者神移，日赢金钱无算"⑤。总的来说，"一战"以前，法国已经有少量粤籍华人移民，但因为人数很少，还不足以成为引人注意的华人群体。

广东华侨移民法国的第一次高潮出现于第一次世界大战期间。当时北洋政府为助协约国参战，招募大批华工到欧洲从事军工生产、后勤劳动。据统计，1916—1918年，法国招募华工有4万人，英国招募有10万人，两者合计来

---

① 李明欢著：《欧洲华侨华人史》，北京：中国华侨出版社，2002年，第418页。
② 李若建：《香港外迁人口研究》，《南方人口》1997年第4期。
③ 吴锐成主编《侨情与侨务文集》（第二辑），广东省人民政府侨务办公室，第106页。
④ 麦基洗德：《广东华人在欧洲（一）：哪些华人最早开拓欧洲"唐人街"》，《神州民俗》（通俗版）2013年第6期。
⑤ 王韬等著：《漫游随录 环游地球新录 西洋杂志 欧游杂录》，长沙：岳麓书社，1985年，第93页。

到法国国土参加劳动的华工有14万①。这些华工均经中国公司在香港、广州、上海、威海、天津、青岛、浦口等地招募，其中粤籍华工多来自广东南方，他们受派负担前线任务的地区是诺尔省、加莱海峡省和索姆省②。由于"一战"结束后合约期满，加上法国经济衰退，大部分华工被解雇不得不返回中国，但仍有大约3000名华工留在法国，成为最早一批华侨，其中有部分是广东人。1919—1921年，中国掀起赴法勤工俭学运动，根据1922年6月20日《申报》的统计数字，广东留法的勤工俭学学生为251人，他们大多依靠省县政府、家庭或社会名流的补贴，能够保证生活基本所需。出生武林世家的蔡伯鸿曾在法国国家戏院表演中国武术，受到法国观众欢迎③。后来这批留学生大部分回到中国，有少数留下来成为旅法华侨。之后的几十年中，随着法国华侨向欧洲各国的分流，到1955年，法国华侨减至2700人，其中广东籍有300余人④。

20世纪50年代中期—70年代末，印支三国经历了非殖民化和长期战乱的过程，印支华人中有部分人到法国求学、做工、经商或被商业公司委派到法国任职，随着印支半岛排华浪潮的兴起，更是形成了规模庞大的印支难民潮，作为近代印支殖民地的宗主国，法国接纳收容了大约10万的印支华裔难民，他们多操广州话、潮州话、海南话和客家话⑤，属于广东省籍各方言群体。如今法国华人约有60万⑥，广东籍约有20万⑦，尽管从籍贯上看，浙江的华人移民数量更多，但以粤侨为主体的印支难民的集中涌入，改变了当时法国华人社会的结构和形态。他们中有2.5万人被安置在租金低廉、人员稀少的巴黎十三区，经过几十年的艰苦创业，他们把巴黎十三区建设成商业繁荣、

---

① 廖遇常、陈旦生：《法国华侨华人社会发展的历程》，《华侨华人历史研究》1991年第3期。
② 麦基冼德：《广东华人在欧洲（一）：哪些华人最早开拓欧洲"唐人街"》，《神州民俗》（通俗版）2013年第6期。
③ 马至融等著：《广东留学史》，北京：社会科学文献出版社，2018年，第310页。
④ 徐斌编著：《欧洲华侨经济》，台北：海外出版社，1956年。
⑤ 周南京主编：《华侨华人百科全书历史卷》，北京：中国华侨出版社，2002年，第102页。
⑥ 也有学者认为法国华人为40万，而法国国家统计局的数字则为80~100万。引自赵晔琴：《传统与延续：法国移民政策的演变及华人移民的历史——兼论20世纪以来巴黎华人移民空间的演变》，《法国研究》2015年第4期。
⑦ 广东省人民政府侨务办公室、广东省社会科学院：《侨力资源新优势与广东转型发展——2011广东海外侨务资源调研报告》，2012年，第210页。

人口稠密的著名唐人街,今天巴黎十三区的华人已有4.5万人。印支难民中原侨居地为柬埔寨的人数最多,老挝次之,越南又次之,他们大部分居住在巴黎及近郊。作为法国华人社会的重要组成部分,印支华人的影响力也在逐渐扩大,其中祖籍广东普宁县的老挝华侨陈氏兄弟为法国华商的杰出代表。他们于1976年创办的法国陈氏兄弟有限公司,如今已经成为西欧最大的华商企业——法国著名500强企业。

由于法国印支华人具有相同的经历、心态和现实处境,他们以越、棉、寮华裔为共同体建立了许多社团组织,比较有代表性的有法国潮州商会、法国华裔互助会、旅法广肇同乡会等。

三、荷兰

荷兰位于欧洲大陆西北角,是一个地狭人稠的沿海国家。在长期的历史发展过程中,荷兰的种族和民族构成日益多元化。就华侨华人而言,它主要由不同历史时期从马来西亚、新加坡、越南、印尼、苏里南、美国等国家和地区移民的华侨华裔,以及我国内地、港台移民组成。据2012年统计,荷兰华侨华人有12万(民间说法为15万~16万)[1],祖籍大部分是广东、浙江和福建。

华人抵足荷兰最早可溯至17世纪初期,有学者考证第一个到达荷兰并逗留一段时间的华人是一个叫恩浦的华商,他很可能就是明代史地著作《东西洋考》中记载的广东澄海人李锦[2],曾经帮助荷兰船队首次航行到达澎湖列岛。19世纪初《荷兰年刊》曾刊载一位叫奴年的中国学者在阿姆斯特丹游历生活,这位学者也是广东人,出生于汕头,求学于广州,在荷兰曾与莱顿大学汉学家霍夫曼教授晤谈。

粤籍华人群体性移入荷兰始于1900年左右。当时鹿特丹的一家轮船公司海员举行大罢工,为了破坏罢工,公司船主从英国伦敦、利物浦招募一批粤籍海员顶替,这些海员多为英国公司从香港招募的中国破产农民、渔民,

---

[1] 吴锐成主编《侨情与侨务文集》(第二辑),广东省人民政府侨务办公室,2014年,第107页。
[2] 梅旭华:《试述早期华人移民荷兰》,《华侨华人历史研究》1994年第1期。

与19世纪以前零星到荷兰的学者、华商的地位已经不能同日而语。据统计，在1915年荷兰华人海员的人数为2165人①。与"一战"后英国的华人海员大量被遣返不同，荷兰华人海员在一战以后反而有了更大的增长。主要是因为，"一战"期间荷兰航运业获得大发展，对海员的需求大增，华人海员吃苦耐劳，颇受荷兰船主的欢迎；另外，"一战"后，荷兰的移民政策仍然很宽松，对荷兰轮船公司雇佣华人并不限制，因此大量华人海员从英国流入荷兰，到1927年荷兰11家轮船公司共有华人船工3224人②。华人船工主要聚居在鹿特丹、阿姆斯特丹等港口城市，鹿特丹嘉区是20世纪二三十年代欧洲最大的唐人街之一。随着来荷华人的逐渐增多，在阿姆斯特丹等港口出现了许多华人水手馆，成为初到异国失业待募时华人的栖身之地，华人水手馆可视为华人社团的最初形态。荷兰华人海员绝大多数来自广东，少数来自福建或北方一些省份，据荷兰中央研究院的调查，荷兰华工中89%是广东人③，鹿特丹第一家华人水手馆就是广东人吴福开设的。

荷兰的粤籍华侨还有一个重要分支是印尼的华裔再移民。"二战"以前，旅荷印尼华人主要是富商家庭的青年留学生，他们在本国接受荷华中等学校教育，进而顺理成章到荷兰接受高等教育，据荷兰印尼华裔学生社团"中华会"统计，从1911年到1940年，先后共有约900名印尼华人进入荷兰各高等院校学习④。这群留学生毕业后，有部分人因为谋得理想工作而留居荷兰。"二战"以后，由于印尼独立后排华浪潮的影响，不少华裔知识分子迁移到印尼，尤其苏哈托掌权后，出现了一股印尼—荷兰华人移民潮，学者估计这次移民潮中迁入荷兰的印尼华裔约有5000人⑤。印尼华人主要由中国南方闽粤两省移民组成，因此荷兰的印尼华裔再移民从籍贯上看，有许多是广东籍。与"二战"前广东海员华工不同，印尼华裔多受过良好教育，在荷兰以从事专业技术工作为主。另外一股华裔再移民是20世纪70年代由苏里南移

---

① 梅旭华：《试述早期华人移民荷兰》，《华侨华人历史研究》1994年第1期。
② 梅旭华：《试述早期华人移民荷兰》，《华侨华人历史研究》1994年第1期。
③ 池莲子：《荷兰华人的历史、现状及问题》，《汕头大学学报》（人文科学版）1998年第3期。
④ 李明欢著：《欧洲华侨华人史》，北京：中国华侨出版社，2002年，第151页。
⑤ 李明欢：《一个特殊的华裔移民群体——荷兰印尼华裔个案剖析》，《华侨华人历史研究》1993年第2期。

居到荷兰的华人。苏里南在17世纪初沦为荷兰殖民地，在殖民地开发的历史背景下，印尼以及中国沿海省份的华人先以契约劳工的身份被输入，后多留居并转行经商，到1971年，苏里南华人人口发展到6400人，主要是客家人①。1975年苏里南独立前夕，出于对未来政治局势的担忧，许多苏里南华人举家迁移荷兰。与印尼华裔再移民不同，旅荷苏里南华人多不通荷语，文化教育水平低，没有太多经济实力，因此，除极少数人继续从商外，大多数人不得不另谋出路。

战后东南亚、苏里南华人再移民的流入带动了荷兰"中印尼"餐馆的发展，连带着刺激产生了一个新的华人移民现象，就是以中餐馆帮厨职业为纽带而形成的大规模移民群体。他们大部分来自香港，也有部分是从英国华人餐饮业分流而来。据荷兰汉学家统计，从1960年到1982年，荷兰华人餐馆由225家迅速增为1916家②。以中餐馆在人口和地理上的分布而论，荷兰中餐馆的分布率高居全欧之首，如今，中餐业已经成为荷兰华人经济最重要的组成部分。广东华侨是"二战"后第一批在荷兰开餐馆的群体，今天，荷兰大城市的中餐馆仍然多为广东人经营。

总体来看，荷兰的粤籍华人群体来源比较复杂，在长期的历史发展过程中，形成了功能不一的同乡会、宗亲会、联谊会、同业公会等各类侨团。其中旅荷华人联谊会是荷兰很有影响力的华人社团，拥有众多会员和广泛的社会联系网络，对增进华人团结和中荷友谊具有重要作用。

第四节　大洋洲、非洲

一、澳大利亚

从地图上看，澳大利亚位于南太平洋，与东南亚岛屿相距不远，但因为气候和地形的原因，古代中澳之间并未形成频繁的贸易关系，也很少有华人移居澳大利亚。直到19世纪40年代才有第一批移民作为契约劳工被运到澳大

---

① Frank Tseng：《种族与环境：苏里南和荷兰的华人》，《华侨华人历史研究》1995年第4期。
② 池莲子：《荷兰华人的历史、现状及问题》，《汕头大学学报》（人文科学版）1998年第3期。

利亚在农牧厂做工。

广东华侨大批进入澳大利亚做工是在19世纪50年代维多利亚、新南威尔士、昆士兰等殖民地发现金矿以后。怀揣着发财的梦，华南地区的穷苦农民乘船从香港、厦门、新加坡等地群趋而至这所谓"新金山"的地方。19世纪60年代华工输出合法化以后，来澳开掘金矿的华工越来越多，据统计，全澳华侨华人在1856年有27272人，1881年增加到3.8万人[1]。华人矿工主要来自广东珠三角地区，新会、台山、开平、恩平等四邑籍人尤其多，也有少量是福建省人。一项19世纪末20世纪初的调查显示，墨尔本一带的华侨华人中四邑人占88%[2]。尽管由于白人种族主义者的歧视，各殖民地先后通过限制华人移民的法令，但华人淘金热还是持续了五十年时间。华工聚集的地区大多为金矿兴起的地区，总体看，澳大利亚东部新南威尔士和维多利亚最早开始淘金热，昆士兰次之，西澳大利亚最晚。大部分华侨华人居住在矿区，除了做矿工之外，也有少量华侨华人居住在小镇，种蔬菜、开商店、开咖啡馆、开旅店等。19世纪70年代以后，随着矿山浅层金砂淘尽，以及随之而来的采矿技术机械化，许多华人矿工不得不转行，从事蔬菜种植、家具制造和商业等。据薛福成记载，悉尼有"粤商二十九家"，经营各种货物，以"运售茶叶、豆油居多"，从事香蕉贸易的主要是永生、泰生和永生3家果栈。随着华人职业的转变，华人居住的地方也由矿区周围转移到城市，维多利亚、新南威尔士、昆士兰三地的首府成为华人最密集的地方。

1901年澳大利亚联邦政府建立，通过严格的《移民限制条例》，华人移入澳大利亚变得非常困难，在澳华人也遭受白人歧视，在这种"白澳政策"的实施下，在澳早期华人的数量日益减少，据统计，1901年在澳华人数量有29627人，1947年减至9144人[3]。在经济上，为了避免与当地白人的职业竞争，华人逐渐趋向集中于某些"适当的"职业。比如有35%的华人从事果蔬种植业，在畜牧业做工的有4%以上，从事矿业的有7%，从事商业活动的有

---

[1] 黄昆章：《澳大利亚早期的四邑籍华侨华人》，《五邑大学学报》（社会科学版）1996年第1期。
[2] 黄昆章：《澳大利亚早期的四邑籍华侨华人》，《五邑大学学报》（社会科学版）1996年第1期。
[3] C. Inglis, Chinese in Australia, *International Migration Review*, 1972, 6(3), PP. 266–281.

17%①。另外，随着华人城市化，以唐人街为中心的华人餐饮业开始发展，还有一些华人企业家从事大规模的贸易投资等商业活动，20世纪初年，澳洲华人企业家在中国香港和内地的投资非常活跃。比如华商马应彪在香港创办的先施百货公司，郭氏兄弟在香港创办的永安百货公司，蔡氏兄弟在香港建立的大新公司，华人刘锡基、李敏周在上海创办的新新公司等。这几家公司的创办人多为广东中山县人，早期从业人员也多为广东人，亲缘和地缘关系在公司创办和经营中作用明显。

"二战"以后，为顺应形势的变化，澳大利亚逐渐放弃了歧视有色人种的"白澳政策"，鼓励多元文化发展，澳大利亚华人社会逐渐复苏，恢复活力，与此同时，来澳华人数量逐年增多。据统计，到1986年，官方统计中祖籍为中国的人口有172483人②。2006年，澳大利亚华人增至67万。华人的来源地比较广泛，除了中国内地，还包括中国香港和台湾以及东南亚等地移民。20世纪70年代末，大约有8万～10万印支难民被收容，其中有一半为华裔，大多为粤籍人。中国内地新移民的来源地不再局限于淘金时代的广东省，福建、江苏、浙江、山东、新疆等地都有新移民流入，但仍以广东人占多数。2006年一项调查显示，悉尼说中文的华人约有23.4万，其中说粤语的华人有12.5万，占悉尼说中文华人的53.4%③。随着华人人口的猛增，华人经济的总体实力也水涨船高，就职业构成而言，餐饮业、杂货业、进出口业、中西医药业在华人经济中占较大比重，农业从业人口比例在下降，另外还有一些文化教育水平较高的华人在教育、科技、医药、工程技术等行业从事专业技术工作。

在一百多年的华人移民史上，澳大利亚粤籍华人为自卫互助、联络乡情、凝聚力量结成了各种华人社团。传统的老侨团多为同乡会等地缘型社团，至今仍保持活动的有墨尔本冈州同乡会、墨尔本四邑会馆、南番顺会馆、澳洲潮州同乡会、维省潮州会馆、澳洲要明洪福堂同乡会等；越棉寮侨

---

① C. Inglis, Chinese in Australia, *International Migration Review*, 1972, 6(3), PP. 266–281.
② 方远：《澳洲有华人十七万二千》，香港《华人》1989年第3期。
③ 广东省人民政府侨务办公室、广东省社会科学院：《侨力资源新优势与广东转型发展——2011广东海外侨务资源调研报告》，2012年，第319页。

团以服务同侨为宗旨，因为特殊的语言风情风俗烙印，自成一特殊群体，如悉尼华人印支协会，各地的越棉寮华人联合会等；还有一类是以中国内地华人新移民为主的侨团，这类社团一般不再囿于狭隘的籍贯和血亲观念，而是致力于维护全体华人权益，代表华人社会与主流社会沟通。

二、新西兰

新西兰位于澳大利亚的东南，是南太平洋的一个岛国，领土包括南岛、北岛和一些小岛。华人移居澳大利亚始于19世纪中叶的华工淘金热。与环太平洋地区其他国家如美国、澳大利亚相比，新西兰的金矿开采时间较晚，1860年、1865年新西兰南岛奥塔哥省、西海岸地区先后发现金矿，最早一支淘金华工于1866年从澳大利亚再迁徙而来，其后也有华工从中国转道澳大利亚或直接奔赴新西兰，直航新西兰的船只一般从香港出发，目的地或为奥塔哥省或为达尼丁。这些华工基本来自广东珠三角一带，如番禺、中山、四邑等县。淘金华工的大量涌入，使得新西兰华人数量迅速增加，据统计，1867年奥塔哥省华人数量为1185人，到1871年增加至4159人[①]。但19世纪80年代以后，新西兰开始制订限制中国移民入境的法案，加之，金矿开采逐渐衰落，一部分华工离开新西兰回到广东，留在新西兰的华工也慢慢退出淘金业，转而从事果菜种植、零售和洗衣业。到1926年，新西兰华人为2927人，从事淘金业的仅17人[②]。

20世纪20年代以后，新西兰政府推行歧视华侨华人的"白新西兰政策"，到"二战"前，新西兰华人已减少到1408人[③]。处于被排斥被孤立的境地的新西兰华人远离主流社会，热衷于建立自己的社团组织系统，成立了洪门致公堂、中华会馆、华侨联合总会、抗日后援会等，也组织了新西兰番禺馆、新西兰四邑会馆等同乡会。

1938年，日军占领广州后，一批新西兰侨眷申请到新西兰避难。1947年

---

① 张丽：《19世纪后半期新西兰华工淘金热的兴起与排华立法的出台》，《史学月刊》2017年第4期。
② 赵晓阳：《逆行与承继：新西兰华工与广东家乡的传教互动》，《世界宗教研究》2017年第5期。
③ 王兴中：《新西兰华人的人口与职业》《人口与经济》1987年第6期。

新西兰政府给予华侨眷属共1323人永久居留权；1949年与1950年准许居留新西兰20年以上的50户华人家庭，将眷属接来新西兰团聚，"一个由完整家庭构成的真正的华人社会从此时起落地生根"。此后，尽管新西兰仍然对中国移民存有戒心，但到70年代之前，新西兰华人自然增长很快，到1980年新西兰华人人口为1.4万人，比"二战"结束时增加了3倍[1]。

1987年以后，新西兰调整移民政策，对英国、西欧移民及亚裔移民一视同仁，摒弃了对非白人种族的歧视。在新移民政策的刺激下，新西兰华人数量增长很快，到2006年，新西兰的华裔人口增至140570人[2]。与淘金时代相比，华人新移民的来源地多元复杂，主要有中国内地和香港、台湾地区以及马来西亚、新加坡等地，中国内地移民除了广东以外，还有河南、河北、黑龙江、陕西、四川等省份移民。这些新移民的移民模式包括技术移民、商业移民或家庭团聚等。在职业选择上，新移民一般从事技术工作或商业贸易，他们的到来改变了华侨华人主要从事菜圃和园艺的传统职业结构。另外，多种来源地的新移民也降低了广东人在华侨华人中的人口比例，1987年移民新法案颁布以前，新西兰华侨华人有90%为广东人，如今广东人和其他省份的移民比例各占50%。[3]

随着新移民的增加，新西兰出现了许多新社团，目前奥克兰100多个华人团体有80%是90年代后成立起来的，但是粤籍传统侨团因为历史悠久，仍然有一定的影响力。比如奥克兰冈州会馆在1987年购置了新会所，现有会员400多名[4]，会馆通过开展多项活动，促进了华族融合。新西兰华侨联合会目前有13家分会，注册会员超过4000人，在华裔新生代中具有较强的凝聚力和号召力，曾多次代表华人社团与当地政府或其他机构协商华侨华人问题，是联合社团中团结侨胞、服务华社的范例。

---

[1] 王兴中：《新西兰华人的人口与职业》，《人口与经济》1987年第6期。
[2] 李海蓉：《新西兰中国大陆新移民初探》，《华侨华人历史研究》2011年第1期。
[3] 广东省人民政府侨务办公室、广东省社会科学院：《侨力资源新优势与广东转型发展——2011广东海外侨务资源调研报告》，2012年，第323页。
[4] 新西兰奥克兰冈州会馆：《维护华族认同感　促进华族大融合》，广东省海外交流协会编《第二届世界广东同乡联谊大会侨情交流文集》，广州：广东旅游出版社，2002年，第59页。

三、南非

南非位于非洲大陆最南端，与中国相距万里之遥，但是文献记载及历史遗迹均有证据表明中国人与南非的接触要早于欧洲殖民者。大约在17世纪中期，爪哇岛的华人因犯被流放到开普，是为华人移居南非的开始。此后直到19世纪80年代，陆续有少量的华人罪犯、工匠、技师来到南非并留居下来，华人劳工有的是由开普、纳塔尔殖民地政府雇佣引进的，有的是以自由民的身份到南非来务工的，据统计，1720年代—1880年代，南非华人大约有400余人，他们主要居留的地点为开普殖民地、纳塔尔殖民地[①]。19世纪80年代以后，南非陆续发现钻石矿和金矿，吸引华人怀揣着"黄金梦"纷至沓来，形成了移民的高潮。他们或者来自中国东南沿海一带，或者是南非附近岛屿或其他地区的中国人，以广东人为主，到1904年，南非华人总数约有2457人[②]。20世纪初期，随着南非矿业开采对劳动力的大量需求，以及英布战争后德兰士瓦百废待兴，南非殖民当局从中国大规模招募契约华工，1904—1906年，这一群体的数量高达63811人。从来源地上看，契约华工主要来自河北、山东、河南等省，也有少量广东人，因为1904年，香港曾短暂作为"契约和承运华工的中心"，华工中有1741人是从香港出口的[③]。契约华工曾为南非经济的发展带来了重要影响，但是由于遭到南非白人、土著的嫉恨和歧视，这批华工到1910年被全部遣返，因此他们与今天非洲华侨华人并没有直接的承继关系。此后由于民国初年的中国内乱和日本侵略造成的难民潮，南非经历了两次较大规模的华人自由移民运动。

总之，"二战"以前定居在南非的华侨华人是今天南非华人的一个重要来源，他们的后裔成为老侨，这一群体的先辈绝大多数是广东人，具体说是广府人和客家人。广府人主要来自南海、顺德，尤其顺德乐从镇周围的平步、小步、鹭洲、水藤和沙寮等村，客家人主要来自梅县南口、松口、西阳、罗田和梅南等地。他们当中第一代移民多经营家庭式的餐馆、杂货及进

---

① 李安山：《清末非洲华侨的社区生活》，《华侨华人历史研究》1999年第3期。
② 李安山：《清末非洲华侨的社区生活》，《华侨华人历史研究》1999年第3期。
③ 桑艳东：《契约华工在南非（1904—1910）——兼论南非华、印侨工之比较》，《华侨华人历史研究》2001年第1期。

出口业，二、三代移民由于受过良好教育，较多从事医生、律师、工程师等专业技术工作。南非老侨移民时间早，经历了南非种族隔离制度的不公待遇，加之中南建交时间较晚，他们普遍已经完全融入当地生活，在居住地、职业选择和价值观等方面，具有相对独立性，与后来的新移民相比，是具有独特群体特征的华人群体。

"二战"以后，南非与台湾当局关系密切，20世纪70年代以后，国际社会对南非经济制裁加剧迫使南非推出一系列鼓励移民和外商投资的政策，中国台湾、香港及东南亚的华人到南非投资经商者日益增多，据20世纪90年代的一项调查显示，南非的华人总数有27500多人，其中当地出生的老侨有6612人，来自中国内地和香港的移民为4971和2756人，来自中国台湾的移民为13176人[1]。另外随着中国对外开放政策的实施，中国内地各省到南非经商、务工的人也越来越多，目前这批新移民人数估计有20万～35万人[2]。就粤籍华人而言，20世纪90年代，南非华人中，来自广东省的占比大约为50%，如今这一比例随着各地新移民的不断涌入在逐渐降低。据广东省侨办2011年的调研显示，目前南非粤籍华侨华人约有2万人，其中老侨及其后代约有五六千人，新侨约有1万多人，主要来自江门、五邑地区，约翰内斯堡新唐人街的餐馆基本是恩平人经营，在开普敦，来自台山的新侨约有上千人[3]。

1949年以前，南非粤籍华人的社团主要有杜省华侨联卫会、维益社、致公堂、中华会馆、梅县侨商公会、嘉应会馆和南顺同乡会等。如今南非华人社团已经超过百个，除了具有老侨特色的团体12个外，还有具有中国内地特色的团体32个，具有台湾特色的团体43个，具有香港特色的团体1个，中性团体10个[4]。粤人团体中较有影响的主要有南非顺德联谊会和南部非洲粤港澳总商会，前者成立于1998年，目前会员有850个，平时举办各种联谊活动；后者

---

[1] 温宪著：《闯荡南非》，北京：当代世界出版社，2002年，第253页。
[2] 徐薇、姚橄榄：《南非华人的历史、现状与文化适应》，《广西民族大学学报》（哲学社会科学版）2018年第3期。
[3] 广东省人民政府侨务办公室、广东省社会科学院：《侨力资源新优势与广东转型发展——2011广东海外侨务资源调研报告》，2012年，第294页。
[4] 广东省人民政府侨务办公室、广东省社会科学院：《侨力资源新优势与广东转型发展——2011广东海外侨务资源调研报告》，2012年，第295页。

成立于1997年，会员为粤港澳三地华商，经济实力雄厚，在当地侨社建设、与国内侨务部门联络中发挥重要作用。粤港澳侨商曾在约翰内斯堡建造了唐人街牌坊，还积极筹备建设中国文化中心，促进中华文化在南非的传承和发展。

四、马达加斯加

马达加斯加为非洲东南方、印度洋西南部的一个岛屿，是世界第四大岛。尽管马达加斯加是联合国认定的世界上最不发达的国家之一，但是华侨移居这里已有一百多年的历史。

据文献记录，1862年，英国传教士艾利斯在马岛塔马塔夫市旅行时，曾见到一个华侨商人，说明至少在19世纪60年代初，华人已经开始向马岛移居。早期迁徙的华人几乎都来自广东南海和顺德两县，主要通过自由移民和契约劳工两种形式来到马岛。自由移民一般是从毛里求斯和留尼汪迁居过去的，比如华侨中流传的马达加斯加华人开山鼻祖陈敖是广东顺德人，原来定居在毛里求斯，以捕鱼和打捞为业，后来发现马岛地广人稀，于是和同乡三四人一起迁居塔马塔夫。还有华人富商陈广明先辈也是先在毛里求斯经商，后来在一次海上风暴中漂流到马岛，于是在那里开设商号。与自由移民同时期，英、法、荷兰等国殖民者还从中国内地招募契约劳工，1865年法国船只从澳门运送一批华人到马岛；1890年，有大约500名华工被送到马岛。1896年，马岛成为法国殖民地，华人劳工的数量进一步增多，1896—1897年，共有四批华工大约3003人被运到马岛。1901年有两批华工共764人被运到马岛[1]。这些华工在马岛修筑公路、铁路，从事军事工程建设，但是后来都被遣回，几乎无人留居马达加斯加。此后，除了毛里求斯和留尼汪一些华人继续再迁徙到马岛，中国内地居民也不断到马岛投亲靠友，尤其在北洋政府时期和抗战时期，国内时局动荡造成了华人移居马岛的高潮，1931年马岛的华人为1805人，1941年增至3637人[2]。1960年马国独立，1972年马国政府宣布要

---

[1] 姚娇娇、陈明昆：《马达加斯加华侨华人的历史变迁考》，《非洲研究》2017年第2期。
[2] 方积根编：《非洲华侨史资料选辑》，北京：新华出版社，1986年，第72页。

对外国企业采取国有化措施，部分华侨出于经济安全考虑，转移资金并向法国、加拿大等其他国家和地区移居。

马岛华侨主要在城乡从事商品零售业，乡村华侨小店除了售卖日用品外，还收购当地土特产和农产品。到20世纪80年代，马岛全国四十六个市县的华人店铺共有2000多家[①]，虽然华侨少有大企业家、大工业家，但小本经营的各种行业，充当了法国大商行与当地人之间的中间商，便利了当地居民的生活需要。

改革开放以后，华人移居马岛的人数逐渐增多，这些人被称为新侨。他们当中一部分是广东顺德人，通过同乡、亲友牵线到马国经商或务工；一部分是援马中资企业或中国驻马机构工作人员，留居当地从事进出口贸易；还有一部分是从中国内地、香港、台湾，以及东南亚或毛里求斯等地辗转而去经商的。总体上看，新侨中广东省人较少，外省人居多。据统计，如今马国华侨华人约有5万人，其中老侨3万人，新侨约2万人。老侨主要集中于东海岸的港口城市塔马塔夫，主要经营餐饮业、零售业、进出口贸易，2011年，塔马塔夫的华侨个体商人和民营企业共有177家[②]。

马达加斯加现有华侨华人社团27个，其中历史比较悠久的有京城中华总会、塔马塔夫华侨总会。2007年成立的华商总会和塔马塔夫顺德联谊会在促进当地华商交流和密切中马友好关系等方面起到重要作用。

五、毛里求斯

毛里求斯是印度洋西部靠近非洲大陆南端的一个岛国，起初岛上荒无人烟，16世纪以后，荷兰（1638—1710）、法国（1715—1810）、英国（1810—1968）曾先后在这里建立殖民统治。华人移居毛里求斯开始于17世纪初，当时荷兰殖民者将反抗其殖民统治的印尼犯人遣送到毛里求斯服役，其中就有华侨。18世纪初，法国在毛里求斯建立殖民统治后，甘蔗种植园和制糖工业的发展需要补充劳动力，法国殖民者从印尼掳掠了300户中国人，

[①] 陈烈甫著：《华侨学与华人学总论》，台湾商务印书馆，1987年，第174页。
[②] 广东省人民政府侨务办公室、广东省社会科学院：《侨力资源新优势与广东转型发展——2011广东海外侨务资源调研报告》，2012年，第290页。

1783年，法国人从广州运送了132个农民和技工到毛里求斯。

19世纪初，英国取代法国成为毛里求斯的殖民统治者，以使用中国农业工人取得成功的东南亚英国殖民地为样板，英国殖民者开始有计划地招募契约华工到毛里求斯甘蔗种植园劳动。据统计，1840—1843年，从新加坡、槟榔屿和加尔各答运送到毛里求斯的契约华工，共有2303人①。1843年，有两家甘蔗种植园公司招募福建厦门农业工人838人②。1848年，留尼汪的中国工人有27人在契约期满后到毛里求斯。1875年，毛里求斯又从新加坡和槟榔屿招募了约500名契约华工③。与此同时，以自由移民的形式进入毛里求斯的华人也不绝如缕。1833—1846年，中国自由移民毛里求斯的人数共计441人④。1860年以后，随着中英《北京条约》的签订，华人出洋合法化，以及19世纪末毛里求斯和东南亚之间开通定期航轮，华人移民毛里求斯进入一个高潮期。1860年，移民毛里求斯的中国人有379人；1895—1900年，移民毛里求斯的中国人有近7000人⑤。20世纪以后，一些富裕华侨开始把眷属接到毛里求斯，华侨社会的妇女人数开始增加，人口结构逐渐变得合理。此后至20世纪50年代，定居在毛里求斯的华人人数越来越多，如1921年为6745人，1931年为8923人，1944年为10882人，1952年为17850人⑥。

20世纪50年代后，从中国移居毛里求斯的人逐渐减少，华人人口进入自然增长阶段。改革开放以后，中国移民又开始增多，东南亚华人也有不少前去毛里求斯谋生，到20世纪80年代，毛里求斯的华侨大约有2万多。但由于许多华人以毛国为中转，再移民至美、加、英、澳大利亚等国，所以三十多年后的今天，毛国的华人数量未有明显增加。关于目前毛里求斯华人人口数有不同的说法，一般认为有近3万人，也有学者访问当地华社领袖认为只有1万多人⑦。

---

① 方积根编：《非洲华侨史资料选辑》，北京：新华出版社，1986年，第299-300页。
② 许永璋：《毛里求斯的华工和华侨》，《河南大学学报》（社会科学版）1993年第1期。
③ 陈翰笙主编：《华工出国史料汇编》（第九辑），北京：中华书局，1984年，第261页。
④ 方积根编：《非洲华侨史资料选辑》，北京：新华出版社，1986年，第154页。
⑤ 许永璋：《毛里求斯的华工和华侨》，《河南大学学报》（社会科学版）1993年第1期。
⑥ 许永璋：《毛里求斯的华工和华侨》，《河南大学学报》（社会科学版）1993年第1期。
⑦ 石沧金：《衰微中的坚持与努力——毛里求斯华人社会发展动态考察与分析》，《东南亚研究》2014年第1期。

毛里求斯的华人主要是粤籍人，早期多是南海、顺德人，1860年以后，梅县客家人逐渐增多。一项统计显示，1874年，毛里求斯华人中广府人有2000名，客家人有1500名，福建人有500名①。1972年的族群人口调查的结果显示，毛里求斯25000名华人中客家人占绝大多数②。目前则90%华人为客家人，南海、顺德人大约为10%③。华人到毛国起初多做苦力，后来主要经商，如经营零售商店、杂货店等；新一代华人受到良好教育，不少人从事专业技术工作。毛里求斯华人社团历史比较悠久，地缘型社团主要有南顺会馆、仁和会馆、客属会馆等，另外还有一些宗亲组织、文化教育社团和华商会等。其中华人联合会是一个超血缘、地缘和族缘的全国性组织，会员多为年轻人，经常举行各种体育活动，比较有活力。

---

① 仁和会馆：《毛里求斯仁和会馆建馆一百二十五周年纪念特刊》，1996年。
② 段颖、陈志明：《跨洋流动、地方适应与中国联结——毛里求斯华人社团与社会探析》，《海交史研究》2017年第1期。
③ 曹云华：《再论海外客属华人的特性：以毛里求斯为例》，《八桂侨刊》2018年第4期。

第二章 粤籍华侨华人与"二战"前东南亚华侨教育

东南亚是粤籍华侨最主要的居留地,该地华侨教育历史悠久。粤籍华侨教育是伴随着时代的进步、社会的发展及粤籍华侨人口的增加而逐步形成和发展起来的,是东南亚华侨教育的重要组成部分。粤籍华侨教育分为早期私塾教育和现代华侨教育两类,按照教育规模和办学质量观察,以20世纪20年代为界,"二战"以前东南亚粤籍华侨教育分为前后两个阶段,第一阶段是华侨教育从私塾过渡到新式学堂的初步发展期,第二阶段是居留地政府管控下的巩固提高期。

第一节 华侨教育的初步发展:从私塾到新式学堂

东南亚的粤人华侨教育最早出现在印尼。文献所载最早在印尼开办华文学堂的广东华侨是罗芳伯。罗芳伯(1736—1795),广东梅县人。1772年移居婆罗洲。曾设馆授徒,以教书糊口。后加入采金生意,成为华侨领袖,1777年建立民主的兰芳大统制共和国,担任元首。在位期间,除带动华族和当地土人发展经济,积极进行扶贫救苦工作外,还广设汉文学校,提倡读书识字,免费招收华侨子弟和土人入学,一时连土人都欢喜入校读书,以识汉字为荣。①婆罗洲汉文学校是印尼早期颇具规模的旧式华文学堂。

19世纪以后,随着来自广东各方言区的华侨在马六甲、槟城、新加坡以及中南半岛各地逐渐聚居生存下来后,出于民族的文化习惯,以及与祖籍地家人书信往还、商务契约账目的日常所需,他们开办了一些简陋、原始的私塾、义塾。在英属马来亚,一份1818到1820年的教会资料显示,1815年,马六甲有9间华人私塾,其中有一间是专供广东儿童就读,约有十几名学生。1829年在新加坡,一个德国传教士声称此地有3间华文私塾,其中有两间是以粤语教学,一间坐落在甘榜格南街,有12名儿童,一间在北京街,有6名儿童。稍晚,粤籍人开办的私塾还有:柔佛麻坡县潮人私塾,塾师先后有黄芳时、廖天益;1907年柔佛新山新广肇同乡会创设的育才学堂,塾址设在广肇会馆内,专收广帮子弟,1912年发展为宽柔学校;1914—1917年柔佛昔加末县粤帮私塾,塾址位于大街怡珍金铺楼上,有粤童二十余人;1875年砂拉越古晋潮人开办的潮语学塾,塾址在大石路邮政局大厦对面,学童十余人;还有位于古晋市郊的客语学塾,塾师姓汤,广东新安客家人,学生有四五十人,分上下午班上课;1889年新加坡广肇华商开办的广肇义学;光绪年间新加坡南顺会馆亦曾设学塾,"聘请宿儒,以教子弟,其时无若何名义,亦不限两邑之人,凡有志来学者,皆不拒"②。在缅甸,1872年粤侨在仰光广东观音庙落成后,将其右边的辅屋辟为私塾。在印支地区,1908年金边潮侨创设了端华私塾。

这些私塾、义塾可算做粤籍人在东南亚兴学的较早记录,在新式学校出现以前它们即为华侨教育的主流。这些私塾规模较小,无专建校舍,多以神庙、茅屋为课室,设备简陋,教授《三字经》《千字文》、四书五经等课程,为了实用,也教授书信写作及简单珠算,采用方言教学。现代学校教育兴起后这些私塾有的停办,有的后来被逐步改造成新式的华校,也有的伴随着现代学校的发展同时得到发展。尤其在印支地区,粤人的私塾教育存在时间较长,比如20世纪20年代陈友琴到越南海防考察华侨教育,发现当地仍存

---

① 陈国华著:《先驱者的脚印——海外华人教育三百年1690—1990》,多伦多:Royal Kingsway Irc.,1990年,第6页。
② 新加坡《广东会馆庆祝六十周年纪念1937—1997》,1997年,第139页。

私塾数所，塾师皆粤人，教授四书及《成语考》等旧书，间或授新国文及尺牍，每周或课作文，或作信札、对对串句不等，学生每所不过二十余人①。即使教育改革比较彻底的新加坡，到1941年日本入侵前，还有私塾数十间②。对粤人私塾教育的效果不能做过高的估计，但其在旧时代所发挥的教育功能和传承民族文化，则弥足珍贵。

19世纪末20世纪初，在内忧外患多种危机之下，清政府变法改制，教育方面废科举、兴学校。在国内教育改革与国外制度影响下，东南亚华侨民族主义兴起，因痛感华人社会文化落后，为适应时代需要，华侨开始倡办新式学校，东南亚现代华文教育进入正式发展时代。

一、印尼

与东南亚其他国家不同，印尼尤其是爪哇岛的新式华校从一开始是开通式的，即打破了传统的部落主义，由超省籍、超帮派，为全体华侨服务的文化社团——中华会馆创办。1900年3月17日巴达维亚创立了第一个中华会馆，设立华文学校董事部和英文学校董事部，创办新式教育，提高华人的汉语水平和文化素质。董事会成员为华社有影响力、热心侨教事业的富商，各省籍均有名额。在中华会馆学堂，粤侨精英作为中华会馆董事会成员的重要组成部分，推动了会馆华校的创办和发展。以巴城中华会馆为例，第一届董事会成员有总理潘景赫，副总理丘燮亭（丘亚凡）、翁寿昌，顾问丘绍荣，秘书陈金山、丘香平，财政许南昌、蔡有德，董事黄玉昆、黄昆舆、陈公达、李兴廉、梁辉温（梁映堂）、潘立才、许金安、陈天成、胡调瑞、胡先清、温亚松、李金福。其中属粤籍的有丘燮亭、丘绍荣、梁辉温、陈天成。

丘燮亭，广东梅县客家人，1875年到印尼，起初当勤杂，后在巴城开设亚弄店，经营联兴公司米行，开设巴达维亚银行，曾任巴达维亚雷珍兰12年，执巴城侨界之牛耳。梁映堂，广东梅县客家人，其父梁采臣在嘉庆年间到巴城谋生，创设南茂公司，事业有成。梁映堂继承父业，又开设德瑞商

---

① 陈友琴：《越南华侨教育考察记》，《东方杂志》1918年第15卷第11号，第73页。
② 林远辉：《马来亚独立前的华侨学校》，暨南大学华侨研究所编《华侨史论文集（第二集）》，暨南大学华侨研究所，1981年，第248页。

行，在巴城商界颇有影响，曾任巴城中华商会会长。20世纪初年先后任巴城雷珍兰、甲必丹。1901年3月17日，丘燮亭、梁映堂联合20位华社贤达发起创办第一间中华会馆学堂——巴城中华会馆学堂，他们联名给印尼华侨写了一封公开信，说明创办华校、提倡中华文化教育的意义，号召华侨支持这项工作，并为巴城中华会馆学堂捐助办学经费，鼎力相助文教事业。

巴城中华会馆学堂的第一任校长是福建人、新加坡林文庆博士的私人中文教师卢桂舫。他放弃了孔子经典学说而采用简单的教科书。开始时教科书是采自日本的教科书，也不再是用福建方言而是用国语讲课。初时有学生35人，教员2人。[①]1901年9月，李登辉成立一间英文学校，名为耶鲁学院，后来，中华学堂与李登辉商量，接办了这所学校，由李登辉任校长，四年后该校并入中华学堂，但行政与经费独立。1902年4月，中华学堂内又附设了女生班，聘请一位女教师任教，主要开设汉语、印尼语、缝纫、刺绣和家政等课程。这样中华学堂成为一所兼具中文、英文、女子班的现代新式学堂。中华学堂成立后，因其教学成效显著，声势很快超过旧式义学、私塾。受此影响，各地纷纷成立中华会馆，将推动华侨教育、开办华侨学校作为会馆的基本宗旨。1908年中华会馆学堂增加到44所。[②]1912年，爪哇中华学校达65所，学生达5451人[③]。

粤籍华侨也以乡族团体为基础发展华校。乡族团体是以地域为基础的自愿团体，是印尼华侨社会出现较早的组织，印尼的粤籍乡族团体主要有嘉应州会馆、广肇会馆、华侨公会（客属公会）、梅县同乡会、蕉岭同乡会、大埔同乡会、潮州会馆、惠州会馆、琼州会馆、石扇同乡会、中山同乡会等。乡族团体起初的功能是同乡互助联谊，随着华侨民族主义的兴起，发展华侨教育成为乡族团体的一个重要职责。

客属公会是巴城三大侨团之一，成立于1865年，成员以广东梅县客家人为主体。华侨有崇拜祖先的传统，随着客家侨民移居巴城的人数日渐增多，

---

① 梁友兰：《巴城中华会馆40年历史》，雅加达：巴城中华会馆，1940年，第23页。
② 冯子平著：《华侨华人史话》，香港：天马图书有限公司，2004年，第144页。
③ 熊理：《荷属华侨学务总会过去之历史》，荷属华侨学务总会编辑委员会编《荷印华侨教育鉴》，1928年，第376页。

客死孤魂，无以为依，他们集资修建客属总义祠，作清明节祭祀之用。20世纪初年，维新派和革命派知识分子先后到南洋宣传新学，客属公会酝酿以义祠为基础设立义成两等小学堂。1907年，义成学堂开学，董事部监学谢钧弼兼摄校长，教员前后有5人。同年，清朝两江总督在南京开办暨南学堂，招收印尼中华学堂毕业生前往留学深造。梁映堂以暨南学堂回国学生委员会副主任的身份，负责考选来自印尼各地的第一批21名学生前往南京暨南学堂留学，其中就有5名学生来自义成学堂。之后，义成学堂规模逐渐扩大，到1926年，义成学校共有学生154人，教员6人。[①]1935年，义成学校与另一间由客籍华侨主办的平民学校合并，改名义平学校。

棉兰敦本学校是棉兰地区第一所新式华侨学校，由客属华侨主办，其中客家侨领张榕轩（张煜南）、张耀轩（张鸿南）兄弟及其后人对学校的创办和发展做出很大贡献。张榕轩出生在广东梅县松口地区，少年时到印尼苏门答腊谋生，初投大埔籍巨商张振勋（张弼士）门下做职员，后自立门户，在棉兰经营商业、垦殖业及开办银行等企业，并招其弟前往协助事业。经过十几年的锐意经营，张氏兄弟成为棉兰华侨中的巨擘。荷兰殖民当局因二人开埠有功，授予他们雷珍兰、甲必丹等职，后来还先后任棉兰玛腰。1908年，张榕轩捐资20万盾创办棉兰敦本学校，其中10万盾作建筑费，10万盾作学校基金，常年经费则由张氏开设的两个市场的摊位租金来维持，张氏兄弟先后出余力任总理。敦本学校是当地唯一不收学费的义学，学生多是贫苦华侨子女。

棉兰地区由乡族团体创办的华校还有惠州华侨主办的养中学校，广府华侨主办的神舟学校。养中学校创办于1912年，由棉兰惠州籍鹅城会馆全体董事发起创办，以鹅城会馆为校舍，初办时学生仅一二十人，后逐渐增多，到1923年学务最发达，学生增至百余人[②]。神州学校由广州人创办，广州人认月捐支持，开办之初，仅设国民班，人数仅60余人，1921年曾举行运动会及成绩展览会，颇得埠上人士之称誉。1925年校务改进，学生增至百人，开办女

[①] 李文海主编：《民国时期社会调查丛编（二编）华侨卷》，福州：福建教育出版社，2009年，第448页。
[②] 棉兰华侨教育总会编：《苏岛华侨教育丛刊》，1931年，第168–169页。

子识字班，附设幼儿园，组织学生会，发展其自治能力。

二、英属马来亚

在英属马来亚，1904年清政府驻新加坡总领事张振勋领导槟城一批绅商发起创办了第一间新式学校——中华学堂。张振勋，广东大埔人，1856年赴南洋谋生，刚开始当学徒，后经营垦殖、橡胶、锡矿和航业，成为南洋华侨首富，先后被清政府委任驻南洋领事、总领事和督办铁路大臣等职，1894年以后将大量资金转移回国致力于发展祖国实业，曾任全国商会联合会会长。作为一个著名华侨资本家，张振勋对华侨教育非常看重，他认为国家富强的根本在于广设学校，培育人才。正是在这样的教育思想影响下，1904年他主动策划联合槟城各富商的力量共同办成中华学堂。中华学堂开办之初，假平章会馆上课，其后购置槟城港仔唇一处地方，另建校舍，张振勋捐赠地产工料七万四千余元，作为校舍建筑之用。1905年他受委任管理学校事务，并代表清廷颁赐"声教南暨"匾额及《古今图书集成》一套给学校。到学校后，他率领绅商悬挂御匾，珍藏图书，并即席筹募经费十数万元，自己捐出五万元，及常年经费一千二百元①。中华学堂试办之时，分孝、弟、忠、信、礼、义、廉、节八班，学生240名，后因为讲堂狭窄，限收160名，分甲乙丙丁四班。授课科目有修身、读经、讲经、国文、外国语、历史、地理、算学、物理学、体操、图画、理财学等。学校管理是不分地域、帮派的，由闽粤富商中选出十四人组成管理部，另从内地聘请熟悉教务、品学兼优的人士担任教务工作，"开校之时，聘顺德县进士黄敏孚为总教习，嗣聘桂林礼部主事李体乾为总教习"②。

中华学堂的成功创办在马来亚华人社会起到示范作用，许多大城市在当地侨领的带领下纷纷创办新式学堂。粤籍华侨除了与其他方言群体合作办学外，还以广府帮、客家帮、潮州帮、海南帮创办了许多本方言群的学校，为

---

① ［马来西亚］郑良树著：《马来西亚华文教育发展史》（第一分册），吉隆坡：马来西亚华校教师会总会，1998年，第150页。
② ［马来西亚］郑良树著：《马来西亚华文教育发展史》（第一分册），吉隆坡：马来西亚华校教师会总会，1998年，第100页。

本帮子女提供教育的机会。以新加坡为例，1905年嘉应五属同乡组织应和会馆创办应新学堂，倡办人有黄云辉、钟小亭、汤湘霖、陈梦桃、梁星海等。1906年茶阳会馆邑人刘春荣、张让溪、刘问支、张让皋、陈龙曾、蓝森堂、蓝贲臣、杨江中、张星台、罗连安、何吉升等发起捐资，为大浦移民筹办学校，命名为"启发学堂"。经筹备后，启发学堂租陆佑街店屋为校舍，于1906年11月举行开学典礼，推举刘春荣为首届总理，聘请李辰五为校长，当时学生有60多人①。1911年，由于原校舍已无法容纳不断增加的学生，诸董事认为，租店屋为校舍，既不合学校之设备，更增负担，决定将北京街茶阳会馆加以修整，增建三楼，把启发学堂迁入会馆内，开创了馆校合一的先例。1906年，潮籍乡贤陈云秋、廖正兴、张霞生、蓝金昇、薛月楼、蔡子庸、谢为章、沈联芳、陈卓然、黄松亭、黄金炎、李星岩、陈琴如、陈德润、杨瓒文、王邦杰、郭克恭、卢新科、沈霭塘、谢寿吾、陈子桂、陈芷青、陈敬臣、陈祐如、郭斯廉、吴泽仓、朱流芳、黄仁生等二十八人发起创办潮州公立端蒙学堂，租赁禧街门牌五十二号店屋为校舍，以发起人为临时董事，推选蔡子庸为总理，陈云秋为义务校长，教员二人，学生有小学初级生68名。②同时期，新加坡粤籍人创办的学校还有：广惠肇人士于1905年创办的养正学堂、宁阳会馆于1906年创办的宁阳学校、琼籍人士于1911年创办的育英学堂等③。

辛亥革命以后，民国肇造，中国从封建专制的旧时代跨入了全新的时代。在新的民族意识和时代精神的感召下，马来亚华社进入了一个全民兴学的高潮期。在这场兴学运动中，除了革命派、著名侨商以及一些团体外，各方言群体的宗亲地邑会馆始终扮演着重要角色，粤籍各方言群的会馆所办的华文学校主要如下④。

广州语系：

---

① 《新加坡茶阳（大埔）会馆暨茶阳四机构发展史略》，《新加坡茶阳（大埔）会馆一百四十周年纪念刊（1858—1998）》，茶阳（大埔）会馆出版，1998年。
② ［新加坡］杨伟群：《端蒙中学校史》，《新加坡潮州八邑会馆成立六十周年纪念特刊》，1989年，第101页。
③ 周聿峨著：《东南亚华文教育》，广州：暨南大学出版社，1996年，第46-47页。
④ 参阅［马来西亚］郑良树著《马来西亚华文教育发展史》（第一分册）及其他校史资料。

（1）益群学校（古晋），广东惠肇公会于1917年创办。

（2）台山学校（槟城），台山籍陈宗赵、李盘山等人于1918年创办。

潮州语系：

（1）民德学校（古晋），顺丰公司于1916年创办。日军南侵时，为砂拉越最大一间华校。

（2）华民鼎新学校（邦咯岛大丸区），由马开粒、马金水等人于1917年创办，得邦咯岛韩江公会资助。

（3）韩江学校（槟城），潮侨林参、林连登、连瑞利等于1919年创设。立校之初，附设于珠烈街韩江家庙内，借庙宇收容同侨子弟，作为青年求学进修之所，有五十余名学生。第一任校董，正董事长林连登、副董事长傅炎峰。

客家语系：

（1）明德学校（怡保），梁璧如、谢梦池、戴欣然、姚德和等人于1913年创办，嘉应会馆提供场地及资助。

（2）中国学校（吉隆坡），吉隆坡嘉应会馆于1916年创办。

（3）公民学校（古晋），古晋嘉应五属同乡会所于1918年创办。

海南语系：

（1）振华学校（怡保），霹雳琼州会馆于1914年成立，附设夜学班。

（2）工商补习学校（新山），新山琼州会馆于1917年在馆舍内附设工商补习学校，以便一般失学青年有半工半读的机会，开办八年之久，成绩颇佳，后来因特殊原因停办。

（3）侨南学校（吉隆坡），雪兰莪琼籍先贤于1917年创办。初办夜学，校址设在吉隆坡谐街，学生约五十名，不久迁于附近楼房，学生八十左右，主持校政者为莫如德。鉴于赁屋办学非长久之计，琼侨同乡王兆松、陈家凤、符树秀、龙兴寿、陈序机、凌开忠、韩道丰、全运亭、黄学万、吴秉臣、吴运翊、庄运昌等人建议，将会馆前空地增建二层楼宇作为校舍，1918年校舍落成。侨南学校原系私立性质，办学赖于学费，不敷即请热心者赞助。1920年后由会馆主办，所有不敷之处，概由会馆负担，当时学生有二班，计约一百名。到1935年，学校改为日夜学，学生超过三百人①。

（4）平民夜校（林明），林明琼州会馆于1918年在南大街18号创办平民夜校，1925年停办。

三、其他地区

继荷属印尼、英属马来亚之后，东南亚其他地区的粤籍华侨也陆续开办了新式华文学校。在印支地区，1910年越南堤岸广东华侨李卓峰、冯星符等人倡议兴办穗城学校，校址位于堤岸穗城会馆右侧，1911年春正式开学，首届招生4个班，翌年增招2个班，李卓峰被推举为首届校长。1913年，堤岸潮州侨胞于梅山街义安会馆之内附设义安学校，有小学生四十名，首任校长为萧任民。同年，广帮开办堤岸坤德女校，专收女生，开创了侨社新风气。在越南北部，1911年粤侨谭质均在海防创办私立时习学校，为越南北方第一所华侨学校，初期招收学生400多人。同时期，海防还有新会人公立的侨英学校等。在柬埔寨，1901年磅湛省三洲府潮侨创办了新民学校。1914年潮侨侨领刘泰生、吴启汉、陈易源、林应瑞、陈顺和等将潮州会馆洪门团体组织长江局锣鼓班废除，改为文化机构，协助侨教发展，并将原设端华私塾学校移至潮州会馆内，成为半公立学校，1918年改由潮州帮帮务委员会负责办理，定名潮侨公立端华学校。

在暹罗，华人社会支持的第一间华校——新民学堂，是由在暹罗的革命党人联合潮、客、广、福、琼五帮联合发起的，性质是全暹公立学校，但是由于负责人及教员多为潮侨，以潮州语授课，所吸收的主要是潮州属学生和教员，因此不能符合其他语系集团的要求，不久以后各帮都自设学校，学校无形中成为潮侨的代表。潮侨因为人数及派别的关系，在新民学堂之外，还创办大同学堂、南英学堂、中华学堂，可以说，清末暹罗侨校基本为潮侨学校。辛亥革命期间，许多侨校因为教员回国从军被迫停办，但中华学堂和新民学堂继续办学。民国以后，因为教学用语隔阂，各帮办学之风鼎盛，形成

---

① 林翼民：《侨南学校史略》，《马来西亚雪兰莪琼州会馆庆祝百周年暨天后开幕纪念特刊》，第120页。

竞争之势。1913年曼谷客属人士创办进德学校，以安南巷关帝庙改建而成的三层楼新楼房为校舍。1914年广肇会馆设立明德学校。琼侨成立学校较晚，直到1921年才在曼谷创办了育民学校。

在缅甸，继闽侨陈植汗、庄银安、陈甘泉、陈金在、林国重、曾妈庇、杜诚浩、徐赞周等人在1903年创办了仰光的中华义学后，粤籍会馆洪顺堂出资接办育德蒙学堂，民国初年实行男女同校，后来随着女生增多，男女分校，在广东观音庙书塾筹办育德女校。此外，粤侨在民初先后创办的学校还有陈家馆创办的培正小学、李家馆创办的求真小学、黄家馆创办的越秀小学，这些由各姓氏分立的学校规模很小、设备简陋。1921年1月24日，粤侨社团成立缅甸粤侨学务统一筹备会，负责统一监督、管理各侨校合并、经费使用等事宜。经过半年的筹备工作，粤侨学务统一筹备会与各族长集议，将各姓氏会馆开办的学校合并于育德学校，改名为粤侨公立育德学校及育德女校。男校位于仰光河滨街，女校原来设于广东观音庙，后来由侨领李庚秀独资捐建二十条街新校舍[1]。育德中学男女两校均建有三层校舍，地方宽敞并置有产业，经费充足，日军南侵时停办。

总体来看，清末民初是东南亚粤籍华侨教育从旧式私塾走向新式学校的过渡时期。清末新式华侨教育刚刚萌生，各地建校之始设施都比较简陋，学生人数很有限，各帮创办学校的观念，以铺排场面的居多，普通社会对学校也存在怀疑的观念。民元以后，社会上渐渐感到教育的重要，学校在社会中的地位逐渐升高，学生人数增加，同时学校课程日益完善，教师人才渐渐充足，学校教育的质量有所提高，许多毕业生都回国升学。由于各居留地政府对华侨教育基本采取放任不管的态度，华校完全靠华人社会自主创办，从办学主体看，有私人办、集资办、地方会馆办和中华会馆办等多种类型，印尼华校多为中华会馆学校，其他地区以地方会馆办学为主要模式。粤籍新式华校的发展有赖于侨社有声望、资财及热心教育的杰出人物的呼吁，也与不同方言社群之间的竞争及社群内部权力斗争有一定关系。从外部因素来看，中

---

[1] 参考陈文亨、卢伟林：《缅甸华侨教育》，台湾"华侨教育丛书"编辑委员会，1958年，第25-26页。

国政府的参与、维新派和革命派的兴学活动发挥了重要的促进作用。

第一、中国政府的参与。早在清朝末年，清政府就多次派官员、视学员到东南亚查学、劝学。1905年"晚清工商部，及粤督岑春煊，先后派遣考察南洋商务大臣张弼士、视学刘士骥，南来劝办商会及学校"①，嘉应属人士在其影响下创办了应新学校。1906年，两广总督张人骏派遣刘士骥再次南来视察，同潮帮领袖商议兴学办法后创办了端蒙学校。1907年，出使英国钦差大臣汪大燮任满回国，经过新加坡时莅临端华学校参观，赠"果行育德"匾额一方，并捐助经费大洋五百元。同年7月，宣慰华侨钦差大臣杨士琦到端蒙参观，捐助教育品一百六十余元②。中国政府官员到访华校参观、视学的惯例在民国初年也得到延续。在印尼棉兰，汪凤翔、江孔殷、郑贞文、黄炎培均曾到棉兰敦本学校视学，试验学生，评价学校"文科成绩为南侨一时之冠"，"校舍布置之完善，管教措施之得宜，侍郎昆仲办学之热诚，实为国内所不易观之"。民国成立后，北京政府教育部还先后公布了《领事管理华侨学务章程》《侨民子弟回国就学规程》，并通过各驻外使领馆，督促华校向教育部注册立案。中国政府的支持和关注无疑对华人兴学起到了莫大的鼓舞作用。

第二、维新派与革命派的兴学活动。号召兴学是康有为在东南亚的主要活动之一，1903年9月至11月，康有为先后到巴达维亚、梭罗、泗水、锦石、岩望、井里汶、三宝垄、马吉冷、谏宜里、日惹等地"劝学"，号召"为中国人，就必须恢复中国人之优良风俗、讲中国之语言，识中国之文字，读中国之圣贤遗训"。他认为只有这样，才"可以成为一个真正之中国子民……"，"现在各会馆间有兴办学堂，但其数不多，尤须陆续增加"③。康有为的言论对于激发华人的民族自豪感和光荣感，激发华人开办更多的华校来弘扬中华文化，是起了积极作用的。革命派也积极支持中华文化教育，孙中山在近40年革命生涯中，曾多次前往东南亚华侨社会宣传革命思想，使得

---

① 杨映波：《应新学校史略》，《星洲应新小学特刊》，新加坡：应新小学，1938年，第5页。
② 林国璋：《本校大事记》，《端蒙学校廿五周年纪念刊》，新加坡：端蒙学校，1931年。
③ 廖嗣兰：《辛亥革命前后荷属东印度华侨情况的回忆》，中国人民政治协商会议广东省委员会文史资料研究委员会编《广东辛亥革命史料》，广州：广东人民出版社，1981年，第193页。

华侨社会文化日进,风气大开,这些都为新式华校的涌现创造了条件。维新派和革命派在海外华人社会有巨大影响,许多华校创办人本身就是两大阵营的支持者或成员。如应新学校创办人汤湘霖不仅是嘉应客帮的领袖人物,还是保皇党在新加坡的重要领袖;端蒙学校创办人陈云秋、养正学校发起人朱子佩都是维新派在新加坡的重要人物;育英学校创办人黄有渊是革命派人物[1]。

第二节 居留地政府管控下的巩固与提高

20世纪20年代以后到40年代日占之前,粤籍华侨教育发展进入新的阶段——巩固提高期。在此期间,东南亚各地政府一改从前放任华侨教育自由发展的态度,通过开放政府教育、颁布华侨教育法规条例等方法分化、限制、控制华文学校的发展,使华侨教育遭遇外在困难。但是与此同时,由于国内战乱纷扰,闽粤两省出洋之人增多。新移民的大量涌入,以及五四新文化运动带来的革新思潮的影响,使华人民族主义热情进一步高涨,加上国民政府对华校的关注,给东南亚中华文化教育发展提供新的精神鼓舞,因此东南亚华文学校冲破居留地政府的干涉、控制与破坏,战胜了各种内外困难,获得进一步的发展。主要表现在三个方面。

第一、华文学校的数量进一步增多,侨校的分布区域不断扩大,从华侨人口集中、教育发达的荷印、新马发展到华侨人数较少、居处分散的缅甸、老挝,从大都市发展到省会、县邑。

在印尼,爪哇岛20年代末有大小学校270余所,学子2.7万余人[2],人称"南洋各岛华侨学务之发达,当无出爪哇之右者";外岛华侨学校数量增长也很迅速,据统计,到1926年外岛华校已经从清末的20多所增加到140所[3]。这些新立的侨校既有全埠华侨合办的中华学堂,也有各省籍同乡性质的侨团

---

[1] 汤锋旺:《二战前新加坡华人"会馆办学"研究》,《东南亚研究》2012年第4期。
[2] 黄斐然:《爪哇华侨学校之状况及其今后改革问题》,钱鹤、李则纲、刘士木编《华侨教育论文集》,上海:国立暨南大学南洋文化事业部,1929年,第322页。
[3] 熊理:《荷属华侨学务总会过去的历史》,荷属华侨学务总会编辑委员会编《荷印华侨教育鉴》,1928年,第388-402页。

分别开办的。地域方言社团开办的学校一般不以"中华学校"命名，如粤籍侨团在巴城开办的学校有广肇会馆经营的广仁学校、客家会馆赞助的义成学校、客家团体创办的平民学校①。与爪哇岛相比，外岛尤其是苏门答腊等地的粤籍同乡、社团办学的风气更盛，如1921年荷属廖内潮侨陈锦泰、张俊昌等人创办育正学校，学生99%为潮籍，1931年有教职员2人，学生67人②。1923年粤籍著名侨教人士、曾任爪哇文池兰中华学校校长的司徒赞联合欧乐群、林秀生等人创办巨港华侨学校，起初租小屋为校舍，教具则向本埠青年会借用，校务由司徒赞负责，1931年学校有教职员6人，学生168人，采用复式学制，分七个学级③。1926年，苏岛巴东粤侨中热心分子温菊朋、李荣兴、麦近思等人因为本地的中华学校停办，其余各校无法尽量容纳侨童，于是集合同志创办苏岛巴东公立应时学校，学校初有学子30人，暂借广东会馆为校舍，第二年建设新校，并费7000余盾在校旁购买操场。校长张资谋是广东梅县人，另有教职员4人，学生162人④。还有，日里葫芦芭烟铁路厂工人全部是粤籍移民，因为厂区内学子年龄幼小，离埠遥远，于是在厂区自行开办植才学校，经费来源主要靠学费，不敷则有铁路工厂内执业工友垫补，学生共有33人，采用复式教授，五个学级，共一班⑤。

在英属马来亚，20年代以后广大华侨冲破英殖民政府的一次次阻挠和破坏，新建学校如雨后春笋涌现。新加坡1929年有华侨学校204间，1938年增加到329间；马六甲1929—1938年华侨学校由39间增加到86间，整个马来亚1937年华侨学校达1216间⑥。由于本时期华侨学校逐渐从分散走向统一，采用国语教学，帮派界限日益模糊，因此单独区分粤籍华侨学校变得比较困难，但是粤籍各方言帮群仍然承诺和担负起教育的责任，继续一如既往由社团及社团发动的本族群，竞相创办、积极扶持华文学校。

---

① ［印尼］廖建裕《印尼华人教育史》，《南洋学报》1978年第3卷1-2期，第57页。
② ［印尼］廖建裕《印尼华人教育史》，《南洋学报》1978年第3卷1-2期，第261页。
③ ［印尼］廖建裕《印尼华人教育史》，《南洋学报》1978年第3卷1-2期，第253页。
④ ［印尼］廖建裕《印尼华人教育史》，《南洋学报》1978年第3卷1-2期，第243页。
⑤ 棉兰华侨教育总会编：《苏岛华侨教育丛刊》，1931年，第207页。
⑥ 林远辉：《马来亚独立前的华侨学校》，暨南大学华侨研究所编《华侨史论文集（第二集）》，1981年，第243-244页。

琼侨社团及族群：1920年，槟城海南会馆总理林英文领导先贤潘正昌、朱仁育、庄春华、陈传统、庄家砵等倡办益华学校。1922年，马六甲海南先贤在会馆内附设华南夜学，后改为日校，到1928年因经费缺乏停办。1940年，马六甲琼州会馆大力斥资在马六甲附近的玛琳兴办琼林学校。1928年，甘马仕琼州会馆总理吕先传倡议将原有的乐群小学及育华小学合并为乐群学校，由吕君担任首任董事长，聘林翔云掌校，除办初小外，又增办夜校，以让失学青年有求学机会。1938年又增办高校，新校舍1940年落成，日本占领期间学校被迫停办。1930年砂拉越古晋天后宫重建后，在天后宫前琼侨公所二楼开办琼侨学校，由张运英担任校长。学校开办之初，只招收琼籍同乡子女。后来为适应环境，易名崇本学校，以广收其他籍同胞的子女就读。古来海南会馆成立后，倡建英才学校，由陈美凤担任董事长，其他董事包括符文章、吴万志、黄令鹤、何业赢、何珍南等，由李明德担任校长，1938年改由云非掌校。昔加末琼州会馆1936年成立后，在馆舍内附设南华小学，教育同乡子女，校址设在东姑亚末街会馆的楼上，由会馆主理。此外，琼侨创办的学校还有：芙蓉三民小学，创立于1926年3月1日，校舍设在波士街，初办夜学，后迁址至金马仑街，1935年增办日校；福隆港国民型华文学校，1938年由琼籍同乡符气兴、张云、周成荫、陈学广、伍秀禧、陈学荣、黄国辉、陈传旭、梁定源、梁振华、余德发、林蕴佳、谢福清、余德好、陈继灿、符国钧、陈学馨、符气洲及林日谦等创立，校舍为一间亚答板屋，由何定昌出任校长[①]。

潮侨社团及族群：培才学校（吉隆坡），雪兰莪潮州八邑会馆于1923年创立，校址在吉隆坡谐街175号，为一旧式店屋，后经过多年发展成为该区著名学校之一。中华学校（彭亨州北根），潮籍李辉临、郑宝藏、沈秀波于1926年创设，校址设于商会，首任正副总理为李辉临及郑宝藏，理事亦多潮人。义安女校（新加坡），1935年义安公司第四届第六次董事会李伟南、

---

① 参考［马来西亚］郑良树《马来西亚华文教育发展史》（第一分册），马来西亚雪隆海南会馆编《雪隆海南会馆史料汇编（修订本）》，2002年，第253–255页。

陈振贤等人创办，1940年开学①。此外新加坡潮人学校还有：陶英学校，由几位女性教师创办的，其学生陈浩亮曾经代表新加坡出席世界运动大会夺得银牌；保赤学校，设在新加坡河畔的一间庙里，学校规模不大，因为学生不够，曾实行复班上课，小一与小四合班，小二与小五合班，小三与小六合班，战前，每逢公共假期学校照常上课，每逢神诞，放假一天，歌星黄清元曾是这间学校的学生；擎青学校，1936年由一群从中国来的潮州人创办，校舍为两座浮脚楼的建筑物，系由住宅改建而成，最早掌校的是吴咨甫②。

广侨社团及族群：东安学校（新加坡），东安会馆1922年创办，是初级小学，以栽培两邑子弟，受免费教育，日本占领时期停办③。冈州学校（新加坡），冈州会馆于1930年创办。南顺义学（新加坡），南顺会馆于1931年创办，校址在怒干那律，是间小型的学校。华文半日学校（吉隆坡），吉隆坡广肇会馆于1926年创办，由房新民博士任校长，校址在会馆后座二楼内。力行学校（吉隆坡），雪兰莪会宁公会于1938年创办。育才学校（吉隆坡），雪兰莪会宁公会创办，建校时间稍晚于力行学校④。

客侨社团及族群：启华学校（芙蓉），森美兰梅江五属会馆于1935年以前创设，1935年经同乡发起扩建三座新校舍，成为该地"设备最完善之模范小学"。新民学校（瓜拉庇劳），森美兰瓜拉庇劳应和会馆于1931年创办，后并入李顺清、张耀泗创办的中华学校。大同学校（古晋），古晋埔邑公所于1923年创办，校址位于亚答街会馆内，1936年大同学校与古今嘉应五属同乡会创办的公民学校合并，易名越光学校⑤。

中南半岛及菲律宾等地华侨教育基础相对薄弱，但是20年代以后也进入迅速发展的阶段。在暹罗，据统计，1926—1933年曼谷新建华校57所，其

---

① ［马来西亚］郑良树著：《马来西亚华文教育发展史》（第一分册），吉隆坡：马来西亚华校教师会总会，1998年，第205-206页。
② ［新加坡］靳浩：《潮人学校》，六十周年纪念特刊编辑委员会编《新加坡潮州八邑会馆成立六十周年纪念特刊》，新加坡潮州八邑会馆，1989年，第96-97页。
③ 《新加坡东安会馆》，《广东会馆庆祝六十周年纪念》，1997年，第148页。
④ 参考［马来西亚］郑良树著：《马来西亚华文教育发展史》（第一分册），吉隆坡：马来西亚华校教师会总会，1998年，第205-206页。
⑤ 参考［马来西亚］郑良树著：《马来西亚华文教育发展史》（第一分册），吉隆坡：马来西亚华校教师会总会，1998年，第209-211页。

他地区新建华校41所，两者合计，七年中新建华校共有98所[①]，粤籍华侨教育在此阶段也迈上发展的新台阶。一份1932年的统计显示，以潮州话、广东话、客家话和琼州话为教学用语的学校：在曼谷有联华学校、工业学校、协益学校、洁芳女校、华品学校、良声学校、善光学校、中民学校、三升学校、树英学校、树人学校、华南学校、民生学校；在其他地区有育英学校、学好学校、公益学校、育文学校、万长学校、华益学校、培文学校、宏华学校、华民学校、崇文学校、培材学校、培才学校、觉民学校、培华学校、光华学校、育中学校、光华学校、育侨学校、培侨学校、育英学校（1929年成立）[②]，共33所。考虑到还有一些粤籍学校已经采用国语教学，因此实际的粤校数量要更多。在越南，除了各帮公所公办的学校如客帮的崇正学校、琼帮的乐善学校相继设立外，较大的县级同乡会也纷纷开办学校，如番禺同乡会办番禺学校、顺德同乡会办广顺学校、南海同乡会办南海学校、新会同乡会办新会学校、东莞同乡会办平善学校、鹤山同乡会办同义学校等。堤岸的粤侨还联合闽侨开办精武学校。在柬埔寨，广肇帮的广肇惠学校、海南帮的集成学校、客属帮的崇正学校等各帮公立学校也于20年代初相继成立。老挝华侨人数少，居处分散，因此兴学较晚，1932年潮侨商人陈顺林在他的顺计商店内创办私塾，教育子侄十余人，是永珍有潮侨教育的开始。1936年潮州帮帮长陈顺芳、副帮长陈盛泉在潮州公所内创办初级小学，学生数十人，开永珍现代学校教育之先河。1937年，潮州帮帮长陈柳芳、客帮帮长江生协谋创办华校，定名寮都公学，为老挝最著名侨校。另外在百细，客帮、潮州帮分别于1929年和1934年创办侨校，在蛮巴拉邦也设有海南、潮州二校。粤籍华侨比例较小的菲律宾1923年则开办了粤侨公学。

第二、学校规模日益扩大，表现为每间学校学生人数越来越多，校舍设备等硬件设施也逐渐完善。

华侨学校初办时规模都较小，一般为十几人、几十人，赁屋而居，没有独立的校舍，20年代以后日渐发达。由于华侨地区分布不平衡，教育基础

[①] 陈国华著：《先驱者的脚步——海外华人教育三百年1690—1990》，多伦多：Royal Kingsway Inc.，1990年，第245页。
[②] 杨建成主编：《泰国的华侨》，台北：文史哲出版社，1986年，第271–278页。

也不一致，因此各地华校规模不等，但一般来说，在首府或华侨人数较多的大埠，侨校学生人数都超过百人，即使教育水平较落后的暹罗也是如此。如1932年统计，曼谷琼侨育民学校学生数197人，客属进德学校学生数258人①。华校学生人数增加分为几种情况，一是随着华侨教育观念的改变以及华侨教育事业的发展，要求入学的华侨子女越来越多，学校规模也相应扩大。如越南堤岸义安学校初创时没有独立校舍，学生人数仅数十人，其后随着学生日渐增加，潮州公所将会馆附近产业收回，扩充校舍，并筹款另建校舍。1936年新校舍落成，包括图书馆、化学室、礼堂、运动场、宿舍，义安学校生数增至400以上②。堤岸穗城学校1911年初办时招生4个班，1927年增加至21个班，1943年班级增至27个，学生1900多人③。二是有的学校根据需要而合并。如1920年暹罗潮侨合并新民学校、中华学校、南英学校、联合学校四校成立潮帮公立培英学校，四校原有学生加上招收部分新生，正式开学时，学生合计506名④。1930年广属的明德、洁芳、南华、坤德四校合并，改名广肇公学，地址在石龙军路广肇别墅，且设广肇二校于挽叻⑤。三是增设学级带来的学生人数增加。比如荷印苏岛棉兰敦本学校1931年在小学的基础上加设女子师范及初中各一班，1936年，敦本学校附设夜校，招收华侨店员和家庭妇女入学，学生达200余人⑥。神州学校开办之初仅设国民班，人数仅60余人，1925年校务改进，开办女子识字班，附设幼儿园，1927年统计，学校共有初高级小学、初中、幼稚园男女学生280人，教职员10人⑦。而槟城韩江学校的发展则是另一种情况。韩江学校是槟城潮人开办的会馆式学校，开办之初没有校舍，在潮州公司内开辟临时校舍，1920年开学之初，"学生约有六十

---

① 杨建成主编：《泰国的华侨》，台北：文史哲出版社，1986年，第272页。
② 李文海主编：《民国时期社会调查丛编（二编）华侨卷》，福州：福建教育出版社，2009年，第577页。
③ 徐善福、林明华著：《越南华侨史》，广州：广东高等教育出版社，2011年，第237页。
④ 《培英校史》，《泰国潮州会馆成立四十五周年纪念特刊》，1983年，第16—21页。
⑤ 陈国华著：《先驱者的脚步——海外华人教育三百年1690—1990》，多伦多：Royal Kingsway Inc.，1990年，第230页。
⑥ 林人欢：《棉兰最早的华侨学校——敦本学校》，《中华文史资料文库 第19卷 华侨华人编》，北京：中国文史出版社，1996年，第468页。
⑦ 李文海主编：《民国时期社会调查丛编（二编）华侨卷》，福州：福建教育出版社，2009年，第459页。

名"①。二三十年代，随着大量华人流入，妇女移民增加，本地诞生人口增加，造成对华校需求量的增加，韩江学校也进入扩张期，1926年韩江学校有教师6人，学生140余人②。1934年暹罗政府排斥华侨教育，关闭华侨学校，据郑文光在《银禧纪念话韩中》一文的记载，"莘莘学子，都失去了接受母语教育的机会，旅暹人士，以潮籍居多，纷纷送其子女来槟就读，当时槟城吉宁街潮州会馆，在其右侧办有一间韩江小学，但校舍不大，未能容纳来槟就读的众多同乡子女，遂有发起扩建韩江小学之议"③。尽管后来因为太平洋战争爆发，扩建校舍之事被迫中止，但是在此期间，学校为适应事务需要，增辟校舍，学生人数也由百余名增至五六百名，教师由四五人增至十四五人，校务大加革新，学风经过整肃，精神为之一振④。另外值得一提的是，本时期私立华校也获得较大发展，暹罗几所私立的华校后来居上，规模比公立侨校还大，如设在竹攀南的新民学校，学生近千人，越粒湄南河畔的黄魂学校，学生也有五六百人。

伴随着学生人数的增多、学校规模的扩大，许多学校的硬件设施都得到了改善，校舍宽敞、设备齐全，办学质量也有所提升，日益向现代学校迈进。荷印苏岛养中学校初办之时，因为经费紧张，设备简陋、校具破旧不堪；四年之后，经过整饬校务、筹措经费，不仅还清千余盾的经费积欠，还新制桌椅及其他校具，改造修葺校舍，学校面貌焕然一新。巴东公立应时学校尽管没有固定的办学基金，但是因为粤侨热心分子的倡办和呼吁，同时因为董教二部职权分明，行政管理较少困难，所以开办数年已俨然成一模范学校，"校内除教室外，有图书馆藏书达千卷，仪器室一间，操场一座，篮球、足球、棒球、轩轻板、力架、溜台均具备，有乐园一座，其中设陈列所、新闻社、乒乓球戏以及各种棋类。其余还有礼堂、寄宿室、餐堂、厕

---

① [马来西亚]郑良树著：《马来西亚华文教育发展简史》，北京：外语教学与研究出版社，2007年，第115页。
② [马来西亚]郑良树：《马来西亚华文教育发展史》（第二分册），吉隆坡：马来西亚华校教师总会，1999年，第246页。
③ [马来西亚]王琛发：《韩江学校79年历程》，谢诗坚主编《槟榔屿潮州会馆134周年纪念特刊》，槟榔屿潮州会馆董事会，1998年，第66页。
④ [马来西亚]王琛发：《韩江学校79年历程》，谢诗坚主编《槟榔屿潮州会馆134周年纪念特刊》，槟榔屿潮州会馆董事会，1998年，第63页。

所、厨房、浴室、杂物室，校中自来水、电灯具备"[1]。新加坡潮侨公立的端蒙学堂1906年成立之时暂租校舍上课，其后因为学生日渐增加，曾于1913年、1917年两次新购校舍，1918年新校舍修建完竣后进入发展的成长期，1919年又因校舍不敷应用，增建后楼一座，花费1.08万元工程款。1922年端蒙学堂成立小山坡分校，1934年学校增辟运动场、筹办运动器材，图书馆扩充图书馆，规模恢弘，藏书达6000册[2]。北洋政府时期，教育总长黄炎培、蔡元培都曾到校参观，极力赞美学校办理之完善。越南穗城学校初办时校址设在堤岸穗城会馆右侧，规模很小，其后随着招生规模的扩大，学校建筑也相应经历多次扩充，1922年国内教育专家余家菊到越南西贡考察华校，亲见"该校设备除教室外，有宿舍、礼堂、食堂、阅报室、操场、器械运动场、游泳池，其建筑规模、房舍整洁，国内学校对之都有愧色"[3]。在东南亚，暹罗的华侨教育一向被视为比较落后，但是因为"一战"以后暹罗华社经济获利丰厚，为教育发展奠定了雄厚的基础，同时在外部环境上，30年代以前暹罗政府对侨校也采取了比较宽容的政策，所以该时期华校办学水准也有一定的提高。如1920年设立的潮帮公立培英学校，建校之初即建有一座高大堂皇的校舍，在经历了初创时期的数年动荡后，1925年聘请郭文彬为校务主任，大事革新。教学采取启发式，增加学生课外读物，注重课外活动，并依照暹罗教育部规定，每年改为三学期制，每周授课三十三小时；设立图书馆，增购学生课外读物，启发学生自学精神；成立实验室，购置自然现象挂图和理化仪器，辅助学生对科学的理解；全校成立学生自治会，各级成立级会，举办学术比赛，提倡学生课外活动，以及球赛、歌舞等活动，全校生气蓬勃[4]。

第三、逐步由低级向高级发展，主要表现为由小学而至中学，还有女子学校、师范学校、幼稚园、夜校等等。

南洋侨校在发展初期几乎全部是小学，20年代前后，中等教育开始出

---

[1] ［马来西亚］王琛发：《韩江学校79年历程》，谢诗坚主编《槟榔屿潮州会馆134周年纪念特刊》，槟榔屿潮州会馆董事会，1998年，第243页。
[2] ［新加坡］杨伟群：《端蒙中学校史》，六十周年纪念特刊编辑委员会《新加坡潮州八邑会馆成立六十周年纪念特刊》，1989年，第101–109页。
[3] 余家菊：《国外通讯：记西贡穗城学校》，《中华教育界》1922年第11期。
[4] 《培英校史》，《泰国潮州会馆成立四十五周年纪念特刊》，1983年，第16–21页。

现。华侨中学分为两种，一种是单独成立的华侨中学，另一种是小学戴帽办初中班。独立的华侨中学以闽籍侨领陈嘉庚1919年倡议创办的南洋华侨中学为第一间，采用超帮形式办学，广帮养正学堂等新马十六校董事会总理都参与了学校的创立，日常管理也由闽粤各帮侨领五十五名组成的董事会负责。华侨中学的创办"标志着新马华文教育成功地从初等教育跨入了中等教育的阶段"①。此后，南洋各处中等学校继起成立。在荷印，1934年华侨中学（包括附设中学的华侨学校）有21间②，其中苏岛敦本学校因为初办时学生年龄有等于中学或中学以上者，所以在小学之外就有授以学生以中等以上学科者，是因时制宜不得已而为之的办法。1918年，学校扩充招生加办甲种商科一班，1930年加设女师范及初中各一班。到学校因日军南侵结束办学之前，"由本校次第毕业升级，得到大学各科专门智能，出为国家社会服务，并在军、政、法、报界、海、陆、空，以至县知事及为当地客卿等，蜚声海内外者实繁"③。

在暹罗，潮属培英学校校董会认真选聘中、泰文校长，积极筹措办学经费，1925年增设初级中学两级，两班人数十余人。1928年，泰王拉玛七世到学校视察，热情称赞学校的办学成果，向师生发表演说，期望中泰两族永远亲善。1927年，一群旧新民学校的毕业生，鉴于暹罗潮侨教育的陈腐，联合创办私立新民学校，办校者以"平民化、造成新的教育环境、除造成升学人才外偏重实用"等为办校理念，在前后期小学外，设国、英、算三科专门学校，以提高暹侨学生智识水平，为下一步回国升学做准备④。1932年黄魂学校开办师范部，育民学校附设初中部，与此同时，内地几间学校也附设初中。

在越南，侨校中等教育发展较快。1939年原广州私立知用中学首任校长唐富言创办知用中学，初租万益源老糠仓位校址，学生86人，其后学校屡次搬迁，1942年迁回堤岸浸油熟皮街，1945年中学及部分小学迁到永隆省设立分校。1935年谭质均后人捐出私立时习学校，由海防侨众联合侨英学校改

---

① 周聿峨著：《东南亚华文教育》，广州：暨南大学出版社，1996年，第48页。
② 蔡仁龙：《印尼的华侨教育》，暨南大学华侨研究所编《华侨教育》第二辑，1984年，第138页。
③ 《敦本学校略历》，棉兰华侨教育总会编《苏岛华侨教育丛刊》，1931年，第143页。
④ 黄征夫：《暹罗华侨教育概况》，钱鹤、李则纲、刘士木编《华侨教育论文集》，上海：暨南大学南洋文化事业部，1929年，第262–263页。

组为华侨中学。除了新建的华文中学外，还有一些帮立小学增设初中部，如堤岸义安学校1931年增设初中部；堤岸广肇学校1931年增办乙种商业班，翌年停办，1940年增设幼儿园，1941年增办初中；堤岸崇正学校1934年扩办初中，并实行国语教学，开越南华校国语教学之先声。在柬埔寨，金边端华公立学校1927年增设女学部，1934年办初中补习班。1944年改用普通话教学，由于学生日增，增设第一分校。随着小学、初中教育的发展，为了满足华侨子女进一步升学的需要，1938年知用中学还率先开办了高中部，1939年由南京国民政府侨务委员会批准立案。以后，义安、穗城等中学也相继扩办了高中。印支粤校开办师范教育始于1937年，是年义安中学开办一年制简易师范科一班，结束后不复续办。但是"二战"后，师范教育重新发展，知用中学曾于四五十年代办有两期简易师范班，1956年穗城中学也曾办理一班师范科，但仅一年即中辍。

值得一提的是，本时期粤侨女子教育在全民办学的热潮中经历了较快的拓张。从区域上看，英属马来亚的女子教育最先萌芽，1911年广东台山籍黄亚福创办的新加坡华侨女校是马来亚华社最早的女子学校，其女黄典娴是华侨女校首任校长，对于学校筹划进行、改良方案，事事必躬亲力行，到20年代，华侨女校已经发展成为一间办学方法灵活、学艺并重的全日制新式学校，开设的学科包括修身、国文、历史、地理、理科、国语、算术、英文、图画、音乐、体操、刺绣、编物、缝纫、家政等，成为本区女校的典范[①]。在黄典娴等华社新式女教育家的示范引领下，马来亚华社其后掀起一片兴办女校热潮，据学界统计，民国期间新加坡、槟城、马六甲、柔佛、雪兰莪、霹雳、森美兰、吉打、东马（砂拉越、沙巴）等地女子华校共有50余所，大部分创设于20年代以后，其中潮侨开办的义安女校具有较大影响。义安女校创办于抗战时期，当时新加坡由潮人侨领兴办的小学已有多间，但尚未有女学。义安公司鉴于国事日非，需材殷切，更感到女子教育未能普及，于是倡议筹办义安女校，为此成立筹备委员会，寻觅校址修建房舍，最后义安公司

---

① ［马来西亚］郑良树著：《马来西亚华文教育发展史》（第一分册），吉隆坡：马来西亚华校教师会总会，1998年，第235–250页。

以18000元的价格购买里巴巴利律的两座洋房作为校舍，并重新起草图样修葺一新，又积极购置其他设备。义安女校以"培养女子健全品格及生活上必须之知识与技能"为创办目的，成立15位委员组成的教育委员会妥善管理学校，教育委员会谨慎选聘学有所长的教职员，如校长池振超（暨南大学教育学学士）、教导主任赵毅成（北平民国大学教育系毕业）、普通科教员朱楚筠（复旦大学教育系毕业）、普通科教员金素（复旦大学教育系毕业）、英文科教员杜郁爱（剑桥大学九号文凭）、图工科教员蔡碧蓉（上海美术专科学校毕业）、庶务书记谢竞芬（汕头市立女中毕业），并聘请当时任职于《星洲日报》的郁达夫为该校撰写校歌。1940年，义安女校正式开课，教职员共7人，学生分五个年级共73人[①]。除了马来亚，南洋其他地区也在这一时期创办了若干女校。在暹罗，1917年广肇帮陈长礼等创办首间华文女校——坤德女校，1918年潮侨成立私立的潮州女校。20年代以后，女校进一步发展，新设振坤女校（潮属）、懿德女校（客属）、洁芳女校（粤属）等。起初，女校都附属于各帮男校校董管理之下，成为男女并行的学校。比如振坤女校与新民平行，潮州女校与中华平行，进德有维德，明德有坤德等等，到30年代前后，因为男女同学的风气渐开，女校均与所属男校合并，不再单独设立。比如私立潮州女校1932年和培英学校合并，隶属同一校董会，设主任一人，成为培英分校，1934年并入培英本部，男女同校。在荷印，苏岛养中学校1923年附设女学，神州学校1925年开设女子识字班。

此阶段华文教育的发展，一方面得益于南京国民政府对海外华侨教育的重视，一方面也与七七事变后大量华南文教人士前往东南亚避难有直接关系，他们的到来充实了华文教育的师资力量，引动了华文学校的设立。

第三节　粤籍会馆与华侨教育

19世纪末20世纪初，海外华侨社会帮群的结构基本稳定，华人社会通过会馆、宗亲会、行业公会、华商俱乐部等各类社团和组织，以维持华人社

[①] ［新加坡］姚梦桐：《义安女校发轫史》，六十周年纪念特刊编辑委员会《新加坡潮州八邑会馆成立六十周年纪念特刊》，1989年，第98页。

会的运作。华侨社会是华校产生、存在、发展的社会基础,华校与华侨社会的关系主要是通过会馆对华校的作用体现出来。就粤籍会馆而言,广肇、潮州、客家、海南等方言帮群成为华侨教育事业发展的力量源泉。以暹罗为例,1925年曼谷市华侨学校共有19所,除天主教会主办的玫瑰小学校、耶稣教主办的存真小学外,其余17所均为会馆学校,其中粤籍方言会馆学校有15所①。帮群会馆的办学活动具有明显的社群属性。

一、侨校人员包括校董、教职员以及学生都表现出基于籍贯地域的同一性

校董会是学校的决策机构,居于最高地位,因为会馆、社团所办学校主要靠侨团领袖、侨商发起组织,办学经费也多靠他们捐助、筹募,因此学校的日常管理之职多由帮群领袖担任。新加坡潮州公立端蒙学校章程规定:"本校校董会由大坡同侨选举二十个、小坡同侨选举十人共三十人组织之,再由校董会复选正总理一人、副总理二人、财政员一人、查账员二人,成立校董协会以主持一切校务,概为义务职。凡同侨有担任年捐者,无论认捐多少,个人或商号皆有选举及被选举本校校董之资格②。暹罗潮州公立培英学校1920年建校之初,校董会由赞助人推选60名为校董,由校董互选总理及财政各1人,直接负责校政,1926年缩减校董名额至36名,并由潮侨各行业推出代表组织校董会③。旧金山中华侨民公立学校校董由中华会馆商董遴选充当④,具体而言,每年春初由七大会馆(宁阳、肇庆、合和、冈州、阳和、三邑、人和)向中华总会馆选派校董共二十三名,连七名主席共为三十名。嗣由校董会互选正副主席各一名、书记一名、财政二名、核数二名,以组成校董会。不同地区、不同学校的校董人数多寡不同,一份1928年的调查显示:越南堤岸崇正学校董事会9人、永隆公立崇正学校董事会12人、暹罗琼侨育民

---

① 《暹罗华侨学校》,钱鹤编《南洋华侨学校之调查与统计》,上海:暨南大学南洋文化事业部,1930年,第458–459页。
② 《暹罗华侨学校》,钱鹤编《南洋华侨学校之调查与统计》,上海:暨南大学南洋文化事业部,1930年,第255页。
③ 《培英校史》,《泰国潮州会馆成立四十五周年纪念特刊》,1983年,第16页。
④ 刘伯骥著:《美国华侨教育》,台湾"华侨教育丛书"编辑委员会,1957年,第31–32页。

学校校董会11人①。缅甸侨校校董会规模差别尤其大，根据1926年的调查，缅甸粤侨公立育德女校校董百名、育德男校校董二百二十余人、梅侨公立育新学校校董四十余人、粤侨公立强亚学校校董十六人、勃生华侨光亚学校校董三十余人、梅侨公立培梅学校校董四十人②。即使同一学校，在不同的时段校董会人数也有上下调整，比如荷印苏岛神州学校1919—1924年、1926—1927年校董会12人，1925年15人，1928年9人③。尽管校董会产生的具体方式有异、校董人数也各有规定，但是同侨显然是选举及被选举的先决条件。从实际上看，担任校董的基本上是确能热心办学、筹措经费、有民族思想、有社交团体精神的本埠工商家，那些在学校创办中出资、出力最多的杰出人物一般都会担任董事经理、副经理等要职。比如荷印苏岛养中学堂由鹅城会馆总理蔡衍爽发起成立，倡办人包括杨标合、赖绩熙、刘海合、张昌琪、林嘉合、李龙合、刘记生等，他们为建校或慷慨解囊，或奔走提倡，而蔡衍爽与杨标合两人出资尤力。学校成立后，首任总理为蔡衍爽，连任八九年，直到逝世为止，继任者为本校另一倡办人张昌琪，张君亦连任多年，至民国十二年（1923）卸职④。曼谷琼侨育民学校，由旅暹琼属侨商云竹亭、符福临、冯尔和、林泽、韩振丰等创办，竹云亭、符福临分任董事部正总理、副总理兼财政⑤。吉隆坡培才学校由黄实卿创办，董事部正总理杨敬好，副总理朱嘉祥、黄柏松，各董事皆为潮侨殷商。

教务部是学校行政体系的另一分支，主要负责日常的教学训导，由校长和教职员组成。校长主持一切校务，对于管教训练负监督改良之责，由董事部聘请；教职员由校长聘请，指导考察学生的操行、学业。教务部人员的来源，既有自行挑选聘请的，也有董事部或地方有力人士介绍的，虽然存在籍贯混杂的情况，但因为语言相通、习惯相同以及亲密往还等不可避免的事

---

① 暨南大学南洋文化事业部：《南洋华侨学校调查概览》，钱鹤编《南洋华侨学校之调查与统计》，上海：暨南大学南洋文化事业部，1930年，第8、39、40、66页。
② 华侨努力周报社：《缅甸华侨学校调查录》，钱鹤编《南洋华侨学校之调查与统计》，上海：暨南大学南洋文化事业部，1930年，第364-368页。
③ 《神州学校董事部历届职员一览》，棉兰华侨教育总会编《苏岛华侨教育丛刊》，1931年，第171页。
④ 《棉兰养中学校校史概要》，棉兰华侨教育总会编《苏岛华侨教育丛刊》，1931年，第168页。
⑤ 《棉兰养中学校校史概要》，棉兰华侨教育总会编《苏岛华侨教育丛刊》，1931年，第66-67页。

实，同侨比例还是比较高的。比如旧金山大清书院开办时设正副教习两名，正教习余若周（秀才）、刘庆云（秀才）分别是合和会馆主席、宁阳会馆主席，副教习温文炳为阳和会馆主席①。1933年至1941年的端蒙学校教师全部是潮州八邑人士②。荷印苏岛敦本学校的粤籍教员有：古文教员蔡鹤田（梅县），英文教员翁昌龙（广东人），英文教员张世良（梅县），美术教员谭道闻（广州人），音乐舞蹈教员徐竞霞（梅县），还有李明道（梅县），王御凤（潮州）、林爱真（海南）等③。教务部中校长一职因为干系重大，所以基本都是本省籍人士担任。比如荷印敦本学校的首任校长徐贡觉是创校者从家乡梅县聘来的；养正中学的校长张云飞是广东惠州人；新加坡应新学校前十任校长是清一色嘉应人士；育英学校的前十任校长皆来自琼帮。其他还有：旅暹潮州公立培英学校校长黄实卿，广东普宁人；暹京明德学校校长洪声远，广东中山人；琼侨育民学校校长陈步云，广东文昌人；堤岸三民学校校长潘蓉波，广东籍；槟榔屿台山学校校长甄颂周，广东台山人，广东高等学校毕业④。

帮群会馆学校设立的初衷是为本侨青年就学提供方便，因此会馆学校的学生基本来自本社群。新加坡潮州公立端蒙学校章程规定，"本校为新加坡潮侨集资所创办……凡我侨子女年满六周岁以上不犯第十四条第四项之规定者（品行恶劣、不守校规等，笔者加）均得来校肄业"⑤。槟城韩江学校宣言称："我潮侨居留此间，为数不少，而求学子弟日益增多，向无学校之设立，徒让他人之专美，殊为憾事，此同人等所以有创设韩江学校之举也！"有的学校规定本帮弟子享有某些特殊待遇，如应新学校规定只有嘉应子弟才享有减免学费的权利。正是因为学校章程对入学学生进行权利的限定，因此帮群会馆学校以本帮子弟为主。如在新加坡，端蒙正、分校中潮汕人占最多

---

① 刘伯骥著：《美国华侨教育》，台湾"华侨教育丛书"编辑委员会，1957年，第30页。
② 刘宏：《论二战后新加坡华人社团与教育的互动关系》，《华侨华人历史研究》2002年第1期。
③ 林人欢：《棉兰最早的华侨学校——敦本学校》，《中华文史资料文库 第19卷 华侨华人编》，北京：中国文史出版社，1996年，第467-468页。
④ 暨南大学南洋文化事业部：《南洋华侨学校调查概览》，钱鹤编《南洋华侨学校之调查与统计》，上海：暨南大学南洋文化事业部，1930年，第41-42、59-60、66-67、120-121页。
⑤ 《新加坡潮州公立端蒙学校章程》，《端蒙学校廿五周年纪念刊》，新加坡：端蒙学校，1931年，第253-254页。

数，据1931年的调查，潮州八邑籍贯的学生人数占全校的比例高达90%①；应新学校客属人占十分之九；启发学校客属大埔人最多；养正学校广府人占百分之六十，客琼占百分之十，潮闽占百分之七，其他占百分之六；崇德学校学生全是广东人；育英学校多数为广东琼州人；番禺会馆义学校学生均为番禺属；冈州会馆义学，广东新会人之子女占多数，广州各县亦有。②在暹罗，暹京琼侨育民学校学生中，文昌人占百分之七十，琼山人占百分二十，其他不过有十余人。在越南，堤岸客帮崇正学校学生全体为广东人；堤岸三民学校学生籍贯皆为广东琼州；槟榔客帮崇正学校学生籍贯广东的占多数，其他不过一二人。③

二、学校经费状况是会馆集社群之力兴学的反映

帮群会馆学校作为海外侨校的一种，自产生之日起，既不求助于当地政府，也不仰赖于中国，完全靠侨众的力量④，因此是私立性质。但是由于办学主体不是个人，而是聚合帮群内资源的全民办学，所以又是帮公立性质。学校经费分为开办费和常年经费两部分，开办费一般为临时募集，侨社有声望、资财及热心教育的杰出人物在筹办过程中发挥了灵魂作用。旅越永隆公立崇正学校由客帮公所张博斋、萧励余、罗瑞堂、张竹村、连民杰、杨民京等发起开办，彭勋、张发、郑和、陈月波、朱永立、陈福、张义和、沙松盛、何凡初、陈回春、杨炽堂等分任巨款赞助，先就客帮公所辟为校舍，后于公所后方空地另建新校⑤。1941年柬埔寨金边琼侨侨领梁尽南、符鸿飞、符锦春、林兆、符鸿葵、邢诒春、林树运等发起创校运动，得到全体琼侨的支持，踊跃捐输，购买校址，兴建校舍。暹罗培英学校建立，靠潮籍侨领郑智勇、高晖石、萧铿麟、许必济、陈鹤珊等人登高呼倡，其他人士闻风相应，

---

① 《学生籍贯比较表》，《端蒙学校廿五周年纪念刊》，新加坡：端蒙学校，1931年，第22页。
② 《新加坡华侨学校调查表》，钱鹤编《南洋华侨学校之调查与统计》，上海：暨南大学南洋文化事业部，1930年，第228–281页。
③ 暨南大学南洋文化事业部：《南洋华侨学校调查概览》，钱鹤编《南洋华侨学校之调查与统计》，上海：暨南大学南洋文化事业部，1930年，第8–9页，66–67，120–121、155–156页。
④ 周丰峨：《东南亚华文教育》，广州：暨南大学出版社，1996年，第5页。
⑤ 暨南大学南洋文化事业部：《南洋华侨学校调查概览》，钱鹤编《南洋华侨学校之调查与统计》，上海：暨南大学南洋文化事业部，1930年，第39–40页。

于是着手筹款，建筑校舍。当募捐进行时，郑智勇首捐四万余铢，高元发盛、李坤盛、陈簧利等行各捐2万铢，郑成顺利捐1.8万铢，其他侨商，踊跃输将，总共募款近30万铢，使得一座伟大堂皇的校舍得以完成。有了校舍，而全部捐款已经用完，又有陈梧宾等十六人，垫款充作开办费用，齐全设备①。马六甲培才学校，1923年雪兰莪潮州八邑公所召开办学发起人大会，正式成立学校筹备委员会，推举八邑公所总理杨敬好和张若时、陈本初、王秀峰、郑则民等为筹备委员会委员，负责学校筹备事宜。雪兰莪州的潮人积极支持学校创办，有钱出钱，有力出力，在很短的时间内，他们共捐献10000多元，赞助培才学校开办费②。韩江学校由乡贤陈云秋等28人发起创办，诸人以硕德弘毅名于时，登高一呼，潮侨热烈响应，捐款充作学校基金者，共达3万余元。1920年，鉴于校舍简陋，校董会召集潮侨大众会议筹建新校舍，林连登当场捐叻币1万元，并举许宗豪、黄大荣、杨锦泉、马元廷、陈源泰、周满堂、刘子宾、洪景南、纪合义、文光汉、杨馥南、马英杰等为筹备员，向同侨商家殷户筹集基金，购置校地，建筑校舍。学校初建时，得到全国潮人的奔走支持，当时题缘的范围，并不限制在北马，各市镇有专人负责，包括本埠、大山脚、居林、鲁乃、吕蒙文打、峇东色海、古楼、新安拔、淡汶、瓜夷、高渊、吉打、怡保、实兆远、吉隆坡、角头、双溪呀兰、新峇来、太平、浮罗江沙、邦峇、红土坎。③

侨校日常经费由同侨共同担负，具体结构比较复杂。荷印苏岛养中学校1915年之前不收学费，以月捐及特别捐为经费，以后酌收学费，到1926年学费成为主要收入，1919年鹅城会馆建筑店屋五间，以所得租金补助学校经费。吉隆坡培才学校经费以积储现金2000元作为基金，岁入5000余元，内由潮侨各殷商担任月捐，每月可收入300余元，学费每月可收150元。④槟榔屿台山学校基金在开班式捐募而得，除开办费外，存一万余元，置买铺业生息，

---

① 《培英校史》，《泰国潮州会馆成立四十五周年纪念特刊》，第16页。
② 杨群熙著：《海外潮人兴学纪事》，潮汕历史文化中心，2000年，第81页。
③ 谢诗坚主编：《槟榔屿潮州会馆134周年纪念特刊》，槟榔屿潮州会馆董事会，1998年，第62页。
④ 暨南大学南洋文化事业部：《南洋华侨学校调查概览》，钱鹤编《南洋华侨学校之调查与统计》，暨南大学南洋文化事业部，1930年，第47页。

每月可得四百元，学费高小每月一元五角、初小每月一元。[1]韩江学校"其经费由潮人负担"，有从"振华学校与同文林社存款及潮州修堤"[2]转移之款项，有潮州会馆1925—1933年的常年捐，也有各种形式的间接捐款。新加坡养正学校岁入学费各项收入32000元，董事部补助10000元[3]。端蒙学校经费来源包括特别捐、常年捐、学生学费、万世顺公款之租息等项，如再不敷，或另捐款，或请义安公司酌量补助筹款[4]。越南堤岸崇正学校经常费每年由客帮公所津贴1500元，临时费由徐智权津贴2500元，学费全年共收入3000元。堤岸三民学校经费有基金2万余元，琼府会馆公产拨归校产，学费不收，岁入每年房租约有1万元[5]。槟榔崇正学校常年经费，除收学费1000余元外，不敷处由董事津贴[6]。旅暹潮州公立培英学校，经常费以学费、月捐、特别捐充之，岁入约暹币3万铢，岁出约2.5万铢[7]。暹京琼侨育民学校，经常费以学费及回琼船务捐助款充之，岁入暹币约2万铢。缅甸粤侨公立强亚学校经费由各董事及各界负担。勃生华侨光亚学校经费由校董年捐及其他收入负担。梅侨公立培梅学校经费靠营业捐和学生学费。育新学校经费来源为抽取营业捐、学费暨由应和会馆津贴。粤侨公立育德女学校常年经费，三分之一由按月征收学费而来，三分之二由热心商家及慈善社团捐助[8]。菲律宾宿务中山第二学校经费靠侨商月捐[9]。

这些经费来源名目繁多，大致可以分为三类：第一类是社群所属社团

---

[1] 暨南大学南洋文化事业部：《南洋华侨学校调查概览》，钱鹤编《南洋华侨学校之调查与统计》，暨南大学南洋文化事业部，1930年，第156-157页。
[2] ［马来西亚］陈剑虹：《槟屿椰潮州人史纲》，槟城：槟屿椰潮州会馆，2010年，第111页。
[3] ［马来西亚］陈剑虹：《槟屿椰潮州人史纲》，槟城：槟屿椰潮州会馆，2010年，第127-128页。
[4] 林国璋：《本校大事记》，《端蒙学校廿五周年纪念刊》，新加坡：端蒙学校，1931年，第2页。
[5] 暨南大学南洋文化事业部：《南洋华侨学校调查概览》，钱鹤编《南洋华侨学校之调查与统计》，上海：暨南大学南洋文化事业部，1930年，第120-121页。
[6] 暨南大学南洋文化事业部：《南洋华侨学校调查概览》，钱鹤编《南洋华侨学校之调查与统计》，上海：暨南大学南洋文化事业部，1930年，第155-156页。
[7] 暨南大学南洋文化事业部：《南洋华侨学校调查概览》，钱鹤编《南洋华侨学校之调查与统计》，上海：暨南大学南洋文化事业部，1930年，第41-42页。
[8] 华侨努力周报社：《缅甸华侨学校调查录》，钱鹤编《南洋华侨学校之调查与统计》，上海：暨南大学南洋文化事业部，1930年，第364-368、373、377页。
[9] 菲律宾华侨教育会：《菲律宾华侨学校之调查》，钱鹤编《南洋华侨学校之调查与统计》，上海：暨南大学南洋文化事业部，1930年，第357页。

的捐资，比如槟城潮州会馆为了解决韩江学校创办初期经费困难的问题，从1925年开始，每年补助韩江学校常年捐1500元[①]。新加坡广惠肇嘉丰永大七属人士共同经营的海唇大伯公庙，"分发得息余利，嘉属得溢银二千零六十元"，经商议，以此款放息作为客属应新小学常年经费[②]。再如新加坡端蒙学校最初的主办方万世顺公司，它是潮州社群为管理粤海清庙捐款而成立的社团，因为积存公款颇多，在学校商请之下，管业人刘照青将余款提归端蒙学校，并将逐年收租所余拨助学校常费。义安公司是成立于19世纪上半叶的潮人慈善团体，1933年义安公司将此前的6000元叻币借款捐赠学校作经常费。此后，万世顺公司租息部分充作学校常费、义安公司酌量补助学校经费还被写入端蒙学校章程中，社团捐资作为帮群学校经费的重要来源得到了制度化保证。此外，堤岸客帮公所对崇正学校的津贴、缅甸应和会馆对育新学校的津贴也都属于此类。

第二类是帮群内个人或商号的年捐、月捐、特别捐。年捐、月捐是定期的，有一定的数额，一般由校董会根据收支计算总数，然后由商户协议分摊，或者由各同业公会分担部分款额，再各自向本业各商户分摊。在社团办学过程中，本社团的会员对于学校的经费常觉得有义不容辞的责任，所以各学校常费中商户年捐、月捐是不成问题的。如1935年潮侨商店对韩江学校的月捐总数为1496元[③]。1937年端蒙学校收支账目显示，该年端蒙学校所收年捐为2321元，而全年总收入为25185.42元，所占比例为10%左右[④]。特别捐有时指附加在商户某一种营业收入之上的教育捐，比如对于进出口物的抽税，依照货物的种类课以一定的教育金，在暹罗，琼侨的育民学校曾向返国的侨胞征收教育费，因为返国的侨胞一般较有资财，所以教育金的征收比较有成效；有时指商户根据个人热心或财力自由认捐的款项，自由认捐是随时、不定期的，比如在经济困难或需要筹措特别发展经费之时，学校或商业公所组

[①] 陈景熙等著：《故土与他乡：槟城潮人社会研究》，北京：生活·读书·新知三联书店，2016年，第199页。
[②] 罗爱花：《"声教南暨"：新加坡客属应新小学史略》，《教育文化论坛》2013年第1期。
[③] 陈景熙等：《故乡与他乡：槟城潮人社会研究》，北京：生活·读书·新知三联书店，2016年，第207页。
[④] 《端蒙校刊》1939年第8辑5-6期，第38页。

织游艺会、展览会是常用的形式。以韩江学校为例,1933年韩江学校举行演剧筹款,以入场券收入资补助学校经费。潮商公所下属各商号各自购入入场券,有乃裕公司购入456元入场券、三合兴公司购入323元入场券、鸿发购入247元入场券、松兴购入95元入场券、仁裕购入77元入场券、承福兴购入128.5元入场券、有兴号购入485元入场券,最后筹款12895.95元,充入韩江学校经费①。年捐、月捐与自由捐相比,因为分摊捐款是本着有钱出钱的原则而公议的,责有所归,所以前者比后者来得有效。但是因为海外各方言帮群财力都不薄弱,其中不乏富商巨贾,因此私人的特别捐款有时也不容小觑。以槟城韩江学校为例,潮属侨商捐款颇多,学校基金充裕,其中林连登捐款最巨。林连登是广东惠来人,在槟城先后经营屠宰业、米业、橡胶业,对于韩江学校的经济支持不遗余力。1919年韩江建校时,赞助10000元作为学校发展基金;1939年,将价值42000元的惹兰亚珍街的土地和一座洋楼赠予学校作为扩建校址;1940年,因为惹兰亚珍街附近兴建游艺场,环境不宜建校,林连登另选车水路231号洋楼,连空地8.7万余尺赠予韩江学校,另赠建筑费13000元,共计价值40000元。1940年5月,韩江学校建委会议上,林连登陈述因为车水路地段过小,已另择定亚逸依淡丰顺园为新校舍地址,该地有31.25英亩,林连登打算捐赠12英亩建新校,此举开启了韩江学校筹办中学的规划。"二战"结束后,韩江学校扩建,林连登将丰顺园30余英亩土地捐赠学校,价值叻币10余万元。为此韩江中学筹建校舍委员会发函致谢:"教育为立国之要图,兴学乃当前之急务,先生素来热心教育,秉其百年树人大计,贯彻教育之初衷,良深敬佩!……吾潮同乡,莫不欢欣钦崇,同人等更为感激萤然。"②类似的例子还有很多,比如在越南,热心华侨教育的富商如广东东莞人阮宏昌、南海人冯寅初、潮安人郭琰、刘景都曾慷慨捐助越南中法学校、穗城学校、义安学校的开办与日常运营。

商户捐款的情形与整体的经济大势息息相关,商场利市百倍,学校经费

---

① 陈景熙等:《故乡与他乡:槟城潮人社会研究》,北京:生活·读书·新知三联书店,2016年,第200—206页。
② 陈景熙等著:《故土与他乡:槟城潮人社会研究》,北京:生活·读书·新知三联书店,2016年,第211—213页。

自然不愁无着；商业凋落，学校经费常竭蹶困顿。为此，学校需要临时扩大劝募范围，向新开张的商户或外地的商户筹款。为了提高个人捐资的热情，各学校还制定了相应的鼓励制度，如端蒙学校规定，"特别捐助本校基金一千元以上及独自经手募捐一万元以上者，挂像于校内礼堂两旁以申景仰；特别捐助本校五百元以上及独自经手募五千元以上者，挂像于礼堂两庑以申景仰"①，计先后挂像者三十余人。

第三类是以本帮群子弟为主所交的学费。不同于私立侨校全赖学费收入，帮群社团学校属公立性质，经费来源比较多元，学费只是其中一项。学费收取多寡各地情形不同，如堤岸崇正学校全年共收学费3000元，旅越永隆公立崇正学校每年学费收入约1000元，吉隆坡培才学校学费每月可收300余元，暹京明德学校学费每生每月三铢，旅越槟榔崇正学校每年收学费1000余元，槟榔屿台山学校学费高小每月一元五角、初小每月一元②。学费在全年经费中的占比取决于各校声誉、学生人数以及校产基金等情况，比较常见的是学费收入能维持常年经费的三分之一至二分之一，如棉兰养中学校全年支出8000余盾，学费收入为4500余盾，暹京坤德女校学费每月收入300余铢，岁出约6000余铢，日里浮罗巴烟植才学校全年支出1000余盾，收入为学费300余盾③。因为学费是学校经费的重要来源，各校对学费的缴纳都有明确的规定。如新加坡客属应新小学学费是按月缴纳，"分1.6元（幼稚级及一二年级）、2.1（三四年级）、2.6元（五六年级）三种"，"如有逾期延欠学费者，本校即可暂停其上课"④。但是如果确系"吾属之子弟、无父之孤儿、家道贫寒者，得现任董事二人之具函证明"，学校也有减免学费的政策。端蒙学校规定"学费以每六个月计算，逐月于月初第一星期缴纳。……高级学生每月学费三元，并附加手工费一角；初级学生每月学费二元，并附加手工费一角；

---

① 李谷僧、林国璋：《端蒙学校三十周年纪念册》，新加坡：端蒙学校，1936年，第158页。
② 暨南大学南洋文化事业部：《南洋华侨学校调查概览》，钱鹤编《南洋华侨学校之调查与统计》，上海：暨南大学南洋文化事业部，1930年，第7、9、40、47、60、157、167页。
③ 暨南大学南洋文化事业部：《南洋华侨学校调查概览》，钱鹤编《南洋华侨学校之调查与统计》，上海：暨南大学南洋文化事业部，1930年，第73、118、155、140页。
④ 《事务概况》，《星洲应新小学特刊》，新加坡：应新小学，1938年，第90页。

半日补习生每月学费二元,如系插班生则收一元"①。贫困生也有半费或免费制度,但免费生须于开学一星期前,由家长据实请求,且由现任校董一人为之具函保证,并经校董会审查确实后,始作有效②。

另一种较少的情况是完全不收学费。规模较大而能维持免费制度的侨校,一般是有雄厚的基金或特别的筹款渠道。比如越南堤岸三民学校有基金、有琼府公馆拨归的公产,每年岁出8000余元,而每年房租收入即有1万元,所以完全不用收学费。再如马六甲巨镜学校一切经费均由总理私财支给,学费全免。而苏岛敦本学校自创校起就完全免费,常年经费由侨商张榕轩开设的两个市场摊位的租金来维持。张榕轩病故后,其子张步青接任学校董事经理负责学校盈亏,直到1911年棉兰市长建议学校酌收最低限度的学费方能坚定学子向学之心,董事部开始向学生收半盾或一盾的学费,用意甚佳。

三、以方言为教学用语

会馆办学社群化的最明显体现,是采用本帮方言教学——潮属用潮州话教授,客属用客家话教授,广属用广府话教授。黎宽裕在《浮生追忆——一位新加坡人之自述》谈到,他在1910年转入应新学校就读时,因此校是梅州人士所办,故授课用语为嘉应客话③。方言教学具有塑造次族群认同的功能,但同时加剧了方言帮群间的隔阂,影响到侨社的大团结,对于学生升学也不免造成困难。因此,20世纪20年代前后,许多中国国内教育家论证了统一语言与保存国民特性、维护华侨团结的关系,海外侨校受此影响纷纷增设国语科,也有的学校向其他帮派子弟开放门槛,使用国语为教学媒介。如暹罗培英学校1921年聘请国语专家韩秀华担任国语教授,韩秀华不仅专心教授学生,同时在课余时间指导各同事学习国语,一时蔚为风气,影响所及,其他华校也都相继开展推行国语运动④。20年代国语统一运动得到了强大的推动力,一方面,多个方言集团联合办学的学校常常因为采用何种方言为教学

---

① 李谷僧、林国璋:《端蒙学校三十周年纪念册》,新加坡:端蒙学校,1936年,第155页。
② 《端蒙校刊》1937年第6辑第2期,第101页。
③ 黎宽裕:《浮生追忆——一位新加坡人之自述》,新加坡:中华书局,1929年,第1页。
④ 《培英校史》,《泰国潮州会馆成立四十五周年纪念特刊》,1983年,第19页。

用语而争论不休，于是国语教学成为一种解决的办法。另一方面，因为国语是中国民族团结的象征，占优势地位的方言集团领袖也乐于推广国语。以暹罗为例，1917年清迈成立的华英学校以潮州方言为教学用语，引起海南人和客家人不满，1927年海南人和客家人另外成立新的华侨学校，用国语教学。在呵叻，潮州人控制的联华学校，由于教学用语问题而走向分裂，客家人和广东人另设自己的学校。在程逸，海南人设立了启民学校，经过同样的争论后，潮州人设立了自己的学校——崇文学校，以潮州语和国语兼为教学用语。在喃邦，分别由海南人和潮州人创建的两所学校于1932年合并，新组成育华学校，以国语教学。

尽管随着会馆办学从社群化走向超社群，会馆学校也发生教学用语从方言到国语的转变，但是由于教师、生源及实用性的影响，"二战"以前，如吉隆坡培才学校、棉兰养中学校、马六甲巨镜学校等完全用国语为教学媒介的学校还是少数，大多数的学校还是混用方言与国语，具体有三种形式：一是低年级或初学用方言，高年级用国语，如旅暹潮州公立培英学校初小用潮州话，高小兼用国语；槟榔屿台山学校初小用广州话，高小用国语；缅甸粤侨公立育德学校初小用粤语，高小用国语；缅甸梅侨公立培梅学校一二年级用方言，三四年级用国语①。二是用国语读用方言解释，如暹京琼侨育民学校、冈州会学义馆、缅甸粤侨公立强亚学校②。三是笼统地混用方言与国语，如堤岸崇正学校除国语、体育课用国语外，皆用客家话；堤岸三民学校兼用国语与海南方言；旅越槟榔崇正学校兼用国语与客家话；缅甸梅侨公立育新学校参用客家话、国语；缅甸勃生华侨光亚学校国语与粤语兼施。③社团学校教学用语也受到外在客观环境的影响，1930年，张月庐旅美参观纽约华侨公立学校，谈到由于在华侨社会中，作为标准语言人人都能懂的是广州话，学国语没有听和讲的机会，学生不愿意学，家长也不赞成，所以"教学生们说

---

① 钱鹤编：《南洋华侨学校之调查与统计》，上海：暨南大学南洋文化事业部，1930年，第42、157、364、367页。
② 钱鹤编：《南洋华侨学校之调查与统计》，上海：暨南大学南洋文化事业部，1930年，第67、279、365页。
③ 钱鹤编：《南洋华侨学校之调查与统计》，上海：暨南大学南洋文化事业部，1930年，第9、122、156、365、366页。

流利而有条理的广州话，使学生们的意思能用广州话发表出来令人明白，是华侨学校的第一件工作"①。

帮群会馆办学对华侨教育整体发展具有正负两方面的影响。从正面看，各帮邑相互竞争，对侨校的扩张有促进作用，学校数量增长很快。仅以越南为例，"二战"以前粤籍学校共28所，南越有堤岸省穗城学校、义安学校、广肇学校、崇正学校、知用中学；美拖省新民学校、崇正学校；永隆省崇正学校、广肇学校；沙沥省广肇学校；茶荣省广肇学校、崇正学校；东川省中国学校、广东学校；芹苴省华侨学校、兴中学校、崇正学校；薄寮省新华学校、华侨学校；迪石省中华学校、四维学校；嘉定省崇正学校；土龙木省广肇学校、崇正学校。中越有承天省中华学校、立成学校。北越有海防特别市时习学校、东安学校②。这些学校除个别私立外，多数为帮公立性质。公立侨校以帮理事会或会馆为经济后盾，设备良好，学生收费较少，便利了本帮邑子弟就学。

但是帮群会馆学校的负面问题也很突出：第一，分帮设校，不相谋问，使教育不能统一，程度不能一致，而且造成力量分散，尤其学生人数不多的偏僻乡邑财力有限，一经分立则经费必不充足，经费一不充足，则学校的设备等等，自然不能完善。以柬埔寨为例，磅通省磅通市就有潮侨主办的华侨学校和福侨主办的培侨学校分立；桔井省桔井市，广潮两帮文教事业亦分鸿沟；在茶胶省茶胶市，潮侨于1943年成立侨光学校，琼帮1944年成立中民学校，两校校址对峙，各自为政；磅湛省磅湛市同侨曾合办培华学校，但由于存在帮界观念，公校内部仍分为潮琼福和广肇惠两帮派，各自聘请教师，前者以楼上为教室，后者以楼下为教室。帮立学校不相通洽，人力物力不集中，直接影响教学效果。

第二、学校内部狭隘保守的气氛浓郁。早期，单一方言帮群独办的学校常常把其他帮的子女隔绝在外，迫使各帮不得不竞相各自办学，后来随着国语教学的推行，帮立学校的沟划渐渐打破，招生范围不再局限于本帮群，但

---

① 张月庐：《纽约之华侨公立学校》，《生活周刊》1930年第6卷第17期。
② 参考周胜皋编著《越南华侨教育》，台湾"华侨教育丛书"编委会，1961年，第69-100页。

是根深蒂固的地方观念在学校内部还是随处可见。以用人为例，假设一校人员全系同于创校者的籍贯，还不会有什么问题，若籍贯混杂，则地方势力之差异观念，常常会引起援引同乡互相排挤、借端滋事、各不相融等种种事端和风潮。例如，暹罗北大年的中华学校，1923年的校长是广东人，常常偏袒教职员中与他同一语系集团的人，由于激烈的情绪在各个语系集团间发展到发生冲突，政府起而封闭这间学校[①]。再如潮州女校关起门来办学，校内一切教职员设施十余年不肯更换，中间虽然校董曾聘请上海、南京的女教员来校任教，最终却被潮州女学原来的教员所排斥，"潮侨唯一的女子教育机关便是这样的没有什么希望了"。

第三、行政管理弊端较多，集中表现为人员更替频繁、行政不统一等。根据学校组织规程，公立侨校开办之初一般由各帮推举筹办人，组织董事会，购置或租用校舍，聘用校长，再由校长聘定教职员，校长直接控制学校，董事间接控制学校。但是董事会、校长、教职员任期过短，人员更动频繁。比如越南穗城学校自1924年到1934年十年间，校长更易九人，其中仅一人连任两年，其他均任职一年，人员更替频繁，学校自然没有长久发展的计划。柬埔寨端华、广肇惠等大的公校校长任期一年，教员任期半年，所以除非学校所极缺乏的教员外，一般校长教员都有五日京兆之忧。另外，董事由各埠行商选举产生，前提是资财丰厚，但董事们对教育的了解、对学校的态度不尽相同，有的因为学识、经验、热心的缺乏，不能尽职尽责。如暹罗培英学校发展初期在校务组织上颇经历了一番曲折，因为学校经费赖学费收入维持，开支浩繁，入不敷出，因此校董会成员常发生辞职，以致1924年选举第五届校董时，因被选者多不愿就任，校董会不能成立，只能成立青年校董会主理校务；1926年第七届校董会因为学校经费积欠严重，校董视学校为畏途，校董会召开三次会议均告流产，备受指责。后来校董会改革，缩减校董名额自六十名为三十六名，改总理制为委员制，并力行节约，平衡收支，学校制度和人事才逐渐趋于安定。最后，在具体的职权分配上，董事会与校长

---

① ［美］施坚雅著、许华等译：《泰国华人社会：历史的分析》，厦门大学出版社，2010年，第239页。

之间，校长与教职员之间也常有矛盾。校董会职权应只在选聘校长及监督校政，主要是筹措经费和稽核财政，但帮群社团学校的经费主要靠商家接济，所以董事会喜欢包揽学校行政，对教职员的聘请以及其他校务也多加干涉，最终造成对学校行政的阻碍和牵制。

第四节 与祖邦、居留地的关系

一、认同中国

由于历史的因素，海外华人社会与祖邦国始终存在相互依存、互相影响的关系，体现在华侨教育上，无论是旧式的私塾、义学还是近代式的学校教育，都把保存中华民族文化作为立学宗旨。"二战"以前，中国政府的参与、指导，中国政治力量、教育家、知识分子的倡导、呼吁，始终是海外华侨教育发展的重要推动力量。华侨学校在民族主义、爱国思想、乡土观念的影响下，自觉接受中国政府的管理，认同祖邦国的教育理念，在学制、课程安排、教科书选用、教师聘用等方面紧随国内脚步，并因应中国国内政治形势的变化，积极参与国内民族民主运动，开展广泛的爱国运动，表现出以中华文化为内核的办学特色。

像其他籍属的华侨学校一样，粤籍侨校的兴起与发展始终离不开清朝、国民政府的参与领导，这些学校通过接待中国政府派遣的领事、视学员、教育专家参观调研，接受中国官员赠送的匾额、物品、经费，维系着与祖邦国的紧密联系。以端蒙学校为例，自清末筹办以来，学校先后接待过两广总督所派视学员刘仕骥、清出使英国钦差大臣汪大燮、宣慰华侨钦差大臣杨士琦、中国驻新加坡总领事胡维贤、北洋政府江苏省教育司司长黄炎培、北洋政府教育总长蔡元培等人到校参观、监考、演说、指导。1908年端蒙学堂与新加坡各学堂联名为光绪帝祝寿，表达了海外侨校对清廷的认同。1924年端蒙学校赴南京参加全国教育展览会，参展的学生作品各科皆备，被《教育杂志》品评："美术工艺品，成绩特优秀。"此外，随着民国以后侨教视导制度、专门的侨教管理机构先后建立，各种侨教法令规程日益健全，海外侨校自觉配合国民政府对侨校的调查、视导，积极向中国政府教育部注册立案，不断派遣学生回国升学，并通过请国民政府要员为校刊题词等方式，维持着与国民政府的人脉关系。如新加坡应新小学校刊创办时，出面题词的有：林森的"日新月异"，孙科的"功宏养正"，王宠惠的"瀹通新智"，居正的"声教远被"，冯玉祥的"文化先声"，阎锡山的"蒙以养正"①。端蒙学校出版三十周年纪念册时，邀请当时的国民政府主席林森在封面题字，也请时任国民政府行政院院长的蒋介石和汕头市长等赠题墨宝三十帧，显然海外华校以得到中国政府军政大员的题字为荣，华侨教育完全被视为中国教育事业的一部分。

教育与民族意识的涵养密切相关，可以说，学校是民族意识发展的重要场所。海外侨校的办学理念，非常强调育才在中华民族振兴中扮演的角色。荷印巨港华侨学校开幕时，创办人司徒赞陈述开办旨趣：一欲保存中华民族在南洋与外人竞争，非培植其知识与道德不可；二欲保存海外侨民不致与外人同化，非兴办侨民教育不可②。新加坡义安女校开幕时，校董主席李伟南致辞阐明创办女校的动机："国家之兴衰，恒视教育之发达与否为断，是故教育普及，民智开导，则国民之民族意识坚强系之，我中华民族当此一面抗战，一面建国之秋，需材孔亟，海外华侨愈当负肩为国育才之责。本坡华侨教育年来颇形发达，唯女校仅十余所而已，可见女子教育尚未普及，实有再倡办之必要。本校创办动机即本于此。"③端蒙学校的建校宗旨写道："今日我国四分五裂……提正童蒙，克尽国民天职……使学童各能循当守之规则，受必需之课业，从而发展其个性，及爱国之情操，以造成一完全人格之良好国民是也……建校为共竟兴学之功，而宏为国育才之愿"④。1931年九一八事变后，抗日救亡成为海外侨校校园活动的重要主题。1936年，暹京新民学校校刊第2期刊登诗歌《你，我，将成无国之民》："现在，寇深矣，整个的中国河山，将布满炎阳光彩，这一张秋海棠叶，将落泥潭而腐化，你，我，这无知无觉的人哟，将在重轭之下呻吟。你，我，这寄迹海外的人呦！将成为

---

① 《星洲应新小学特刊》，新加坡：应新小学，1938年。
② 《巨港华侨学校开幕纪盛》，《侨务》，1923年第95期，第5页。
③ ［新加坡］姚梦桐：《义安女校发轫史》，六十周年纪念特刊编辑委员会《新加坡潮州八邑会馆成立六十周年纪念特刊》，1989年，第98—99页。
④ 《端蒙学校廿五周年纪念刊》，新加坡：端蒙学校，1931年，第2—4页。

无国之浪民。"①侨校师生还组织、参与筹赈救亡活动，在新加坡，端蒙学校的教职员在1932年和1937年都参与了新加坡华侨向中国助赈的筹募活动。义安女校也对筹赈救亡当仁不让，曾组织学生献金、师生月捐、捐赠妇女节售游艺券及代售星华筹赈大会主办"书画联合展览会"画券，所得为246.2元及16.8元，1940、1941年的儿童节献金也分别献出50.1元和96.3元②。在暹罗，由潮籍进步教师许宜陶、邱秉经等创办的崇实学校高举抗日救国的旗帜，经常向学生讲时事，组织师生参加演讲会、图片展、歌咏队、话剧表演等抗日救国的宣传活动，在开展抗日宣传的过程中，还特别宣传中暹人民友好，争取暹罗广大群众对中国人民爱国抗日运动的同情和支持。1938年崇实学校师生参加舞狮队在曼谷的募捐宣传活动，支援祖国军民抗击日本侵略者，产生了很大的社会影响。在抗日救国思想影响下，崇实学校的许多学生纷纷要求回祖国参战，1938年该校100多名师生参加暹罗华侨抗日义勇队，到抗日战争的前线或参加各项抗日工作，后来又有许多师生奔赴延安、新四军驻地和东江抗日根据地，参加八路军、新四军或华南抗日游击队，有的为抗日救国而牺牲。

这种认同于中国的民族意识也体现在侨校的校歌、校训、校历、校刊等校园文化中。堤岸穗城学校第一次建校时间为1911年3月，校门壁上记有建筑年月，用黄帝纪元，书作黄帝四千×百×十×年，民族思想可见一斑。在日常的行政档案、来往信函中，海外侨校多采用国内年号，如端蒙学校在1916年以前采用清朝年号，1917年到1933年使用中华民国年号；类似的还有暹京新民学校，其创刊于1936年的《新民校刊》封面以中华民国二十五年纪年。校歌、校训代表一所学校的旨趣，学生的精神也由此而涵养。堤岸穗城学校以"诚毅朴劳"四字为校训，其校歌结尾为"卓矣哉，神明华胄之穗城！伟矣哉，源远流长之穗城"，地方观念与民族思想融于一体。1939年新加坡潮人创办的义安女校校歌由当时任职于《星洲日报》的郁达夫撰写，歌词写道：亲爱的姐妹们！我们是黄帝的子孙，我们是民族的精英。我们想改造社会，先要把自己的脚跟立定；刻苦耐劳，意志坚忍；礼义廉耻，是五千年来

---

① 《新民校刊》1936年第2期，第28页。
② 《新民校刊》1936年第2期，99页。

的好教训。大家向前进，养成我们独立的精神，先要把国家的需要认得清。亲爱的姐妹们，我们是中华民国的女主人①。

在具体的办学活动中，海外侨校本着中国本位的教育理念，学制、课程都紧密追随国内教育，尤其注重中国语言文字的学习。以穗城学校为例，小学一至三年级设国文课十课时、国语课二课时，四年级以上设国文课十六课时，虽然课程表上还列有法文、英文语言类课程，但是总体课时数少得多，且实际上多敷衍塞责。穗城学校学生毕业都报由广东省长查核，校印也由广东省长颁发，俨然把中国政府视为主管机关，青年学生毕业后也将回国升学作为目标。在课本教材方面，海外侨校所用的教科书主要从中国国内运来，如端蒙学校国语科《新学制国语教科书》、算术科《新学制算术教科书》、珠算《新学制珠算教科书》、历史科《新学制历史教科书》、地理科《新学制地理教科书》和自然科《新学制自然教科书》都与中国国内学校使用的一样。其他学校情形亦大致相同，如堤岸崇正学校教科用书多系中华书局出版；暹京新民学校除了英文教科书用伊文思、算学教科书用商务印书馆的外，其他各科教材均用世界书局本；旅暹潮州公立培英学校教科书初级采用商务印书馆本，高级多采用世界书局本；吉隆坡培才学校用书系商务印书馆新学制教科书②。

海外侨校与国内教育的联系还直接体现在教师的来源上，因为海外师范教育发展较晚，本地师资普遍匮乏，因此侨校的师资基本仰赖祖邦国。以荷印苏岛为例，粤籍侨校的教师除极少数为本地侨校毕业生外，大多毕业于中国国内各种专科以上学校，且有比较丰富的教学经验。如敦本学校，校长吕渭珏是广州岭南大学文科学士，曾任广东英德中学校长、台山中学教务长；教员姚定宇毕业于福建协和高级师范学校，曾任英属吧生中华学校教员；教员饶平毕业于嘉应大学预科，曾任梅县梅桂公学校长、江西长宁爱群中学教职；教员卢冠豪，上海新华艺术大学毕业，曾任汕头友联中学教务长兼教

---

① [新加坡]姚梦桐：《义安女校发轫史》，六十周年纪念特刊编辑委员会《新加坡潮州八邑会馆成立六十周年纪念特刊》，1989年，第99页。
② 暨南大学南洋文化事业部：《南洋华侨学校调查概览》，钱鹤编《南洋华侨学校之调查与统计》，上海：暨南大学南洋文化事业部，1930年，第9、11、42、47页。

员、棉兰《苏门答腊民报》编辑员；教员黄鸿惠，上海复旦大学毕业，曾任广东台山中学及省立第八中学教员，兼任居正中学训育主任、缉熙学校教员；教员邓淑薇，广东女师毕业；教员郑振权，广东淑德女中毕业，曾任英属太平家修女学、安顺培华学校、槟榔屿毓南女学教员。养中学校，校长孔中圣，广东五华县立第一中学毕业，曾任巴东花的谷中华学校校长、沙峇仑岛中华学校教务长；教员章水乡，南京体育学校师范毕业，曾任福建同安县公立中学体育主任兼音乐教员、泉州乡村师范学校生活部主任及体育音乐教员；教员张灼华，南京国立暨南学校女子师范肄业，曾任棉兰养中学校及吧城义成学校教员；教员何绍圣，广州市立师范学校高中部修业，曾任广州市立小学教员；教员陈志英，广东五华县立女子师范毕业；谢端清，棉兰敦本学校毕业，美以美女校肄业。神州学校，校长何应昌，广东中山中学毕业，曾任芙蓉振华学校教职；教员李庆谷，广东省立第五中学毕业，曾任梅县杨文高等小学及亚齐瓜拉新邦启文学校教员；教员姚定志，厦门集美高级师范学校毕业，曾任英属金保培元小学教员；教员何玉屏，广东中山女师毕业，曾任南洋佛山各校教职；教员丘万锦，南京暨南女师毕业，曾任棉兰幼稚园教员；教员熊鲁斯，上海中国女子体育学校毕业，曾任大亚齐中华学校教员；教员徐瑞梅，新加坡公立南华女学校前期师范毕业，曾任新加坡南华女学校小学部教员一学期；教员戚春梅，棉兰神州学校毕业，曾任神州学校教职三年[①]。在越南，粤籍侨校的师资尤其与广东省有较多联系，如海防侨英学校教员除法文教员外，都是出身于广东学校，时习学校二名教员均自新会中学毕业，穗城学校八名师范毕业的教员中有五人毕业于广东高师，他们把袭自国内的教学内容和教学方法带到侨校。试观穗城学校学生的作文题目：班仲叔投笔封侯论、救荒论、论王安石之变法、霍去病不学孙吴兵法论、介子推与母偕隐论、道德与法律效力孰优论、进步说、高宗梦得傅说论、在德不在险论、说礼、说利、秦始皇大营宫室论、大同说、为学宜兼知古今说、孔子诛少正卯论、宫之奇谏假道论、三十壮有室论、"易曰'君子独立不惧'，试阐其说"、鸿门会项羽不杀沛公论、秦始皇废封建论、汉高善将将

[①] 棉兰华侨教育总会编：《苏岛华侨教育丛刊》，1931年，第181–183页。

韩信善将兵论、尾生守信抱桥而死论、韩信受辱胯下论、汉武帝杀钩弋夫人论。这些侨校，直可视为建在越南土地上的中国学校。

二、在居留地的抗争与调适

"一战"以前，东南亚各居留地政府对华侨教育毫不关注，任其自由发展，但五四运动前后，随着华侨学校的蓬勃发展以及华侨教育与中国政治运动的策应和互动日益频繁，各居留地政府从自身统治利益出发，开始调整教育政策，一方面向华人子女开放政府学校，并通过相应的升学及就业政策倾斜，吸引华人入学；另一方面颁布华侨教育法规，加大对华校监督和处罚的权力，从师资、教学内容、学校行政等各方面干涉并限制华侨学校的发展。在各居留地政府的分化、打压之下，华社与华侨学校通过请愿抗议等方式捍卫华文教育的发展空间，也适时根据海外当地情形，改变课程内容，利用当地资源，实现华侨教育与海外生活的互融。

（一）居留地政府华侨教育法规的颁布及华校的抗争

在荷印，20世纪初年，中华学校的创办和华侨教育的发展使荷印殖民政府深为疑惧，1905年荷印殖民政府议会提出将华侨学校纳入其轨道，按照政府的规定进行管理的设想。同时荷印政府大力发展荷华学校，并开放政府学校给华人子女，为华裔子女在荷文中学、进而去荷兰升学提供机会，以达到分化华侨社会以及争夺华侨教育控制权和领导权的目的。20年代末以后，荷印政府对华侨教育打压措施从分化瓦解进一步发展到严厉限制和破坏，如1932年颁布《取缔私立学校条例》，严加审查华校教科书及各种华文书籍，并以各种理由驱逐华侨教员出境或取消其教职。面对荷印政府的分化和打击，华社及华校从两个方面予以应对，粤籍华侨发挥了重要作用。第一，华校加强了联合，先后成立了爪哇华侨学会总会、荷印华侨学务总会，目的是监督中华会馆学校的经营、视察学生、改良教育。其中荷属华侨学务总会作为荷属华侨教育之总机关，在1911—1921年十年间创办了第一所华侨中学，召开教育研究会、举办学生成绩展览会、出版教育期刊，加强了侨校之间的联系和交流，成绩显著。在此过程中粤籍人熊理发挥了关键作用。熊理，字衡三,广东梅县人,毕业于两广方言学校,曾任泗水中华学校校长,1916年被荷属华侨学务总会聘请为视学员,专任各学校管教训练方面的调查研究以及出版的事宜。熊理上任后,三次到爪哇东部、中部、西部华校调研,尤其第一次调研自1916年10月至次年5月,历时200余天,"日里到学校去考观教员的教授管理,调查所用的课程课本,有时还要试验学生,夜里和校董商量校务进行,和教员讨论管教训练,有时还要开会演说"①,掌握了翔实的一手资料。后来为了了解其他各岛的情况,以及未参加学务总会的学校的办学情况,他又到印尼东部的峇里(巴厘)、龙目及西利伯(今苏拉威西岛)以及苏门答腊的日里视察。根据调研,他认为"各校的教育没有什么目的,而且教授管理的方法都未免陈板,至于课程科目用书尤有不划一、无系统的毛病,有研究改良的必要",于是拟就报告,向总会提出改进华校教育的意见或建议。总会接受意见后,于1917年7月召开教育研究会,经各校代表及到爪哇视察教育的国内教育专家黄炎培、林鼎华等人讨论商议,议决包括"南洋荷属华侨学校课程标准""高等小学课程标准"②等提案十二件,为荷印华校的教育改良指明了方向。1919年,熊理与总会总理陈显源为总会下一步的工作进行规划,制定筹设基金建立总会会所、设立师范学校和实业学校等规划。总之,直到1920年回国考察教育为止,熊理始终参与总会各项事务,"为侨民规划校制,大受欢迎"③。有学者评价,学务总会"其时虽有总理、董事、视学、干事各职员之热诚,然收效则全在视学出发之贤劳与各校感情之融洽,自熊理回国后,即无人巡视各校,而荷属华侨学务总会遂亦销声灭迹六年"④。荷属学务的大发展"固海外同胞热心毅力,风起云涌,抑熊君倡导之勤有以致之也"。

第二,以粤籍华侨为主的新客华侨,在20年代中期以后华人社会关于中

---

① 熊理:《荷属华侨学务总会过去的历史》,荷属华侨学务总会编辑委员会编《荷印华侨教育鉴》,1928年,第377页。
② 熊理:《荷属华侨学务总会过去的历史》,荷属华侨学务总会编辑委员会编《荷印华侨教育鉴》,1928年,第377-380页。
③ 荷属华侨学务总会编辑委员会编:《荷印华侨教育鉴》1928年,序四。
④ 谢碧田:《荷属华侨总会与各校之关系》,荷属华侨学务总会编辑委员会编《荷印华侨教育鉴》,1928年,第60页。

华学校何去何从的争论中据理力争，坚持华侨学校应该进行中华民族文化教育，使华人子女能够学习和继承中华民族优秀文化的传统，反对土生华人意图将中华会馆学校改为以荷文教育为课程基础的新式华校的计划。而且随着新客华侨社会稳固，他们逐步从华裔手中接管和掌握了相当部分的中华会馆及其所办的中华学校的领导和管理权，越来越多的粤籍华侨在中华会馆学校董事会、管理委员会担任要职，或从事具体的教育工作。"在新巴刹、老巴刹、丹那望（今日都属雅加达市）与其他地区的中华会馆学校，如今都在新客的手中……茂物的中华会馆学校，过去90%在华裔手里，如今却开始为新客所接办，这是因为新客对于有教授华文的学校发生兴趣。"[1]类似的情形在外岛也非常普遍，一项1931年对苏岛地区华侨学校的调查显示，日里丹绒不老哇居利育才学校，董事会执委主席及四名执委均为广东人，三名监委有两名是广东人，两名教员也都是广东人。另外，还有中和学校、坤范女校、日里火水山中华学校、日里邦加兰思思中华学校、南强学校、巨港丹绒埠爱群学校、公立培本学校、邦加勿里洋中华学校等八所学校的校长或教务主任为广东人，同时有126名广东籍教员在侨校任职[2]。值得一提的是，热心华侨教育的印尼华侨中有很大一部分来自广东梅县。据统计，1930年底，印尼华校教师1200多人，其中70%都是客属华侨[3]，而客属华侨又多来自梅县。究其原因，梅县文化教育发达，学风浓厚、学运昌隆，在广东地区首屈一指，众多梅县乡民出外谋生，也把兴学重教的传统带到海外。同时，梅县华侨也是印尼重要的商业力量，在华侨社会的影响力颇强，这使得他们有资金、有实力推动华校的发展。因此有社团评论：素有"文化之乡"美誉的梅县，名副其实移至印尼华人社区，成了"华校之花"。

在暹罗，1919年暹罗政府颁布《民校条例》，规定侨校开设必须经暹罗教育部许可，且受教育部管辖，侨校校长由教育部委任暹罗教师担任；侨校教师应懂暹文，每半年接受教育部考验，不及格者不得任教师；侨校需每周开设暹文课程4~6小时，侨校各种行动须先呈报教育部。1921年暹罗政府又

---

[1] 蔡仁龙：《印尼的华侨教育》，暨南大学华侨研究所编《华侨教育》第二辑，1984年，第141页。
[2] 蔡仁龙：《印尼的华侨教育》，暨南大学华侨研究所编《华侨教育》第二辑，1984年，第197-267页。
[3] 罗英祥著：《印度尼西亚客家》，桂林：广西师范大学出版社，2011年，第74页。

颁布《强迫教育实施条例》，规定7~14岁的儿童，必须接受初小四年的强迫泰文教育。遵照《民校条例》《强迫教育实施条例》的规定，潮州公立培英学校先后聘请通晓泰国语文的美国人莫久、泰国人丘全担任校长，另外增加了几小时泰文课程。由于强迫泰文教育是以政府提供免费教育的财政能力为前提的，并没有得到严格执行，因此学校一切设施都按照国内制度，课程编制、课本采用、修业年限都依照国内办理。1932年暹罗发生政变，政变后成立的新政府更加关心普及教育，并加强对华侨子女的同化。1933年暹罗政府决定所有儿童应该接受泰式教育，开始严格执行《强迫教育实施条例》，对华校的监督异常严厉和强硬，规定华校中文处于外国语的地位，华校7~14岁学生每周须学习泰文25小时，学习华文不得超过6小时，华文学校教师的泰文考试程度由初小三年级提高到初小四年级。在此政策影响下，1933年至1935年，大约有79间华校被政府以违反法律为借口关闭，其中培英学校1935年就因为校董会改聘泰文校长引起意外纠纷，被暹罗教育部下令查封。学校被封以后，校董会急谋补救办法，以潮州公学名义，申请就原址开办，于1936年开学，继续上课；1936年4月，学校改为强迫班，以教授泰文为主，每周泰文课20.5小时，华文课缩为5小时[①]。

暹罗政府对华文教育的压制引起了华社的不满，包括粤侨在内华人社会九个社团拟定请愿书，有6000多名家长和几百家商店在请愿书上签名，要求增加教授中文的时数以及放宽发给中文教师执照的尺度。同时，因为14岁以上儿童不受强迫教育的限制，所以华侨积极发展中等教育以规避法律风险，当时学生最多的新民学校初中部、黄魂学校师范班、培英学校、进德学校、育民学校专修班，全部照常教授中文课。为了缓和华社与政府的矛盾，1936—1938年暹罗政府微妙地调整了《强迫教育实施条例》执行的力度，华文教育泰化的运动经历了一段"不安适的休战状态"，在此期间粤人又新建了一批华校，达到了战前华文教育发展的高峰。

在马来亚，英国殖民政府1920年颁布《学校注册条例》，规定创办学校学生数超过十人必须注册，校长、教员必须经过审查方可任职，教材必须经

---

① 《培英校史》，《泰国潮州会馆成立四十五周年纪念特刊》，1983年，第17页。

过批准才能使用,政府如有不满,可以随时取消注册,令其停办;学校教员如果政府对其不满可以予以停职,严重者可予以驱逐出境的处分。面对殖民政府对华文学校的摧残,华侨社会展开一场轰轰烈烈的华教运动,包括粤籍侨教人士在内的各方人士先后组成槟榔屿华侨学校联合会、英属华侨学务维持处召开会议商讨对策,发表传单,提呈意见,谒见政府当局,就修改、取消《学校注册条例》进行不屈不挠的抗争。在此过程中,华侨中学董事部主席潮州籍林义顺、南洋英属教育会会长番禺籍林耀翔、华侨女学校长台山籍黄典娴、广东台山人陈长乐等人在此过程中都扮演了重要角色,尤其值得一提的是,1921年5月,殖民政府通告七州华校限期一律注册,在新加坡南洋英属中华学务总会召集的侨校联合会议上,原籍广东大埔的钟乐臣被推举为七州府华社学界代表,到英国与驻英中国领事向英国政府殖民地事务部提呈抗议书,尽管最终交涉失败,且钟乐臣被殖民当局递解出境,但以钟乐臣为代表的粤籍华教领袖在这场文化战争中发挥的领导作用是不容忽视的。更重要的是,反对学校注册法令的运动凝聚了华社人心,包括粤籍侨团在内的各方言群的社团组织在运动中学会了如何策动人群、团结民意,如何通过有次序有组织的全民运动表达一个统一的意志。这种尝试和运动的历练成为华社的宝贵财富被传承下来,在"二战"以后马来西亚华人捍卫华文教育,争取母语教育体系完整的抗争中发扬光大。

(二)粤侨教育的在地化

按照教育原理,教育要适合于环境的需要。以东南亚为例,东南亚地处热带,为多种族多文化杂处之地,20世纪以来殖民地政治体制已经在此地建立并稳固;在经济上,华侨生存的基础主要在商业,华侨子弟毕业后也出而从商。东南亚的自然环境与社会环境同中国国内完全不同,因此尽管海外华侨学校自觉接受中国政府的管理,在教育理念和教学活动中认同和模仿中国,但是无论是华人社会还是教育从业者都知道完全照搬中国的模式是行不通的,教育的制度和内容必须进行适度的调整和改革,才能适应海外当地情境,进而获得华侨的支持。1926年荷属华侨学务总会教育研究会以"养成健全之华侨,发扬中华民族精神,培植适于南洋之充实生活能力,增进各民族感情"为荷印华侨教育之宗旨。1936年暹京新民学校出版校刊,其发刊词称:"谁都知道教育应该适应环境,教育即生活,教育是演进的理论,但是,要怎样才可以使教育适应环境?如何才能使教育不致与生活分家?用何方法使教育随着时代而演进?这却是不容易办到,因为我们所处的是特殊的社会,有特殊的环境,拿欧美的教育方法来模仿固然不对,即完全采用我国之课程标准,亦不能走得通,因此无论课程与课本方面,教师与教管方面,组织与财政……要求其与环境相适应,均有候我华侨各界之共同研讨与解决。"①

第一,在具体的办学实践中,各居留地华侨的办学活动在学制、课程内容方面追随中国本土教育的同时,也在异域环境下不断调整革新,日益体现出适应侨居地商业社会的需要。清末以来,中国的学制经历了从"癸卯学制""壬子癸丑学制"到"壬戌学制"的变革,海外侨校也以此为依据,相应制定了学堂规则,进行学制的改革。但是为了使教育普及,各地侨校根据华侨人口的稠密、入学学生年龄的不同各自留有一定的伸缩余地,比如放宽入校学生年龄,根据需要增办中学或其他职业班、师范班等。棉兰敦本学校初办之时,因为学子年龄、文化程度不一,在小学课程之外,学生有授以中等以上学科者,同时按照部谕曾兼办简易识字科二班,教授失学侨民。考虑到学生毕业后即助其父兄经营店务,对于商业上智识很是需要,一度添设商科。神州学校开办之初,仅设国民班,后根据需要开办女子识字班,附设幼儿园。暹京新民学校创办九年,学生人数方面由数十人而数百人,而达千余人,规模随社会上需要逐渐扩展。小学之外,为提高华侨文化水准和造就中等教育人才而创办初中,为使凡受暹罗《强迫教育实施条例》所限制之华侨子弟兼得攻习华文机会,特向暹国教育部立案开设暹文强迫学校,课程依照教育部所颁布之课程标准办理;为适应当地环境,使一般失学之平民得以修进普通智识、充实生活技能,开办夜学部。1936年学校开学时,学校共分三十七学级,初中部四级,高年组七级,中年组七级,低年组六级,幼稚园三级,夜部三级及强迫学校七级,在日常教学中,有插班生制度,也有将程

---

① 《新民校刊》1936年第1期。

度相似的不同学级的学生合并教学的情形。在生活竞争激烈化的时期，华侨办学在编制上能通权达变，随机应付，对于普及教育具有重要意义。

在课程方面，华侨学校编制课程表的原则是以中国教育部颁布的课程标准为依据，根据地方情形酌量变通，如暹罗新民学校三十年代的招生简章显示：初级小学课程有公民、体育、卫生、国语、英文（四年级）、暹文、算数、珠算（四年级）、自然、社会、工艺、形艺、音乐。高级小学课程有公民、体育、卫生、国语、英文、暹文、算术、珠算、自然、历史、地理、工艺、形艺、音乐。初级中学必修课程有公民、体育、卫生、国文、国语、文法、英文、数学、植物、动物、化学、物理、历史、地理；选修课程有暹文、应用文、簿记、商业常识、农业常识、经济学、心理学、论理学、教学法、教学实习[①]。这与1923年全国教育会联合会确定并颁布的《中小学课程标准纲要》的内容非常相似，但是增加了外语类和商业类课程。这两类课程普遍受到各居留地华侨学校的重视，比如巨港中华学校开设英文、巫语，堤岸崇正学校开设英文、法文；旅越永隆公立崇正学校开设法文科；潮州公立培英学校初小开设笔算、珠算、暹文，高小开设暹文、英文；海防华侨时习中学开设商业科、法语；暹京明德学校开设商业、英文、暹文科；暹京琼侨学校开设暹文、英文；棉兰养中学校开设英文、巫文；暹京坤德女校开设暹文；堤岸三民学校开设英文、法文、商业[②]。教育的首要目的，对外能了解居留地各民族的性情习惯，能用本地最通用的语言文字和居留地各民族交际；对内能解决日常生活问题，能自立谋生，因此文字教育、生计教育是教育中最根本的内容。大致上，各地华侨学校平均开设两门外语，一门是通用语言——英语，另一门根据居留地政府的要求或当地实用情况而设，荷印学校一般设巫文，印支学校一般设法文，暹罗学校设暹文。各学校提倡适于商业竞存的教育、外国语言文字的教育正是切合海外华侨实际的需求。

中国传统教育一向只注重读书，对体育课并不重视，直到近代以后受西

---

① 《新民校刊》1936年第7—8期，第52页。
② 暨南大学南洋文化事业部：《南洋华侨学校调查概览》，钱鹤编《南洋华侨学校之调查与统计》，上海：暨南大学南洋文化事业部，1930年，第8、9、11、41、42、46、60、67、73、118、122页。

方教育理论的影响,学校把德、智、体全面发展视为教育的目的,体育被放到与德育、智育同等重要的地位。海外华社直接受到欧风美雨的熏陶,热衷体育运动的风气一向浓郁,相应地华校对体育科也非常重视,如巨港中华学校的教育方针提到"学童务使其身心活泼,富有干事,如注重体育"①,暹京新民学校教育宗旨提到"本校依照中暹两国教育宗旨、条例,本时代社会需要,努力发展中暹文化,陶融国民道德,锻炼健全体魄,培养生活技能,俾达改进社会为目的"②。可见,华侨学校尤其注重体育教育,强健学生体魄。义安女校为使学生体魄健康,特组球类及歌舞班。端蒙学校将重视体育列入母校精神,建校运动场,每月都有一定经费用于购置体育用品③,举办多场校级运动会,校内刊物多次登载有关体育运动的文章。西贡穗城学校体育活动有足球、排球,又有游泳,"游泳久暂,有一定的规定,立法颇为周到。又有国技,国技修业期为三年,期满给以证书……国内来参观的人多赞美其国技成绩之优良"④。暹罗新民学校"对于体育,向极注意,举凡球类、田径诸等运动,无不积极提倡,而尤致力于普遍工作,上自教职员学生,下至工友车夫,无不富有运动兴趣。平日校内体育空气甚为浓厚,课余之暇,放假时间,广大的运动场上,员生们都在奔跑着,跳跃着,朝气蓬勃。在此标的倡导之下,人材因之辈出,足球队,男女篮球、排球队,皆谷中之劲旅。至田径一项,早即首屈一指,1936年曾参加暹国庆宪成功八千米长跑,包揽冠亚军,震动暹国,成为本校运动史上灿烂的一页"⑤。

在具体的课程教学中,华侨学校也试图在教科书之外,根据学生生活的需要及环境的需求,随时补充新材料,尤其注重教学内容的实用性。如端蒙学校在进行公民科教学讲到户口调查时,拿1931年新加坡调查户口的手续和表格来同课本里边所讲的内容进行比较,也利用同年伦敦调查户口的方法和意义来证明调查户口之必要⑥。算数科教学设置课外习题时,特意选取关系

---

① 《巨港华侨学校开幕纪盛》,《侨务》1923年第95期。
② 《新民校刊》1936年第7–8期,第51页。
③ 《端蒙月刊》1932年第8期,第29页。
④ 余家菊:《记西贡穗城学校》,《中华教育界》1922年第11卷第11期,第3页。
⑤ 《新民校刊》1936年第1期,第37页。
⑥ 《端蒙学校廿五周年纪念刊》,新加坡:端蒙学校,1931年,第32页。

于日常生活、新闻事的例子以增加趣味,如"有一矿工,积存叻币五百元,在一月前拟汇归中国,当时汇价,每国币百元只值叻币四十元,卒以因循未寄。刻下金价稍跌,国币百元值叻币四十五元,若此时汇去,较上月损失国币几元"①。为了让学生养成生存发展社会的能力,华校在开设商业、簿记、珠算等职业性科目外,还格外注重课外实习,使学生掌握谋生技能,如新加坡养正学校有学生储蓄银行,暹京新民学校校内设有工厂,置发电机及锯木、砻米各种机器,以资实习②。

第二,接受居留国政府教育管理,积极参与本地活动。20世纪20年代以后,各居留地政府加强了对华侨学校的管理,为了减少治校管理中的阻碍,华侨学校多顺应形势,按照当地的华侨教育法令法规申请注册,接受居留国政府的监督管理。1934年韩江学校向殖民政府提学司注册,1936年向殖民政府申请津贴补助,1937年接受殖民政府津贴两次,津贴金额5月为360元,11月为392.5元③。1936年,暹罗新民学校为开强迫学校向暹罗教育部注册,并按照要求开列强迫学校课授中文书目,参加暹教育部主持的毕业会考。学校休假日在孙中山先生逝世纪念日、国庆日、孙中山先生诞辰之外,主要根据暹罗国家及民族的风俗习惯和纪念要求而设定,包括2月7日暹国礼佛节纪念日、4月1日暹罗佛历元旦纪念日、4月6日暹罗今朝开国纪念日、礼佛节、9月20日暹皇万寿节、10月23日暹王拉玛五世逝世纪念日、12月10日暹国宪法成功纪念日④,体现了明显的在地化特征。

为了增进相互了解,在异域的环境中与其他民族共同生息,华侨学校还积极参与本地事务。马来亚为英属殖民地,华校对于英王登基加冕纪念日格外重视,1935年韩江学校为庆祝英王乔治五世登基二十五周年,议决本校学生参加提灯游行的盛典活动,共使用经费50.21元⑤。端蒙学校庆典当天升

---

① 《端蒙学校廿五周年纪念刊》,新加坡:端蒙学校,1931年,第61页。
② 《端蒙学校廿五周年纪念刊》,新加坡:端蒙学校,1931年,第54页。
③ 陈景熙等著:《故土与他乡:槟城潮人社会研究》,北京:生活·读书·新知三联书店,2016年,第228页。
④ 《新民校刊》1936年第7-8期,第52页。
⑤ 陈景熙等著:《故土与他乡:槟城潮人社会研究》,北京:生活·读书·新知三联书店,2016年,第227页。

中英国旗，礼堂悬挂万国旗及纸花，校门悬挂"端士庄容敦国谊，蒙童额手祝银禧"的对联。1937年韩江学校、端蒙学校又分别参与英王乔治六世加冕纪念活动。在暹罗，国王具有至尊地位，1928年国王拉玛七世到潮州公立培英学校参观，并发表讲话："究其实，暹罗与中国两民族，固兄弟之亲也。即以现在而言，暹人血统已与华人混而为一，至于不可分化。暹之高级长官，无论以往与现在，多属华裔，其由中国来暹之华侨，成家立业，终至归化于暹者，亦复不少。……暹人与华人所以素来相安，且因此而得和洽无间。……至于君等所办之学校，亦当教训学生爱护其母国之中国，此本为天然之伦理。然除爱中国之外，更希望兼爱暹邦，因君等旅居暹地，创有基业，受暹政府善意安全之保护，与暹人享受同等之权利，得以安居乐业。"①国王的致辞反映了暹罗政府对华侨教育的基本态度，他的莅临和致辞被培英学校视为校史上最光荣的事，也是整个侨社极感荣耀的事，也从一个侧面反映了侨校对华侨教育中国化和在地化互融的认同。暹京新民学校校刊的校务报告中也常常有学校参与本地事务的例子，如1936年1月25日，参加本地各华校联合游艺筹款捐助暹国陆军红十字医院经费，新民学校参加两幕，一为《红粉骷髅》，一为《跳月》②。1936年10月23日为暹第五世皇逝世纪念日，派遣文强迫学校学生三十名前往铜马献花圈致敬③。还有学校足球队与暹罗农务部队、暹罗基督教青年会队展开友谊比赛，邀请暹京白衣篮球队来校作友谊比赛等等，华侨学校通过参与这些本地活动，强化了学生的本土意识。

---

① 《培英校史》，《泰国潮州会馆成立四十五周年纪念特刊》，1983年，第19页。
② 《新民校刊》，1936年第2期，第33页。
③ 《新民校刊》，1936年第2期，第57页。

第三章 粤籍华侨华人与"二战"后初期东南亚华文教育的兴衰

"二战"以后,中国国际地位提高,华侨民族主义空前高涨,激发了华侨保持华侨文化和兴办华文教育的积极性;同时,战后初期,东南亚许多国家忙于争取民族独立、医治战争创伤、建设民族经济,无暇管控华文教育问题,有些新独立国家为了博取中国政府好感,还采取资助华校的政策,因此东南亚各国华文教育普遍经历了一段时间的兴盛,华文学校数量和规模都快速增加。但是20世纪五六十年代以后,伴随东南亚各国摆脱殖民统治取得国家独立的进程,东南亚各国民族主义情绪不断高涨,华人作为具有较高经济地位、教育程度和深厚文化传统的少数族裔受到排挤打压。其后随着"冷战"格局的形成,社会主义阵营与资本主义阵营、苏美中三国矛盾与斗争日益激化复杂,东南亚许多国家相继发生了排华浪潮。受上述两方面因素影响,华文教育在东南亚各国受到普遍打击、限制,甚至有的国家力图彻底消灭华文教育。东南亚国家对华文教育的政策因国而异,大体而言,马来西亚保留了华文小学中学,新加坡把华语作为华人的母语而列为一个科目,泰国把华文作为一门外国语,印尼、越南、柬埔寨、缅甸禁止华文教育,粤籍华校在东南亚也遭遇了不同的命运。

第一节　新马地区粤侨华文教育的复兴与分途

战后初期，新马地区的广大华侨立即开始了艰难的复校工作。1946年6月，在新加坡成立了以李光前为主席的马来亚华侨复校辅导委员会，分设复校、师资、经费和损失赔偿小组，根据马来亚行政区域划分学区，设立新加坡（辖新加坡、柔佛、马六甲、吉兰丹、丁加奴）、吉隆坡（辖雪兰莪、彭亨、森美兰、霹雳）、槟榔屿（辖槟榔屿、吉打、玻璃市）三个分会，希望对华侨学校实行统筹统办。同年，新加坡的养正、南华、端蒙、崇正和星洲幼稚园等学校发起以研究教育、健全学校行政机构职能、提高教育效率及增进教职员福利为宗旨的华校联合会，单诏、东岭、擎青、彰德等学校的校长发起以联络感情、研究教育、促进华侨教育为宗旨的"中华教育研究会"。这些都对华侨学校的复办、新建和发展起了一定的促进作用。与此同时，在大英帝国支配下的马来亚殖民政府，也表示支持华文教育的发展，强调在马来亚地区的各族群应学习其本身的母语及体验其自己的丰富文化遗产。在这种有利的主客观情势下，马来亚地区的华文教育不但恢复生机而且发展迅速。据统计，到1947年，马来亚联合邦华校共有1338间，学生193340人[①]。

一、战后初期粤籍侨团复办、新办华校

在战后侨教复兴的大潮中，粤籍侨团也积极开始复办战前华校和新建华校。如1945年9月，潮州八邑会馆属下的端蒙学校"董事部聘请林国璋先生为校长，筹备复校事宜。十月一日，开始正式上课。沦陷期间，学童咸告失学，至是报名入学人数，较前倍蓰，原有教室未能容纳，乃设下午班以收容之"[②]。1947年琼州会馆赞助的育英中学"由于日据时期校董会及赞助人名录皆已遗失，会馆同仁不得已，乃依天后宫同人名录和筹备委员会名单选出校董二十五人，组成临时校董会，负责本校复兴工作"[③]。1947年茶阳会馆

---

① ［马来西亚］郑良树著：《马来西亚华文教育发展史》（第三分册），吉隆坡：马来西亚华校教师会总会，2011年，分序。
② 杨伟群：《端蒙中学校史》，六十周年纪念特刊编辑委员会《新加坡潮州八邑会馆成立六十周年纪念特刊》，新加坡潮州八邑会馆，1989年，第104页。
③ 《新加坡琼州会馆135周年纪念特刊1854—1989》，1989年，第273页。

属下启发学校，诸董事鉴于"子弟失学已久，影响甚大，邑侨之希望复校者甚殷，乃一面进行禧街校址之交涉，一面集众议决，购东陵经禧街三十号大厦一座为馆校新址，计划地价及修建费共约十余万元，除东方电话局偿还之款拨充外，并向邑侨捐得三万元，襄成其事"①。1946年春，宁阳会馆属下宁阳学校之夜学继续办理，"但因星洲沦陷数年间，学子求学无门，故到校求学者拥挤异常，总理黄秉盛先生，在董事会议决，兼办日学男女学生，日办八班，共四百余人，夜学亦有百余人，可谓最盛之时矣三十七年直至今日（1952年）"②。此外，战后粤籍会馆复办的学校还有应和会馆属下的应新学校、南顺会馆属下的南顺义学、冈州会馆属下的冈州学校、碧山亭公所属下的碧山亭学校等。

由于战后失学儿童激增，粤籍侨团除了清理校舍、筹募经费复办战前业已存在的华校外，还新建了不少华校。1952年，新加坡潮阳会馆新厦建成，举行临时联席会议，通过兴办学校的建议，并达成两项决议：（1）征求学校赞助人，然后由赞助人选出董事；（2）起草赞助人宣言③。同时为了满足华小升学的需求，许多会馆学校还适时添设了中学部。1948年槟城潮州会馆属下的韩江学校将筹办中学提上日程，潮人大众会议议决扩大韩江学校建校委员会组织，组成以连裕祥、余子亮为首的校产信理员。1949年韩江学校发布《韩江中学建校宣言》。在潮州会馆、潮人领袖的领导和资助下，1950年7月15日韩江中学举行奠基礼，同年10月，中国著名教育家庄泽轩博士任韩江中学创校校长。1951年韩江中学校舍落成，韩江小学初小部在原址（牛干东街潮州会馆右侧校址）上课，高小部并入韩江中学成为附小。1951年2月2日韩江中学正式开课，教师队伍包括严元章、黄尊生、熊叔隆、何永佶四位博士以及白纯瑜、张荔英等十一人④。1951年新加坡潮州八邑会馆属下端蒙学校董事部议决筹备增办中学部，推举连瀛洲、杨瓒文、李伟南、林守明、陈华木、陈愈楠、陈锡九、陈景夔及林锦成九位先生为小组委员，负责筹备一

---

① 《新加坡启发学校校史》，《茶阳特刊》，第5卷。
② 黄镜波：《宁阳学校史略》，《新加坡宁阳会馆130周年纪念特刊》，1952年，第9页。
③ 《新加坡潮阳会馆金禧纪念特刊》，1980年。
④ 陈景熙等：《故乡与他乡：槟城潮人社会研究》，北京：生活·读书·新知三联书店，2016年，第191页。

切开办事宜。同时为了筹募重建校舍增建中学所需费用，校产校政移归义安公司接管。1955年义安公司对学校扩建计划分三期进行：第一期先就本校后面空地及后楼，改建三层楼一座，拥有教室十五间；第二期将右邻房屋多间收回拆除，兴建四层楼校舍，包括大礼堂及义安公司与潮州八邑会馆办事处等；第三期将本校旧址拆卸改建。建筑图样获政府批准后，是年正月，招收初中一年级男生二班，女生一班，并正式上课。1956年后座三层楼落成，中学部各班迁入上课①。

二、粤籍侨团与新马民族母语教育的抗争与调适

经历了战后初期华文教育的短暂复兴后，新马如同东南亚其他国家一样，华文教育被纳入当地教育事业轨道，成为当地民族文化教育的一种，同时受国际局势和本国政府对华人社会政治归化措施的影响，新马地区的华文教育受到不同程度的打击、限制、破坏。然而在华人社会与战后政治环境与社会环境的互动中，新加坡和马来西亚的华文教育最终走出了不同道路，马来西亚华人在反抗政府对华文教育压制的斗争中不屈不挠，筹办独立大学、复兴华文中学、成立南方学院，使马来西亚成为东南亚唯一保留了华文小学、华文中学、华文大专完整教育体系的国家。而新加坡在采取多元文化和不彻底的双语教育政策下，英文教育一枝独秀，华文教育全面衰退。粤籍侨团华文学校在50年代以后新马地区的延续和调适是两国华文教育命运的缩影。

（一）新加坡双语教育政策下粤籍侨团与华文教育的调适

50年代中期以后，新加坡奉行多元文化和双语教育政策，这种政策在新加坡自治、独立后基本延续下来，成为新加坡教育政策的基础。它的主要内容是强调新加坡意识，调和各民族感情，以英语为共通语言，以华语、马来语、印语、英语为官方语文；为了平等对待各民族母语，在学校采取两种语文并行的制度，即英语源流的学校以英语为教学媒介语，同时学习各自的

---

① 杨伟群：《端蒙中学校史》，六十周年纪念特刊编辑委员会《新加坡潮州八邑会馆成立六十周年纪念特刊》，新加坡潮州八邑会馆，1989年，第104–105页。

民族语，母语源流的学校以母语为教学媒介语，也要学习英语。在政府新教育政策下，新加坡粤籍侨校也做了一系列适应性的转变。以端蒙学校为例，随着当地华人以新加坡为家乡，不再以华侨自居，逐渐与中国脱离关系，学校的学制和课程课本，不再以中国马首是瞻，而是改用本地出版社编纂的课本，内容也渐趋本土化。1957年，在政府所颁布《新教育法令》和《1957年津贴条例》之下，端蒙学校接受政府全部津贴，成为政府辅助学校，在性质上已属公立，潮人社团对其教育事业失去往日的主导权，大部分的校务行政权，如教职员的聘任、收生的标准、学生的编配、课程的拟化和教科书的设计等，都转移到教育部。1965年以后，为了配合政府以英文教育为主的学校改革，端蒙学校也大大加重英语教学的比例，1969年后，"小学一年级的科学和数学二科，均采用英文课本，由英文教室负责教学，使每周中英文授课节数几乎相等。此种办法，以后逐渐递增，务使小学毕业生中英兼优，以适应当前客观环境之需求"[1]。同时，中一及高级中学的数理二科，也采用英文课本进行教学。1970年，小学部为增进学生学习英语的机会，进一步将技能科改由英文教师授课，并增加学艺比赛五六年级学生英语讲故事一项。为了鼓励学生加强英文学习，学校还出台了相应的鼓励制度，小学部"凡各班英语成绩最优者，英语成绩进步最著者（不论及格与否）；学习英语最力者（不论及格与否），以及在校最常用英语交谈者，每年年终，即以英文书奖赏之"[2]。端蒙学校的转型还体现在培养认同于新加坡民族意识的教育内容和活动安排上，1967年，为配合政府教育政策，增加学生课外活动，端蒙学校成立中学部陆军少年团、小学部幼童军，1968年成立中学部警察少年团。同年，学校发动捐献国防基金运动，得到教职员和学生热烈响应，共捐5150.43元，于同年十六日送呈国防部[3]。

粤籍侨团领导粤籍社群适应新加坡政治环境的转变，在文化教育层面

---

[1] 杨伟群：《端蒙中学校史》，六十周年纪念特刊编辑委员会《新加坡潮州八邑会馆成立六十周年纪念特刊》，新加坡潮州八邑会馆，1989年，第106页。
[2] 杨伟群：《端蒙中学校史》，六十周年纪念特刊编辑委员会《新加坡潮州八邑会馆成立六十周年纪念特刊》，新加坡潮州八邑会馆，1989年，第106页。
[3] 杨伟群：《端蒙中学校史》，六十周年纪念特刊编辑委员会《新加坡潮州八邑会馆成立六十周年纪念特刊》，新加坡潮州八邑会馆，1989年，第106页。

适从大局势，还体现在义安学院的建立和运行中。义安学院是新加坡潮籍人创办的唯一高等学府，1963年由义安公司创办，最初的设想是发展文理商四年制的大学学位课程，并争取以华文为教学媒介。但是由于1961年新加坡提出工业化计划，技术教育成为新教育制度急需发展的一环，因此学院采纳政府改革意见，由原来的文化教育性的教学方针改为科技教育，学制变为大专学府，开设工程及商业管理文凭课程，注重训练工程技术及商业管理人才。1967年义安学院改制，由私人创设的学院改为公立学院，并在翌年更名为义安工艺学院。同时为了应付工商业的需要，教学媒介和教材也改为英文为主。端蒙学校和义安学院的例子显示了粤籍侨团尤其是潮籍侨团能够配合国家教育政策的需要，以一种积极的态度自我调适，并在新的教育体系中找到新的定位，体现了潮人的政治适应能力。但是从华文学校的传统来看，以英文为教学媒介，采用英语课本，华校已经名存实亡。事实上，包括粤籍侨校在内的所有华文学校在新加坡双语教育政策下，最终不可逆转地走向全面衰落。例如：

朝阳学校：1953年潮阳会馆创办的朝阳学校，开办数年，办理完善，1956年及1957年由会馆张汉三主席及全体理监事及会员合力策动，慷慨解囊，建成四层楼新校舍。70年代开始由于政府教育政策的调整、学生家长对子女教育问题偏重现实及政府推行家庭计划的成功与学校地处城市重建区，导致学生逐渐减少，1982年潮阳会馆属下的朝阳学校宣告停办[①]。

端蒙学校：继1960年代端蒙学校加大英文教学比重，部分科目采用英文教学使用英文课本后，1980年教育部分派四班英文源流的中一学生到端蒙学校上课，因此端蒙由传统的纯华校变成兼收华英两种语文源流的学校。

义安女校：1940年义安公司主办的义安女校，1956年接受政府全部津贴，1960年校务发展进入鼎盛期，分为24班，学生近千名。70年代以后，由于政府教育政策调整，华人儿童均倾向入英文学校，导致义安女校学生骤减，1970—1972年学生减为11班，1973年减为9班，同时没有一年级新生报名

---

① 《潮阳会馆》，六十周年纪念特刊编辑委员会《新加坡潮州八邑会馆成立六十周年纪念特刊》，新加坡潮州八邑会馆，1989年，第121-123页。

入学。1977—1979年，如果没有教育部分配重留小六及基本课程的学生来校上课，学校已经势必关闭不可①。1981年义安公司择地重建新校舍，改名义安小学，性质由华校变为混合学校。

南洋大学：创办于1956年的南洋大学是新马乃至南洋第一所华文大学，由新马华人社会群策群力共同完成，粤籍侨团侨民也贡献了重要力量。1953年新加坡中华商会暨214个华团代表举行会议共商创办大学，12家社团组成大学筹备委员会，属粤籍的包括广东会馆、客属会馆、潮州八邑会馆、广惠肇会馆等。马潮联会加入南洋大学会员，缴纳会费1000元，并鼓励同乡为南洋大学踊跃献金；槟城林连登认捐10万元并出任南大槟榔屿分会主席，雪兰莪郑绵元有限公司亦认捐10万元，其他各地同乡，捐资南大者为数殊众②。1974年，推行两种语文政策的教育学博士李昭铭出任南洋大学校长，宣布改制，考试教学以英文为媒介语（除中文系和历史系中国史课程），1974—1975年南洋大学与新加坡大学统一招生，1980年南洋大学与新加坡大学合并为"新加坡国立大学"。

1987年新加坡所有教育源流的学校被纳入单轨学制，英文成为教学媒介，母语变为第二语言，不再有语文源流之分，新加坡的华文学校从此不复存在了。

尽管随着粤籍传统侨校被纳入政府公立教育系统，侨团对教育事业的主导权逐渐丧失，但是侨团仍然在经费基金上支持这些学校的发展，比如义安女校改为公立学校后，义安公司每年仍拨出巨款资助学院的经费。义安女校1956年接受政府津贴，1982年迁入新校舍，校舍建筑费近1000万元，其中500万元由义安公司负责。另外，粤籍侨团还积极设立学校奖助学金和会馆奖助学金，用另一种方式推动华文教育的发展。学校奖学金以端蒙学校为例，1963年万世顺公司拨出3000马来亚元，奖励学校校小学部各班学业成绩列首三名之学生。1966年万世顺公司在端蒙学校设立助学金，资助本校潮籍中学生。此项奖学金共分为三类：（一）每年资助初中生四名，每名120元。

---

① ［新加坡］潘醒农著：《潮侨溯源集》，北京：金城出版社，2014年，第74页。
② 《马潮联会简介》，六十周年纪念特刊编辑委员会《新加坡潮州八邑会馆成立六十周年纪念特刊》，新加坡潮州八邑会馆，1989年，第162页。

（二）每年资助高级中学生二名，每名150元。（三）每年资助由本校高级中学毕业而进入本国各大专肄业之学生二名，每名1000元。凡学生申请是项助学金获准者，以后即得该公司继续资助，直至修完各该阶段之学程。1971年这项助学金提高金额，中学组、高中组、大学组各提高至150元、200元、1600元。1973年端蒙学校校友林若炎为纪念先翁林松，以其名为端蒙中学毕业生提供一项奖学金"林松奖学金"，规定凡在本校高级中学毕业，并进入新加坡大学或南洋大学攻读之本国公民，均可申请，经遴选委员会推荐，而由捐款人作最后之决定。申请获准者，每年可获奖学金1800元，直至大学毕业为止。

除了兴办学校、设立学校奖助学金，粤籍各侨团都普遍设立了会馆奖助学金，以鼓励会员子女在学业上精益求精，推动勤学风气。如信托慈善机构义安公司设立中学助学金及大专学生奖助学金，每年资助年轻学子共约200余名，费用接近20万元[1]。地缘团体中，潮阳会馆自1959年起设立中学奖助学金，1987年扩大奖助学金范围，惠及小学、中学、初级学院及大专学府的学生，每年颁发之奖学金名额无限，助学金名额及金额则根据实际情况，逐年检讨[2]。揭阳会馆于1961年倡设助学金，1968年设大学助学金，并发行助学礼券，获热烈支持。1978年增加大专助学金及奖学金，吁请同乡青年人参加会馆，将来成为接班人[3]。新加坡宏安旅外同乡会1970年为奖掖后进，为国育才，设立教育基金，作为会员子女勤学奖励金，鼓励会馆子女勤学上进，历年在举行庆祝成立周年纪念盛典时颁发，初时奖励小学，后来扩展到中学及初级学院，获奖人数年有增加。另外南洋普宁会馆、潮安联谊社、潮安同乡会、怀德联谊社也都在60、70年代设立颁发会员子女勤学奖励金。血缘团体中，星洲颖川公会1973年倡办"会员子女学业优良奖励金"，规定凡每学年终考试具有规定之优良成绩，均得报名填表领取奖励金。每年领奖不拘性

---

[1] 《义安公司》，六十周年纪念特刊编辑委员会《新加坡潮州八邑会馆成立六十周年纪念特刊》，新加坡潮州八邑会馆，1989年，第115页。

[2] 《潮阳会馆》，六十周年纪念特刊编辑委员会《新加坡潮州八邑会馆成立六十周年纪念特刊》，新加坡潮州八邑会馆，1989年，第123页。

[3] 《新加坡揭阳会馆》，六十周年纪念特刊编辑委员会《新加坡潮州八邑会馆成立六十周年纪念特刊》，新加坡潮州八邑会馆，1989年，第125页。

别，人数恒多，成绩颇有可观①。1968年潮州西河公会设立会员子女奖学金，每年颁奖一次，会馆子女受惠者不计其数。潮州弘农杨氏公会1969年设立会员子女奖学金，积极加以推动，每届会员子女学年成绩优异而获嘉奖者计有数十名之众。潮安金砂陈氏同乡会1970年设立奖学金，鼓励会馆子女勤谨好学，每年考试成绩优良，如获得第一二三名者，符合奖学金委员会所定之资格，皆受奖励。1977年增设助学金，赞助品学兼优，家境清寒之会员子女升学。每年颁发奖学金之时，举行华语演讲及唱歌，以支持交通及新闻部推动讲华语②。1976年西林孙氏同乡会设立奖助学金，并在该会祝圣者神游大会上颁发。类似的还有揭阳桂林刘氏公会、潮州陇西公会、潮州谢氏公会、澄海渔舟蔡氏同乡会。这些会馆所设奖助学金一般以会馆子女为奖励范围，就读学校则不拘于任何语言源流学校。同时，为了规范管理，怀德联谊社、西林孙氏同乡会还设立了奖助学金委员会。设立奖助学金的意义，一方面是以鼓励同乡宗亲子女努力向学为目的，响应国家育才号召；另一方面也有培植同乡宗亲后辈人才，充实会馆后备人才的考量。

（二）粤籍侨团与马来西亚华文母语教育的抗争与维护

"二战"以后马来亚联邦推行"马来人至上"的民族政策，在教育政策上，强化马来学校，弱化其他民族学校，华文教育的生存和发展受到很大打击。新马分治以后，马来亚政府先后出台1956年《拉萨报告书》、《1957年教育法令》、1960年《达立报告书》、《1961年教育法令》，迫使华文小学纷纷改制，大部分华文中学改制为国民型中学。马来亚地区华人社会在马来西亚华校董事联合会总会、马来西亚华校教师会总会（分别简称董总、教总，两者合称董教总）和其他华人社团领导下，对政府压制华文教育的不合理政策进行了不屈不挠的反抗。在此期间，粤籍侨团始终参与其中，为董教总的成立、独立大学的筹备、华文独中的复兴贡献着族群的力量；同时粤籍侨团还增办了新的华文学校，设立奖助贷学金，对已有的华文学校继续在经

---

① 《星洲颍川公会》，六十周年纪念特刊编辑委员会《新加坡潮州八邑会馆成立六十周年纪念特刊》，新加坡潮州八邑会馆，1989年，第136—137页。
② 《潮安金砂陈氏同乡会》，六十周年纪念特刊编辑委员会《新加坡潮州八邑会馆成立六十周年纪念特刊》，新加坡潮州八邑会馆，1989年，第147页。

费、管理等方面加强扶持，不断推动华校的健康发展。

1. 积极参与维护华文母语教育权利的抗争

在马来（西）亚维护华文母语教育权利的斗争中，整个华人社会不分族群、不分方言结成了一个统一的整体，其中粤人作为马来（西）亚华族的重要族群，发挥了不可或缺的作用。如战后为了使海外华文教育有一个完整的体系，新马华人筹设开办华文大学。南洋大学1953年创立之初，粤籍侨团积极响应，新加坡潮安联谊社出席中华总商会召开侨团大会，讨论创办马华大学（后改为南洋大学），推动每一社员捐献一元活动①。星洲颍川公会1953年出席中华总商会的召开筹备华文大学会议，1954年献捐1000元成为南洋大学会员。1956年星洲颍川公会响应中华总商会签名活动，向英女王请愿，要求废除新加坡立法议院语言限制，并出席中华总商会召开的全星社团代表大会，研究华文教育问题。1958年应潮州八邑会馆之邀约，联合潮属社团签名向新加坡首席部长暨政务部长请求勿废除广播电台潮语节目，结果如愿以偿。1960年捐献南洋大学筹建学生楼基金。1966年参加中华总商会，联合华文教育机构主办促进华文教育母语月开幕典礼。再如马潮联会，1953年南洋大学筹设之初，马潮联会鼓励同乡踊跃献金，又用马潮联会名义加入南洋大学会员，缴纳会费1000元。"吾乡人相继响应，槟城林连登认捐十万元，并出任南大槟榔屿分会主席，雪兰莪郑绵元有限公司，亦认捐十万元，其他各地同乡，捐资南大者为数殊众"②。1963年面对新教育法令下华校纷纷改制，华社对华文学校的前景渐失信心的不利局面，马潮联会以华文在本邦是次多人数的语文，中华文化渊博，身为华人应先学习华文，吁请各地同乡送子女进华校。1967年马来西亚教总提出创办独立大学，以华文为教学媒介语，同时重视马来文和英文的训练的计划，以满足华族发展母语教育的愿望。1968年马潮联会通函各属会支持独立大学的创办，并为此进行募助基金活动。

除了粤籍社团的积极参与外，在华人争取母语教育权利的斗争中，还

---

① 《新加坡潮安联谊社》，六十周年纪念特刊编辑委员会《新加坡潮州八邑会馆成立六十周年纪念特刊》，新加坡潮州八邑会馆，1989年，第130页。
② 杨伟群：《端蒙中学校史》，六十周年纪念特刊编辑委员会《新加坡潮州八邑会馆成立六十周年纪念特刊》，新加坡潮州八邑会馆，1989年，第162页。

涌现了许多著名的热心华文教育的粤籍人士。以琼侨为例：1951年海南乡贤吴德耀和方威廉博士受马来亚英殖民政府邀请调查华文教育情况，并发表了《方吴华文教育报告书1951》，该报告书赞成各族儿童多学语言，即使三种也不为多，但特别强调华人必反对忽略自己母语的学习。1955年海南乡贤朱运兴出任马来西亚教育部副部长，在任期内，恪尽厥职，发表正论，言人所不敢言，教总主席评价其"处处为华文教育请命"。1987—1990年海南乡贤运时进出任教育部副部长，在任期间，正是南方学院进行申请注册之时，在运时进等人的努力下，南方学院克服诸多困难与阻碍，于1990年获得注册。另外，南方学院申请注册的八位发起人之一的拿督郑庭洲局绅是海南乡贤，南方学院董事会十五位成员中，郭全强和黄循积两位也是海南乡贤。

2. 扶持已有华校

大部分粤人创办的华校在战后得到复办并延续下来，如海南人创办的侨校在西马现存的有吉打州浮罗交怡的南华小学、丁加奴州甘马仕的乐群小学、吉隆坡的侨南小学、雪兰莪州巴生的务德小学、彭亨州福隆港的中华小学、森美兰州芙蓉的三民小学、马六甲的玛琳小学和槟城的益华小学。甘马仕乐群学校始创于1928年，由甘马仕琼州会馆侨领将原有的乐群小学与育华小学合并而成，包括初小和夜校，1938年增办高小，日本占领期间停办。战后复办，改制后改名为"乐群国民型华文小学"。芙蓉三民小学创立于1926年，初为夜学，1935年增办日校。"二战"后完成建校工程。福隆港国民型华文学校由琼籍乡侨创办于1938年，1941年停办，1945年复办，1962年改制接受政府全部津贴。侨南学校由雪兰莪海南会馆创立于1917年，会馆职员兼为学校董事，经费除一部分来源于学费外，剩余由会馆负担，学生约有一百名。战后，侨南学校由夜校改为日夜学校，日学包括初小、高小，夜学为补习班，学生超过三百人[①]。玛琳小学最初开办于马六甲海南会馆内，称华南夜学，后改为日校，1928年因经费缺乏停办；1940年在离马六甲四里处的玛琳兴创琼林学校，日本占领期间停办；1950年复办，改名为玛琳华文小学。益

[①] 符家桑主编：《雪隆海南会馆史料汇编（修订本）》，马来西亚雪隆海南会馆，2009年，第253-256页。

华学校由槟城海南会馆侨领创办于1920年,1956年建成新校舍。

这些华校在战前大多由琼籍社团全权管理负责,校舍和经费也多由会馆及任校董的侨领提供或筹措。战后社团继续保持对学校的软硬件建设的支持,并通过校董会指导学校的发展方针。比如1950年玛琳小学复校后,以琼崖义山的息鸿亭充作临时校舍。益华学校1952年筹建校舍,筹募工作获得同乡支持,"是海南人出钱出力在槟城兴办学校的光辉典范"[①]。芙蓉三民小学历来董事会董事均由海南会馆诸领事兼任。还有,侨南学校购地重新建校有赖于社团和华社的积极响应。20世纪50年代初,侨南学校因为校舍狭小,条件不合,不能享受政府津贴。为此会馆于1954年召开琼侨同乡大会,决定购地重新建校,组织建校委员会负责其事。琼州社团益友轩俱乐部同人赠出自购地段,以供建校,该地面积狭小,建校委员会将此地出售得2.8万元,以此为建校基金并扩大募捐,最后购得彭亨律二英亩地及两座洋楼,第二年又兴建两层楼十四间教室。在侨南学校的建校过程中,琼侨开办的鱼商行、汽水联合公司、符氏公会、万宁同乡会都大力资助,新南丰剧团、明天剧团还曾经为筹募学校购校车费用而义演,其中新南丰剧团筹得5815.66元。雪兰莪鱼罗里公司也曾将存款捐助学校图书馆[②]。1957年学校改制成为国民型学校后,会馆仍本父母之心,加以维护。到20世纪80年代末,侨南学校学生培养的学生达1500名,在培养英才上,贡献堪称辉煌[③]。

潮州人主办的华校中最著名的是韩江学校。韩江学校由潮人乡贤林宝德、林连登等始创于1919年,学生五十余名,以槟城韩江家庙为校舍,1922年建成独立校舍。1935年,韩江学校接受殖民政府的部分津贴,并向中国教育部正式注册。1937年韩江学校改名为韩江小学。"二战"期间,马来亚经历了四年日据时期,韩江学校被迫关闭。战后韩江小学复办,并增办韩江中学。1961年韩江小学遵制改为国民型小学,韩江中学成为独立中学,不接受政府津贴。1999年,在韩江学校董事会的不懈努力下,韩江学院成立,开设

---

① 符家桑主编:《雪隆海南会馆史料汇编(修订本)》,马来西亚雪隆海南会馆,2009年,第254页。
② [马来西亚]温故知:《风雨百年固屹立 波涛万顷任纵横》,《马来西亚雪兰莪琼州会馆庆祝百周年暨天后宫开幕纪念特刊》,1989年,第11页。
③ 《马来西亚雪兰莪琼州会馆庆祝百周年暨天后宫开幕纪念特刊》,1989年,第35、119-120页。

四个系和两个研究中心，还设立了为潮人服务的韩视新闻。如今韩江学校已发展成为具有小学、中学、大学三级教育机制的学校，"一个韩江，三校并立"的可贵精神，影响了槟城乃至整个马来西亚的潮人族群。

作为潮州会馆下属的学校组织，韩江小学在战前就与会馆关系密不可分。比如学校首批十七位董事林参、林连登、连瑞利、戴淑原、许文造、纪合仁、纪合义、周满堂等，绝大部分是韩江家庙的信理员，代表潮州各县邑①。"其经费由潮人负担"，其中一部分来自潮人捐款，如学校筹建时"从1919年12月15日起，至1920年4月17日止，韩江学校筹备处共接获100项捐款，共51840元。这些款项都是本屿、威省之大山脚、新邦安拔、淡汶……与吉隆坡各地之劝捐负责人或单位所筹得"②。还有大部分来自潮州会馆的常年捐和间接捐款。战后韩江学校迎来了新的发展时期，韩江会馆及其所带领的潮人社群依然在学校经费、建设、管理等方面担当重要角色。比如在学校的硬件建设方面，1945年，韩校组成复校小组委员会，召开潮侨大众会议，向同侨募集复校基金8000余元。1948年为推进建设韩中计划，潮侨大众会议议决成立扩组建校委员会，公举校委员105名，均为潮籍名流。林连登捐献连理园部分土地，作为中小学建校之基。其土地的规模，"不只是足于兴办小学、中学，作双线发展，要说发展成大专院校的规模，亦有机会"。1962年会馆主持创建了林连登路新校舍，全部建筑费20余万元，其中约14万元是由校长积数年之筹集者，6万余元由本会馆发动向热心人士筹集者，1万元由售校地拨助者。1962年，本会馆主办惠来同乡会音乐组游艺会为韩小募建校基金，成绩竟达9200余元③。

另外，潮籍侨团还通过董事会加强了对学校方针大计的指导，在战后多元复杂的政治环境和民族、教育政策下，始终坚持正确的发展方向，保证了韩江学校在健康的道路上不断前进。比如，1949年建委会同人确定韩江中学

---

① 韩江学校的十七位发起人，分别是潮阳籍的连瑞利、马元廷和傅炎峰，潮安籍的许文造、周满堂和陈源泰，揭阳籍的陈罗雄、杨锦泉和洪景南，惠来籍的林连登和林参，澄海籍的纪合仁和纪合义，大埔籍的戴淑原，饶平籍的胡福德，普宁籍的戴振顺和许宗庆。见［马来西亚］陈剑虹：《槟榔屿潮州人史纲》，槟城：槟榔屿潮州会馆，2010年，第110页。
② 《槟城新报》1920年4月17日。
③ 《槟榔屿潮州会馆134周年纪念特刊》，槟城：槟榔屿潮州会馆董事会，1998年，第70页。

的办学方向，"不但培育同乡子弟，且可收容泰国的学生，使高校毕业生有升学再求深造的机会，还可欢迎各色人士或各民族的子弟，学习中华的传统文化及高尚的道德"①。1961年，面对政府新教育法令，全国不少华文学校改制。7月9日，韩江中学召开赞助人特别大会，讨论1962年应否申请全部津贴问题，结果议决"在本邦教育部所列中学申请全部津贴应遵守的条文未改善以前，本校保持现状，暂不接受全部津贴"。由此确定了韩江中学作为独立中学的独立自主教育路线。1963年董事会为提高组织办事效能，设立常务会属下三个工作小组，1964年通过董事会章程，以非营利性社团条例注册，改名为"槟城韩江华文学校董事会"，董事任期为两年，组织分成管理层和校产两个结构，分工更加明确，使韩江学校在管理上日趋完善，对韩江学校的发展产生积极作用。同时，在学校的发展方向上，董事会不但重视学生品格与学业的操练，校长邢鹤年更勉励中学生勤学华、巫、英三语，以适应当地的特殊客观环境，并针对剑桥教育文凭考试开办各类补习课程，培养毕业生的升学考试能力②。70年代以后，韩江学校进一步改革，走上多元化发展道路。"韩中课程……初中以生活训练为中心，课程着重生活知识之应用，高中及先修班以专才教育为中心，课程注重于学术基础之奠定，作为研究专门学术的准备。"③1971年设立工艺技术科，推动技术教育发展。1975年为充实学生各方面学识，兴建一座三层图书馆"广东暨汀州图书馆，收藏中英文书籍五万余册"。1978年，兴建另一座三层楼新科学馆"中文科学馆"。同年，韩江中学开办新闻专修班新闻系及商业专修班，促进人文教育及培训华社专业人才。经过董事会的精心谋划和锐意进取，韩江中学在70年代进入高速发展时期，1975年学生人数增加到2500名④。

3. 增办华文学校

日本占领马来亚期间，华文教育陷入一片黑暗，学童无学可上。战后，一大批适龄超龄学生的学习问题，引起社会人士的关注，包括粤籍侨团在内

---

① 《槟榔屿潮州会馆134周年纪念特刊》，槟城：槟榔屿潮州会馆董事会，1998年，第76页。
② 曹淑瑶：《办学与慈善：以槟城韩江中学的经营为例》，《东吴历史学报》2011年第26期。
③ 《槟榔屿潮州会馆134周年纪念特刊》，槟城：槟榔屿潮州会馆董事会，1998年，第87页。
④ 《槟榔屿潮州会馆134周年纪念特刊》，槟城：槟榔屿潮州会馆董事会，1998年，第88页。

的华人社团除了大力复办战前学校外，还新建了若干华校。在吉隆坡，1949年茶阳会馆同乡李芝微致函该会馆，力陈兴学的重要，会馆理事亦深知此举意义重大，义不容辞。1949年1月9日，茶阳会馆召开会员特别大会，成立筹办小学委员会，选出筹委会主席郭官仁及委员何公英等10名委员，负责建校工作。1月12日筹委会第一次会议，决定以茶阳会馆为校舍，学校定名为南开学校，茶阳会馆理事会亦为学校董事部，会馆主席郭官仁为董事长。筹备工作如期完成，并向政府注册，聘请饶恕为首任校长。1949年2月5日举行开学典礼，6日正式上课，学生30多名。校长饶恕一生服务教育界，经验丰富，校务日进。1950年学生增至240多名，教室增至6间，共6个年级6班学生，成为完全小学。1951年南开学校学生增至400多名，由6班增至12班，分上下午班上课，从此奠定了该校基础。1952年，该校加设南开夜校，校长由饶恕兼任。夜校分设中文高小班、初中班、英文初级班共6班，适合就业青年及英校学生进修。开办时学生200多人，后陆续增至400多人，朝晨暮晚，学子来往不绝，南开学校呈现一片蓬勃的气象。同年，南开学校组成建校委员会，谋划建立新校舍。1960年拿督张士元被选为主席。张士元为雪兰莪州议员，他利用与官方对话的方便，在威尔道觅得一块属于政府的地段。新校舍于1963年建成，9月间师生迁入上课，全部建筑费约25万元，其中政府资助7万元，校地向政府借用。新校舍之完成，拿督张士元可说是第一大功臣。1963年南开学校迁入新校，学生有12班，400多人。后来教师增至29位，职工6名。学生1000多人，共六级，24班。[①]

在砂拉越州，1946年由包括潮州公会、客属公会在内的13个华族社团建立了古晋中华中学；50年代，古晋中华中学设立分校，先后成立古晋中华第一中学、古晋中华第二中学、古晋中华第三中学、古晋中华第四中学。1961年，面对砂拉越州政府的改制计划，古晋中华学校董事会决议不接受改制，属下四所中学成为华文独立中学。1963年古晋中华第一中学设立初中部，成为一间具有初中三年、高中三年学制的华文完全中学，学生人数达1000多

---

① 陈国华著：《先驱者的脚印——海外华人教育三百年1860—1990》，多伦多：Royal Kingway Inc.，1992年，351–352页。

人，开办24个班。1973年砂拉越实行小学自动升中学的政策，古晋第一中华中学招生人数减少，为改善情况，1978年校董会派团到西马独中参观访问，与董教总建立了更密切的联系；同时在不妨碍母语教育原则下，学校加强了对英语和巫语的教学，除规定学生必须参加全国独中统考外，也培养学生参加政府各校考试的能力，为毕业生开拓更广阔的升学管道。与此同时马来西亚华文中学复兴运动唤起华社对华文独中教育的信心，影响所及，也带动古晋中华第一中学人数回升，1987年古晋第一中学学生人数增至1580人[①]。

在沙巴州，1965年客属总会创立了沙巴崇正中学，招收会考不及格和超龄的学生。1973—1974年学校学生逐渐减少，校政陷入困境，面临关闭。1974年9月，客总将崇正学校的校产和校政交给沙巴州亚庇客家公会办理。1974年12月8日，沙巴州亚庇客家公会举行理事、董事、人寿互助股各区区长联席会议，一致通过决议，致力于复兴崇正，只许成功，不许失败。由每一位理事、董事、区长负责介绍3名学生进入崇正，再次授权监学曹德安拟定助学金细则、办学方针和十年发展计划书。1975年起崇正学校由郑佑安任校长，曹德安、廖庆友、林振奇和陈德等担任义务教师，加强师资阵容。又因客属人士欲一洗颓废之气，故上下齐心，出钱出力，士气高涨，为复办崇正而工作。当时有初中学生250人，剑桥班43人，专职教师6人，复兴工作由此开展。由于领导有方，办学方针合时正确，管理有术，支持者甚众，校务蒸蒸日上，发展迅速，学生人数直线上升。到20世纪90年代，崇正学校已有学生2200余人，成就颇为可观[②]。

4. 设立奖助贷学金

为会馆子女提供奖学金一直是华人会馆发挥文教职能的重要手段。"二战"前，新马地区的粤籍侨团在提供奖学金方面就颇为热心；战后，为了适应时代发展的新要求，进一步凝聚社团的吸引力和向心力，粤籍侨团进一步规范了会馆奖助贷学金的管理，进一步扩大奖助贷学金的种类和资助范围，并不断探索奖助学金筹募与发放的新形式。

---

① ［马来西亚］黄招发著：《砂劳越华教百年坎坷路》，美里：Law Yew Muk，2004年，第40页。
② 《砂胜越广东会馆二十周年纪念特刊》，1994年，第71页。

比如雪兰莪琼州会馆1966年设立会馆子女奖学金，每年颁发，成效甚著[①]。奖学金的颁发在每年八月十五日馆庆的仪式上举行，80年代以后，会馆改进颁发方式，设想在学校开学的前一天举办奖学祀祖联欢会，除邀请获奖优秀子弟出席颁奖外，更邀全体馆员的刚要入学启蒙的髫龄子女参加，获奖优秀生应有代表致辞，以为启蒙生的典范。砂拉越广东会馆1974年成立后，一直对颁发奖励金一事深表关注，1980年拟定会馆奖助学金委员章程，成立奖助学金委员会，并由母会拨一万元存入银行作为定期存款，每年利用这笔定期存款的利息作为奖励金发放一次，从不间断。1994年在会员子女学业优良奖励金外，还增设会员子女特别奖，以奖励学业成绩特优的会馆子女[②]。

各大联会也积极筹措设立奖学金。1954年马来西亚琼州会馆联合会设立大学奖贷学金，为筹募大学奖学金基金，1957年琼联会成立琼剧团巡回义演，两年间共筹募8万元。1960年琼联会成立巡回义演委员会，在东海岸巡回义演共筹得11万元，1962年在西海岸义演筹得65万元。1964年琼联会以28.5万元购得吉隆坡半山芭香港酒店四层店铺，以便常年出租生息，充作奖学金基金。据统计，1957—1974年，琼联会通过琼剧巡回义演、购买产业生息、推行奖贷学金礼券、华语喜庆事节约捐款及组织筹款访问团等，共筹募100万元，奠定了奖贷学金的根基。类似的例子还有马潮联会和马广联会。马潮联会是新马潮人会馆的总机构，为了帮助清寒优秀子弟继续深造，1951年函促新马各地潮州会馆个别分设奖学金，1955年联会设立奖学金，资助同乡清寒子弟升读南洋大学。1958年，马潮联会印制"马来亚潮州公会联合会大学助学金礼券"，贺仪充作大学助学金基金。1959年潮联会在麻坡潮州会馆开会时通过设立大学贷学金，贷款与潮人贫穷优秀子弟攻读大学的决议，并由麻坡潮州会馆主席蔡敬三献捐一万元作为首倡。1963年潮联会议决将贷学金改为助学金，大会发函各会馆募集基金，拿督张汉三及太平局绅林连登各认捐一万元。1981年马潮联会举行第四十二届代表大会，执年主席暨常委会拿督刘玉波阐述培育后进英才的重要，并以身作则献捐十万元作为联会助学基

[①] [马来西亚]温故知：《风雨百年固屹立 波涛万项任纵横》，《马来西亚雪兰莪琼州会馆庆祝百周年暨天后宫开幕纪念特刊》，1989年，第30页。
[②] 《砂胜越广东会馆二十周年纪念特刊》，1994年，第39页。

金，与会的代表热烈响应，各属会分头发动筹款运动，使大学助学基金突破百万元大关①。马广联会是马来西亚粤籍同乡的总机构，为鼓励广东乡属后进求学深造，自1964年设立颁发奖贷学金，奖贷基金主要来自州属会馆、埠属会馆的年捐以及同乡的个人捐助，奖贷学金面向品学兼优、有志向学、家境清贫的学生，优先考虑在马来西亚、新加坡、中国等地大专学院肄业者。到1995年共有415名学子受惠，支出款项1860680元②。

会馆奖助学金已经成为侨团发挥文教职能的重要形式，具有培养高级人才和充实会馆后备力量的双重功能。如琼联会通过大学奖贷学金之设，协助培养了无数的高级知识人才，据统计，十个琼人家庭中起码九个家庭有大专毕业的子女，比率是非常高的，一门皆俊杰的更属不少。这些人才成为琼联会进一步发展的潜在力量。正如琼联会的负责人所说，理论上，若能设法把这些专才结集，善加借用，不但有智囊团，而且有艺专团，甚至科技团等等，只要能把他们的知识和技术的一部分，转移给妇女组及青年团的成员，那么，其成效将是无可限量的③。

第二节　印尼、越南、柬埔寨、缅甸四国粤侨华文教育的兴衰

第二次世界大战以后，伴随东南亚各国摆脱殖民统治取得国家独立的进程，东南亚各国民族主义情绪不断高涨，华人作为具有较高经济地位、教育程度和深厚文化传统的少数族裔受到排挤打压。其后随着"冷战"格局的形成，社会主义阵营与资本主义阵营、苏美中三国矛盾与斗争日益激化复杂，东南亚许多国家相继发生了排华浪潮，尤以印尼、越南为甚。受上述两方面因素影响，华文教育在东南亚各国受到普遍打击、限制，其中印尼、越南、柬埔寨、缅甸四国华文教育遭遇重创，几乎灭绝。

---

① 《马潮联会之过去与现在》，《槟榔屿潮州会馆134周年纪念特刊》，槟城：槟榔屿潮州会馆董事会，1998年，第116–123页。
② 《砂朥越广东会馆二十周年纪念特刊》，1994年，第56页。
③ 《马来西亚雪兰莪琼州会馆庆祝百周年暨天后宫开幕纪念特刊》，1989年，第36页。

一、粤籍华侨华人与印尼华文教育的兴灭

太平洋战争爆发以后，日军大举南下，印尼华文教育陷入凄苦时期。"二战"结束后，华侨民族主义浪潮涌动，荷印殖民者和独立后的印尼政府都对华侨教育采取扶持政策，印尼华侨教育达到最鼎盛时期，原来关闭的华校纷纷复办，新办的学校也不断涌现。据统计，到1957年，印尼华侨学校达1669所，学生45万余人[①]。然而好景不长，印尼华文教育此后急转直下，由盛而衰，终于在70年代彻底灭绝。

1950年印尼独立后，随着政权的巩固，印尼政府开始把同化华侨华人提上日程，在华文教育方面采取监督管理和限制的政策。1952年，印尼颁布《外侨学校管理条例》，规定外侨学校必须向政府登记，印尼文须为必修课。1955年，印尼政府又颁布《外侨私立学校监督条例》，不许学校中有任何政治活动。1957年印尼华文教育政策日趋严厉，不准新设立外侨学校，外侨学校不准招收印尼籍学生，外侨学校只准设立于大都市，外侨学校课本必须事先经文教部审定。结果华校数量锐减，一下子从1957年的1000多所减少到1958年的850所。之后在1958年、1965年，印尼军事当局分别以"台湾当局支持印尼叛乱"和"中国方面支持印尼共产党"为理由下令封闭了亲台湾当局和亲中国大陆的华校，印尼传统华文教育寿终正寝。1968年印尼政府颁布条例，允许私人团体建立"民族特种学校"，课程为每日读四节印尼文、二节英文、二节华文，华文教育获得一线生机。但是特种民族学校由于受到华人的欢迎而迅速发展，又引起印尼当局的疑忌，因此于1974年被取缔。印尼华文教育被彻底禁绝。

二、粤籍华侨华人与越南华文教育的兴灭

太平洋战争爆发后，日军占领越南，华校基本停办，粤籍侨校也难逃噩运。

"二战"结束后，东南亚华侨经济有重大发展，中国取得抗日战争的完全胜利提高了自身国际地位，也进一步振奋了侨心。就越南而言，1954年

---

① 朱敬先编著：《华侨教育》，台湾中华书局，1973年，第113页。

《关于印度支那停战和恢复和平协议》在日内瓦会议签订后，北方5万华侨到了南方，西堤华侨人口激增，带动了战后初期华侨教育的新发展，据1956年统计，南越华侨学校增加到228所，北越华校最多时也达127所①。在此期间，粤籍华校也大有进展，新创的学校时有增加，如1945年南越美拖省广肇帮成立了广肇学校，1952年扩办初中，校长为毕少白，学生三百余人，办有初中、小学、幼稚园各班级，并办中文越文夜学班。类似的还有鹅贡省广客帮于1947年成立了建国学校，学生百数十人；嘉定省客帮于1946年设立崇正学校，到1958年高小毕业生共有十三届②。另外，粤侨在战前设立的华校大多重新复办，扩建校舍，增设班级，还有一些学校通过相互合并，扩大了办学规模。如战前设立的义安中学于1945年秋和1946年春分别复办小学部和中学部，1956年增设第二分校。到1957年该校正校有高中三班、初中七班，学生574人；第一分校有高小六班，初小十一班，幼稚园四班，学生1517人；第二分校有高小一班、初小六班，学生506人，三校合计学生2597人。此外第一分校附设侨民夜学班学生623人，第二分校侨民夜学班七班，学生533人，合计夜校学生1156人。类似的还有穗城学校1949年加办商业班，1954年增办高中，1956年办师范科并筹办分校，到1958年该校共有初中十二班，学生570人，普通小学三十二班，学生2163人，免费小学（分校）六班，学生420人，免费民众夜学三十班，学生2030人，合计八十班，学生共计5173人③。堤岸崇正学校则多次筹款增修校舍，1953年筹款60余万元修建礼堂，增建教室八间；1956年再将礼堂左边教室七间加建二楼，费50余万元；1958年兴建图书馆、仪器室、并添置图书仪器校具，费30余万元，各教室俱分装扩音器④，一派蓬勃发展的景象。

1954年法军退出越南后，越南以北纬十七度线分为南北越两个国家，北越实行社会主义制度，南越施行有名无实的民主政治。尽管社会制度不同，但南北越不约而同对华侨采取同化政策，限制、打击华侨教育。南越当局规

---

① 周聿峨著：《东南亚华文教育》，广州：暨南大学出版社，1996年，第363-365页。
② 周胜皋编著：《越南华侨教育》，台湾"华侨教育丛书"编委会，1961年，第82-90页。
③ 周胜皋编著：《越南华侨教育》，台湾"华侨教育丛书"编委会，1961年，第70-73页。
④ 周胜皋编著：《越南华侨教育》，台湾"华侨教育丛书"编委会，1961年，第75页。

定,华文学校只准办小学,不准办中学,原有的华文中学只好改办越文中学;小学课程增加越文钟点;华校校长必须由越南人充任;停止教师入境。根据南越当局的计划,到60年代华文学校应该彻底越南化。在同化政策的影响下,粤籍华校不仅课程越化,校名也纷纷更改,"华侨""中华"等名称被取消,如迪石省潮帮创办的中华学校1959年改名为明德小学,茶荣省客福潮琼四帮合办的中华学校1959年改名为公民学校。在北越,政府采取的是另一种同化政策。1959年后,中国派到越南的教师陆续回国,华校被越方接管,原有的教师被调出,调入越籍教师,更改校名,同时招收越南学生,华校性质慢慢改变。

1975年越南统一,越南政府实行打击、迫害华侨华人的政策,数十万华侨被驱赶、迫害,华文学校荡然无存。

三、粤籍华侨华人与柬埔寨华文教育的兴灭

战后柬埔寨华文教育得到很大发展,尤其独立后的柬埔寨与中国于1958年建立外交关系,柬埔寨的华文教育事业进入了一个繁荣时期,华文学校发展到200多所,仅首都金边一地,就有华文学校50多所。60年代以后,柬埔寨华文教育水平进一步提高,除了原有的华文小学、华文初中外,一些华校还增设高中课程。在华文教育快速发展的大趋势中,粤籍华校也不断扩大规模,扩充校舍,改进课程,校务发展到新的阶段。如端华学校在战前是以潮州话教学,"二战"后改为普通话授课。至50年代,除正校外,还扩建两间分校,学生有4500人,老师约100多位。50年代末,增设专修班(相当于高中课程)。1957年,端华学校改为校委制,创造了规范的管理环境,从此学校进入了全盛时期,获得柬埔寨华校"最高学府"的美誉。[①]60年代末,端华学校还在坡士东市附近购买一块面积很大的地皮,准备办高等学府。另外,广肇惠中学也在抗战胜利后扩建校舍,增办初中部,成为金边三所规模较大的侨校之一。

1970年柬埔寨发生政变,朗诺上台后宣布停办华校。70年代中期以后,

---

① 杨锡铭主编:《海外潮州人史话》,北京:中国文史出版社,2009年,第148页。

柬埔寨华人华侨遭到劫难，发展华文教育事业更无从谈起。

四、粤籍华侨华人与缅甸华文教育的兴灭

太平洋战争爆发后，随着日军占领缅甸，包括粤校在内的所有华文学校遭到极大破坏，直到中国远征军收复缅北，才逐渐开始复办，这些学校虽然设备简陋，但是对发扬民族精神、强化学生政治认同和国家认同，收效很大。还有一些学校在复办过程中进一步打破方言、省籍藩篱，合力办学，采用国语教学，如1947年各省华侨合作复办的卑缪"中兴学校"，规定从中年级起，一律采用国语教授。战后缅甸华校恢复较快，到1948年缅甸独立时全缅已有华校220多所，教职工700多人，学生18000人左右[①]。

1963年缅甸发生政变，军人集团首脑奈温执政，推行大缅族主义政策，在教育上，严格管制包括华文学校在内的所有私立学校，限制华文授课时间。1965年，缅甸政府公布《私立学校国有条例》，数百所华校被收为国有，从此正规的华文学校在缅甸销声匿迹，取而代之的是少数小规模的家庭补习班。1967年"6·26"反华事件后，家庭补习班也被禁止。至此，缅甸华文教育不复存在。

第三节　泰国粤侨华文教育的兴衰

"二战"以后，自由党领导的泰国政府，对外实行和平外交，对内执行民主化政策，对华侨采取较宽容的政策。1946年，泰国同中国政府建立外交关系，承认缔约国双方人民享有在对方境内设立学校，教育其子女的权利。泰国华文教育由此进入了前所未有的兴旺时期。据泰国教育部统计，1948年被允许注册的华校已达426所，有学生60000多人[②]。在此华文教育大发展的时期，粤籍华侨也受到极大鼓舞，纷纷恢复过去被关闭的华文老校，同时还新办了不少新学校。

---

① 贺圣达主编：《当代缅甸》，成都：四川人民出版社，1993年，第346页。
② 黄皇宗主编：《港台文化与海外华文教育》，广州：中山大学出版社，1992年，第144页。

抗战胜利后第二年,海南会馆所属育民学校董事长云竹亭呼吁复校,由海南会馆筹划具体事宜,组成包括云竹亭、符照光、柯葆华等十五人的复校委员会,邢超明受聘为复校后首任校长。1946年8月12日正式开学授课,分初中及小学两部,学生达二千余人。其后由于学生人数骤增,育民学校增建新校舍;同时在管理上,学校的产业全部移交海南会馆后,学校董事会与会馆理事会合二为一,学校大事均纳入会馆议程中解决。1946年,潮州会馆议决复办潮州公学,公推苏君谦等七人组成复校委员会;同年3月3日,培英校友会成立,校友们倡议复办母校,推举李一新先生等七人组成复校委员会,后两校复校委员会联合组织培英学校复校委员会,推举苏君谦为理事长。复校委员会筹集经费、粉刷校舍、修理教具,并聘请前潮州公学校务主任谢和担任首任中文校长,当年7月,停办多年的学校开学。学校复办之初,班级课程完全仿照中国,小学分初小四年、高小二年,每年分春秋两学期,每周授课32小时,其中泰文占5小时。

1948年泰国教育部执行新教育条例,全部华校都视作民立学校,小学四年为强迫班,采用三学期制,一切教材经教育部审定,每周授课34小时,华文仅占10小时。1978年教育部又发布一项新通令,全国小学中学施行六三三制,每年改为两学期,华文民校小学可以扩充五、六年级,但五、六年级不准教授华文,只能教授泰文25小时,英文5小时;并严令各华文学校,小学一年级只能教华文5小时,原有二三四年级仍照旧教授华文10小时,以后逐渐缩减,到1980年全部小学仅能每周教授华文5小时。显然泰国政府的用意在于使华校的华文课保证学生略识华文,能以华文书写自己的名字就够。这样的华文教育已经有名无实。但在如此困难的情形下,粤籍华人仍然坚持华文学校存在的必要性,如潮州会馆属下的培英学校从传播中华文化、发扬忠孝仁爱信义和平精神的使命出发,认为"我们把中华文化的精神,化在日常生活方面,从德育的训练,而不限于文字的学习,了解这重意义,那么对于课授华文时间的多少就不必计较了"[①]。正是在这样的精神使命的感召下,面对华校学生人数逐渐减少的大趋势,粤籍侨团仍然对华校的建设和发展给与高

---

① 《泰国潮州会馆成立四十五周年纪念特刊》,1983年,第251页。

度关注，如海南会馆为建设修缮育民学校，1964年募集资金140万铢建成了具有十五间教室的钢筋水泥三层教学楼；1966年又募集38万铢，填地基、筑围墙，整治和美化学校环境；1967年再募集35.9万铢修缮原小学部的旧教室，经过几次的建设整理，育民学校面目一新①。而潮州会馆则在华文教育受到限制和削弱的大背景下，竟然于1951年新建了一所普智学校。该校发展迅速，在1978年前，在校学生最多时达到2554名，中泰教师100多位，每周课授华文10小时，是当时全泰华文民校学生人数最多，设备最完善的华文民校②。

与东南亚其他国家一样，战后泰国粤籍各侨团也将设置奖助学金作为推进会馆文教工作的重要内容。海南会馆成立后即设法帮助穷苦人家子女入学，首先在育民公学范围内襄助清寒子弟就学，所需费款是由会馆理监事及学校董事按年临时捐助。20世纪70年代以后，海南会馆重新设计了奖助学金制度，规定奖助学金分为小学、初中、高中（含初级职专）、高级职专、硕士几个等级，并将获奖学生范围从家境清寒的学生扩大到品学兼优的青少年，鼓励他们奋发深造。会馆奖助学金的筹措得到会馆文教组、理事、侨商及各界侨属的积极响应，仅六年内募集的基金已达260多万铢③。海南会馆奖助学金制度自1973年开始施行，到1996年，23年间共颁发给245人，总金额达到7631580铢④。奖助学金制度的推行对于鼓励品学兼优的青少年奋发深造，培养下一代，意义非常重大。许多获奖的青少年学生由于受到鼓励经常有进一步的卓越表现，比如就读玛希伦医学院的吕诗棠，因为成绩优异屡次获奖，进而学业精进，获得皇家奖学金，得到出国深造的机会。

---

① 《泰国海南会馆五十周年纪念特刊》，1996年，第170页。
② 《泰国潮州会馆成立六十周年纪念特刊》，1998年，第430页。
③ 《泰国海南会馆五十周年纪念特刊》，1996年，第235页。
④ 《泰国海南会馆五十周年纪念特刊》，1996年，第236页。

第四章　粤籍华侨华人与当代东南亚华文教育的复兴

　　20世纪80年代以后，随着亚太地区经济的蓬勃发展以及中国作为世界重要经济体的崛起，华文的商业价值和实用价值提高，世界范围内掀起了前所未有的汉语热。受华文在地区经贸往来中工具性的利益驱动，加上20世纪50年代以后几十年间东南亚各国华侨通过加入居住国国籍解决了国家政治认同，在经济上通过融入主体社会经济生活，华人当地化程度也在不断加深，与之相应，国际上多元化政治格局逐渐形成。在这一新的历史背景下，东南亚各国政府相继调整了华文教育政策，不同程度地放松了对华文教育的压制和排斥，许多国家鼓励、支持创办、复办华文学校，东南亚华文教育进入了一个新的发展阶段。但由于各国民族政策和教育政策存在差异，华人与当地政府在华文教育事业的互动产生的结果不尽相同，因此东南亚各国华文教育的发展仍然存在不平衡发展的现状。大体上，"二战"前及战后初期居于东南亚华文教育首位的新马泰菲的华文教育发展势头比较明显，马来西亚形成了完整的民族母语教育体系，新加坡立足于弘扬华族传统文化和价值观念，设立了以华文英文并列为第一语文的特选学校，以提高母语教育水平，菲律宾和泰国重视华文的实用价值，华文被视作一门有用的外国语或第二语言；而70年代华文教育几乎绝迹的越南、柬埔寨、缅甸和印尼也迎来了华文教育的恢复。在20世纪80年代以来东南亚华文教育复兴的大潮中，粤籍华人在宗亲会、同乡会、联谊会、行业协会等社团的支持下，捐资出资复办、创办华文学校，开办华文短训班、补习班，为海外华文教育的腾飞起到了重要作用。

第一节　越南、柬埔寨、印尼粤侨华文教育的重生

一、粤籍华侨华人与当代越南华文教育的重生

20世纪80年代末，越南政府实行革新开放，随着社会经济和对外贸易关系的发展，华语的经济价值日益凸显，越南政府开始放宽了华文教育政策，提出在有华人要求学习华语的地方，有关部门应该创造条件让华人学习民族语言。1991年越南与中国实现了关系正常化，并于2008年宣布共同发展全面战略伙伴关系，双方的政治、经济和文化等合作都取得诸多进展。在这些积极条件下，越南华文教育遂呈现出复兴发展的新局面。目前越南的华文教育机构主要有三类：附属于普通中小学的华文中心、双语学校、华文补习班。其中华文补习班主要是面向成人教学，突出华文的实际运用，与历史上的华文教育较少关联。华文中心主要设立于一些华人子弟较为集中的地区，一般于附属该地区的普通中小学，双语学校是民办性质的越华学校，许多华文中心和越华学校是由革新开放前原有的华校复办或改办的，部分学校与历史上的粤校渊源颇深。如麦剑雄华文中心是在原广肇帮穗城中学校址上创办的，成立于1989年，是目前胡志明市最大的华文教学机构，有教员36名，开办了小学、初中和高中等班级共1200名学生。[①]华文中心的华文教学具有相对独立性，授课时间大多采用半日制，即在每天下午向华人子弟教授华文，并附加音、体、美等副科，教学语言为粤语和普通话，办学经费主要来自学生学费及董事会的部分资助。越华学校是华人社团或个人筹资兴办的双语学校，与华文中心不同，越华学校既开华文班也开越文班，华文班也要进行一定比例的越文教学。据不完全资料，越华学校中主要由粤人兴办和管理的有蓄臻省培青学校和薄辽省新华民立学校。

---

① 何洁仪：《越南胡志明市华人华文教学发展与现状》，广西大学2013年硕士学位论文。

（一）培青学校和新华民立学校的历史回顾

培青学校位于越南南部蓄臻省，据2009年越南人口统计，蓄臻省的潮州人64910人。"二战"以后，潮州人开办了国立国华小学，1959年受南越当局的威压，学校校名禁止有"中""华"字样，遂改校名为培青。1975年越南统一后，培青学校华文教育衰微，每周仅保留四节华文课，余则为越文课程，不久后华文教育完全停止。越南革新开放后，当地华商和外侨为培养华语翻译，在原培青学校校址开办夜校。1990年，热心华文教育的社会贤达捐资出力开办日校，1991年学校正式开课。

新华民立学校位于越南东南薄辽省，薄辽省华裔人口有21513人，其中90%为潮州裔[①]。1931年薄辽潮州华侨创办了新华民立学校，校址在福德古庙，1941年扩办初中，校址在潮州义祠。1959年依据南越当局越化华校的规定，学校名改为"薄辽致知学校"。1975年后，学校停办，校舍被越南政府回收改为省立高中。80年代以后，越南兴起华文热，本省热心人士募集经费复办学校，改名为新华学校，1992年改为新华民立学校，1995年新华双语民立学校重新整修为越华双语小学。

（二）粤籍越华学校的特点

越华学校属于民办性质学校，一般由华人社团、个人筹资兴办，由校董会管理。培青华文学校复办初期没有固定的校舍，有赖于旅美华人王裕炎、当地商号集成宝号老东主捐建教室，清明天后理事会、石神后寺庙借用房舍改建教室，加上县政府的支持，才得以渡过难关。在学校的日常经费筹措方面，董事会也常常绞尽脑汁，1994年学校财政赤字8000万越南盾，后得旅美华人王裕炎和旅新西兰华商陈堆贤捐资，逐渐摆脱经费困境。新华民立学校的成立和维持主要靠"薄辽省新华学校校友会"出资。校友会的成员分布在世界各地，但为了培养华族子女学习华文，他们回母校成立校友会，学校"教员工的薪水辅助、学杂费、贫困学生的助学金、优秀学生的奖学金、学校的建设经费以及某些社会慈善事业"都来自校友会。

[①] 许德海：《新华母校影集——薄辽省史略》，2010年，第11页。

按照越南政府华文教育政策——在学好越文的基础上学好华语，培青学校与新华民立学校都是实行越华双语并行的政策，但由于办学规模和实效存在差异，两校的华文学制和课程设置有较大不同。培青学校具有从小学到高中相对完整的华文教育体系，小学分六个年级，一周开设22节华文课，越文课程相对较少；初中三年，减少6~7节华文课，相应增加越文课；高中班属于业余性质，学生早上在普通学校上越文课，中午在培青学校上华文课，分高一、高二两个年级。具体的课程安排是小学设华语、拼音、会话、作文、尺牍，初中设国文、作文、选诗、电脑，高中设国文、作文、选诗、翻译、电脑。其中小学一般用潮州话作教学语言，初中、高中用普通话教学，既教繁体字也教简体字，但以简体字为主。薄辽省新华民立学校有小学一至五年级，另有幼儿园3个班。小学阶段越文课时量超过华文课时量，具体而言，小学一年级每周10节华文课，24节越文课；小学二年级13节华文课，22节越文课；小学三年级12节华文课，23节越文课；小学四、五年级11节华文课，24节越文课。华文课程主要有华语、会话和笔顺[①]。在教学语言上，采用越南语授课，因此华文课程的定位是外语课程。

因为培青学校和新华民立学校均属双语学校，所以学生来源并不限于华族，但是相比之下，新华民立学校的学制不完整，加之当地缺乏热爱华文并传承华文的华族子弟，华族家长要求孩子学习汉语的愿望也不强烈，因此新华民立学校的华族生源并不充足，在校学生结构也以越族占主体，与培青学校完全不同。比如据越籍中央民族大学研究生刘小妃2012年的田野调查，培青学校全校共有27个班，970名学生，学生中的华族占90%，京族占8%；新华民立学校全校有学生163名，其中越族学生有113名，华族学生有46名，高棉族学生有4名[②]。

总之，自20世纪80年代以来，越南华文教育迎来复兴的新时期，粤籍华人复办、改办了许多华文教育机构，粤籍会馆还通过设立奖助学金的方式促

---

① 参阅刘小妃《越南南部华族华文教育现状、问题与对策研究——以蓄臻省培青学校及薄辽省新华学校为例》，中央民族大学2012年硕士学位论文。
② 刘小妃：《越南南部华族华文教育现状、问题与对策研究——以蓄臻省培青学校及薄辽省新华学校为例》，中央民族大学2012年硕士学位论文。

进华教事业的发展，如胡志明市穗城会馆于1998—2013年向华人子弟发放奖学金2402份，金额达25.4726亿越南盾，连同华人学生的文化、文艺、书法等活动开支在内共支出31.1913亿越南盾①。但由于越南政府仍不允许开办专教汉语和中华传统文化的华文学校，现存的华文中心和越华学校的发展仍然不平衡，办学质量参差不齐，因此华文教育的发展仍有很长的路要走。

二、粤籍华人与当代柬埔寨华文教育的重生

20世纪90年代，随着柬埔寨内战的停止，民族实现和解，政府推行经济开放、文化多元政策。在此氛围之中，华文教育也重获新生，柬埔寨华教社团高调复兴与飞速发展，大量的华校得到恢复和重建。据柬华理事总会文教处不完全统计，自1991年磅针省棉末县华侨公立启华学校首先复课开始，仅4年间，全柬华文学校已有50多所，学生约4万人②，此外，还有分布在金边的各种华校夜学班、语言学校华文班、家庭式华文补习班等。

（一）柬华理事总会的成立与职能

柬埔寨华文教育的复兴与柬华理事总会的成立有密切关联。柬华理事总会成立于1990年，是在柬华人社会内部的最高领导机构，下辖潮州会馆、广肇会馆、福建会馆、客家会馆、海南会馆等5个方言会馆，还有13个姓氏总会、各地方柬华理事会及华校。作为全侨性的组织，柬华理事总会代表全柬华人社会而不是纯粹的粤属侨团；按照狭义的理解，仅其中潮州会馆和广肇会馆可视为粤属侨团，但柬埔寨华人中潮汕人占80%，潮州话一直是华人社会的主要方言，柬华理事总会的理事都能讲潮汕话，因此就主流方言和文化共同性来看，柬华理事总会也可视为广义的粤属社团。作为非政府组织，当代的华侨社团已经不具备传统族群自治的权力，而是承载华人联谊与社交、延续华文教育与文化等功能的社会组织。在华文教育方面，柬华理事总会下设的文教组自成立之日起，就积极推动华文学校的复办和新办。1992年，柬

---

① 《穗城会馆励学会作育英才扶掖后进》，越南《西贡解放日报》2013年2月9日。
② ［柬］杜瑞通、蔡迪华：《柬埔寨华文教育概况》，中国海外交流协会文教部编《海外华文教育文集》，广州：暨南大学出版社，1995年。

华理事会蔡迪华、杜瑞通、林国安、郑荣吉等理事邀请了王继虞、洪睦民、杨豪、唐振明、李辉明、柯美玲、梁淑明、蔡伟元、周冰秀、蔡志强、蔡忠枝、李冠雄、赖文茂等10多位柬埔寨战前华文教师举行座谈会,成立"金边华校复课委员会";另一方面,柬华理事会呼吁热心华商赞助华校,获得热烈响应,赖振义先生为赎回端华中学校舍曾一次捐款40000美元①。同时,为了争取柬埔寨政府对华校复课的支持,柬华理事总会向政府申请收回从前柬埔寨华侨华人的公共产业,其中包括端华中学、广肇惠中学、集成学校、民生学校等一些华文学校的建筑或旧址。政府原则上同意了柬华理事总会的请求,根据公产是否被政府征用或人民居住的不同情况,制定了赎回或返还的不同方案。由于柬华理事总会与政府的融洽关系,总会的很多请求都得到政府的首肯和积极支持,如1995年柬华理事总会向首相洪森请愿,赎回磅湛培华学校校址,首相洪森当场决定以政府名义免费将这块土地赠送给学校,把省下来的资金用来建一幢四层的教学楼②。

作为一个全国性的维护发展华文教育的社团,柬华理事总会能够团结各种力量共同发展华文教育事业,在柬埔寨华教事业中具有权威性和最高的领导性,在它的统筹下,全柬华校统一学制、教材、师资培训,并成立文教基金会。在学制方面,华校小学采取6年制,初中3年制,高中班还未有开设,端华学校2005年开办了两个专修班,培养幼教教师,程度相当于高中水平。由于当时柬埔寨仍处于战后重建,政府开办的柬文小学采用半日制,为适应此情况,华校也采用半日制,华人儿童半天读柬文,半天读华文。每半天授课四节,每节40分钟。在教材方面,华校复课之初,柬华理事总会文教组从老挝、越南、马来西亚等地搜集一些小学华文课本,在越南胡志明市几位热心的前柬埔寨华人和胡志明市《西贡解放日报》中文版职工帮助下,排印了一套暂用课本。1994年在中国驻柬大使馆协助下,柬华理事总会与中国海外交流协会签订合约,暨南大学华文学院与柬华理事总会成立柬华教材编委会,于1995年12月出版了小学教材,课程包括1—6年级语文、数学、常识和

---

① 柬华理事总会文教处编:《柬埔寨华文教育》,柬华理事总会,1999年,第3页。
② 邢和平、彭晖:《柬埔寨华文教育的过去和现在》,《东南亚纵横》1997年第2期。

历史，配套教材包括学生练习册和教师手册，共计72册①。这套教材的出版发行，解决了全柬华校学生课本问题，对华文学校的统一管理和发展起到重要作用。在师资培训方面，因为柬埔寨之前20多年的战乱和难民潮，华校复校之初，教师存在青黄不接、语言不通、能力不足等问题，为提高教师素质，1995年柬华理事总会举办了全柬华校教师教学工作交流会，有近300名在职教师参加。2002年，柬华理事总会在金边和马德望举行为期一周的在职教师培训班，有近400位教师参加。此外，柬华理事总会还通过"请进来、走出去"的培训方式，选派教师到中国参加短期的海外汉语教师培训班和全日制汉语本科专业培训，同时，中国国侨办、汉办也多次派志愿者、讲师到柬埔寨各华校任教或培训师资，提高了华文教师的素质。文教基金处的设立主要是以"关心省乡教育发展和资助贫困学校经费"为核心任务，由柬华理事总会于2002年成立，在华人社团和社会热心人士的赞助下，柬华理事总会文教基金会运作顺利，2004年有26所华校申请经费资助②。

（二）粤属侨校的复办与发展

1. 端华学校的复办与发展

端华学校复办于1992年，刚开始复办的时候工作非常艰辛，因为学校的教学楼被一些居民占用了，所以教室和住家混在一起，后来在会馆的潮州人前辈号召下，华商捐资出钱慢慢赎回课室，恢复了教学楼的完整面貌。另外复课之初，学校经费困难，教师薪金全都很低，曾有热心人士方侨生向母校教师福利会捐款10000美元，对当时在校教师是物质上及时的帮助和精神上有力的鼓舞③。随着入学学生人数越来越多，端华学校开办了分校，正校和分校共开200多个班，分幼儿（三班）、小学（一至六年级）、初中（一至三年级），还有专修班（两年，提高性质的，有华文、会计、电脑、中柬翻译）。幼儿园主要是教一些华文的口语、简单字词、儿歌，分幼一、幼二、

---

① ［柬］杜瑞通：《传承中华文化　满腔赤子深情——柬埔寨华教事业十八年风雨历程回顾》，《柬华理事总会成立20周年特刊》，2010年。
② 张悦：《柬埔寨的华教社团及其对华文教育的影响——兼论柬埔寨华文教育存在的主要问题》，中山大学2012年硕士学位论文。
③ 《柬埔寨华文教育的现状》，《柬埔寨理事总会成立十三周年纪念特刊》，2004年，第98-99页。

幼三，幼一主要教华文字的笔顺、笔画，幼二是教字、词等，幼三就要教一些句子、儿歌等，数学教识数码字，到幼三教一些简单的20以内的加减法。还有唱歌、跳舞、体育等。幼儿园从5岁起，也是半日制。小学主要开了华文、数学、常识、说话（从国内拿来的课本，练习口语）等语程，还有本地柬文，要求一周上4节。从幼儿园到小学二年级一周可以上5节（每节40分钟）华文课，小学三年级至初中三年级（9年制）每周上6节华文课。初中课程有华文、历史、地理、代数、几何。专修课程是高中华文、会计、电脑、中柬翻译、英文。学校有教职员工260位（正校有60位，分校200位），学生有11000多名（正校2000多人，分校9000多人）。学校分日校和夜校，日校是半日制，周一至周六上课，周日休息，分上、下午上课，学生在这里学习半日，另半日到柬埔寨的政府学校去学习。夜校是周一至周五上课，周六、日休息，主要教华文，在读的都是一些成人或者柬埔寨的大学生，两校的夜校生总共大约有2000~3000人（正校600~700人）。

端华学校是潮州会馆属下的公立学校，柬埔寨政府对学校没有资助，学校的经费来源主要包括会馆前辈、华商捐资和学费收入。学费一个学期收90美元。老师的工资，幼儿园至小学二年级老师每月300多美元，三年级至六年级老师每月400多美元，初中老师每月500美元。学生毕业后有自己创业的，有继承父母事业的，也有去到公司、工厂等单位的，还有少数学生读到较高的学位后进到政府部门工作的，但是这样的学生所占的比例比较小。

作为具有百年历史的老侨校，端华学校的教学条件比较完善，正校分校占地面积达8000多平方米，建有大礼堂、篮球场、图书馆、电脑室等多项设施，其教学规模和教学水平居东南亚榜首。2011年被中国国侨办列为"海外华文教育示范学校"。尽管端华学校在20世纪90年代以后获得了全新的发展契机，甚至成为"海外华文学校之最"，但由于柬埔寨政府未将华文纳入国家教育体系中，毕业生的学历得不到国家承认，因此学校的地位仍然难免在教育体系中处于劣势。另外，就学校本身的教学来看，也存在办学经费短缺、师资力量不足的问题。仅以师资结构为例，学校200多教师中，60岁左右的占了100多位，本地的年轻教师只有6~7位。由于师资人才缺少，每年中国侨办、汉办都会派志愿者教师前去帮助教学，但是这些教师大多不懂柬语，且流动性较大,不利于学生学习①。

2. 崇正学校的复办与发展

广东客属人士建立的崇正学校复办于1992年,为筹备复校,金边客属会馆成立了筹委会。复办之初,举步维艰,客属乡贤冯俊南等社会贤达及广大乡亲捐资,购买一座三层旧楼,经过修葺后作为会馆会址和崇正学校教室,1993年8月20日崇正学校正式招生复课。后来学生逐年增多,到2016年共有90名教师,学生有3400多人。学校有华文班和柬文班,教柬文的老师是向柬政府申请,由政府委派,学校支付薪资,柬文课本与政府课本同步,读完了可以参加高考。华文班分幼儿班、小学、初中、专修共三个学段。专修是由原来的高中转变过来的,学制为两年,开设高中华文、中柬翻译、中英翻译、会计、历史五门课程。华文班除了教中文也教柬文,从小学一年级到初中都开有柬文课。全校共分93个班,其中幼教14个班,小学43个班,中学13个班,专修7个班,柬文16个班。学校班级学生人数呈金字塔形状,幼教和小学人数最多,中学逐级减少,每班大约30人,专修班大多只有一二十人。学校实行半日制教学,分上午班和下午班上课,一个教室往往是上午一个班,下午另一个班,满一个月后换午别,上午班的到下午上课,下午班的到上午上课,循环往复。上下午班都是排四节课,每节40分钟。学校课程设置分主副科,主科有:华文(语文)、代数、几何、中国历史(小学是常识课)、柬文、会计;副科有:地理、电脑、英文、拼音、音乐、美术等。教学用书是柬华总会文教师资基金处以中国2003年起使用的《九年义务教育课程标准实验教科书》为蓝本编成的《柬埔寨华文教育初中华文实验教科书》,此书于2010年修订再版,一直沿用至今。

崇正学校在性质上属于客属会馆公立学校,因为客属会馆资金短缺,所以学校的经费来源主要是学费,2011年被国侨办列入"海外华文教育示范学校"后,每年得到中国政府资助10万元人民币。客属会馆负责管理学校资金,每年学费交给会馆,由会馆发工资及日常开支,学校的其他事务则由学

---

① 文中资料部分引自广西壮族自治区侨办外派教师柬埔寨援教组(闭卫民执笔):《关于柬埔寨华文教育现状及困难的调查报告》,2014年10月26日。

校自行决定。尽管是客属学校，但学校招生范围并不局限于客属华人子弟，客家人、潮州人、柬埔寨人均在招收之列，其中柬埔寨学生达到20%。学生毕业后升学读书的很少，到中国去上大学的就更少，大多数直接就业。

与端华学校一样，尽管崇正学校是柬埔寨第二大华校，但是学校的教学情况仍然存在诸多问题，比如教师队伍中60岁以上的占比过大，教学方法呆板，缺乏适应性教材，学科开设也有需要探讨的地方。①

值得一提的是，由于粤籍侨校公办私立的性质，加上柬埔寨国家教育质低量微的现状，学校的经营面临着多语课纲、师资素质、资本规模、就业竞争力、升学衔接等多方面的竞争，因此许多学校在课程设计上为迎合市场需要开设英、柬、华三语课程，招生来源也不再限于本籍属，这一点在崇正学校的经营中已经提到，类似的还有广肇会馆属下的广肇学校。因此有学者指出，馆属学校的营运风险与危机和延续塑造粤属地域认同相比，显然是学校经营者优先考虑的问题，"会馆与所属学校已经不具备如战前旧时的强大乡缘认同塑造功能"②。

三、当代印尼粤籍华文教育孕育希望

20世纪90年代，随着中国改革开放和经济建设的成功，华文的经济价值也随之提升。印尼在同中国加强经济和贸易往来的基础上，于1990年8月8日同中国恢复了断绝23年的外交关系。同中国进行经济、文化等方面的友好往来，也促使印尼政府对当地华文教育政策有所松动，从而使印尼的华文教育进入了一个新的历史时期，即松动期，也由此获得了其应有的地位和发展。目前，印尼的华文教育有4种形式。

第一种形式是华文补习班，具体可以分为家庭教师式的补习、社团办的华文补习班、华人庙宇办的华文补习班。家庭教师补习，是指一些以前曾从事华文教育的老师或有华文功底的人，以自己所学为其他华人子弟开展华文补习。这些教师或在家，或去学生家里、住所从教的形式，其学生少的三五

---

① 参考盘世卫《柬埔寨公立崇正学校华文教育初探》，www.hwjyw.com/teachers-window/content/2017/06/08/34060.shtml；郑一省2016年1月20日在金边客属会馆与CHEN先生的访谈录。
② 陈世伦：《柬埔寨粤属华侨华人社团的传承与发展》，《东南亚研究》2017年第5期。

个，多的也有几十上百个，这在雅加达、泗水、三宝垄等其他大中小城市都存在。据估计，2004年雅加达的家庭教师有500人，全印尼应超过3000人①。而华人社团和庙宇办的华文补习班，是某个地缘或神缘社团利用其会馆、庙堂等场所，并聘请一些华文教师或有华文功底的其他人士开办的。比如，印尼雅加达的梅州会馆、福清同乡会等都相继开办过此类华文补习班。而雅加达的"东方语言文化中心""现代语言中心""努山达拉汉语辅导中心"等都属于此种类型。

第二种形式是华人个人或其他机构资助兴办的"三语学校"，以及正规私立中小学开展一定课时数的华文教学。在三语学校方面，比如三宝垄三语国民学校，就是由三宝垄的华商傅孙国先生资助兴办的。这所三语学校先办大、小唱游班和大小班幼稚园，后来又开办小学二年级，直至高中三年级②。万隆的华都东方语言补习班、棉兰的国际教育中心都是这类较典型的三语学校。在正规私立中小学开展华文教学方面，主要是一些由教会和华人个人创办的学校。

第三种形式是印尼的国民学校和高等学校相继开设的华语（汉语）课。比如，印尼三宝垄市内国民学校中小学大约有一百多所，一半以上都有华语课，加上十多所国立中学也有了华语课。目前在印尼至少有几十间大学已经开设汉语课，比如雅加达的印度尼西亚大学、达尔玛·贝萨塔大学，万隆的马拉纳塔大学等是以中文系的形式全面教授汉语言文学，培养中文高级专门人才的。

第四种形式是中国与印尼合作成立的孔子学院的华文（汉语言）教学。从2005年至2007年印尼多所大学与教育机构相继向中国国家汉办/孔子学院总部提出设立孔子学院的申请起，孔子学院在印尼的发展经过了曲折的发展过程。2007年9月，由海南师范大学和印尼一所民间汉语学习机构——雅加达汉语教学中心合作创建的印度尼西亚雅加达汉语教学中心孔子学院正式成

---

① 宗世海、李静：《印尼华文教育的现状、问题及对策》，《暨南大学华文学院学报》2004年第3期。
② 《三宝垄三语国民学校》，印尼《千岛日报》2009年2月19日。

立，成为印尼的第一所孔子学院①。2010年，在中印尼两国建交60周年，以及2010年举办"中印（尼）友好年"之际，为推进两国之间的教育交流与合作，印尼教育部门与中国汉办签订了《关于在若干高等教育机构合作发展印尼语和汉语的谅解备忘录》，得以使印尼的大学与中国的一些大学合作建立了孔子学院，如阿拉扎大学孔子学院（2010年）、玛琅国立大学孔子学院（2011年）、丹戎布拉大学孔子学院（2011年）、玛拉拿达基督教大学孔子学院（2011年）、泗水国立大学孔子学院（2011年）、哈山努丁大学孔子学院（2011年）。

印尼的粤人社团捐资助学发展华文教育主要体现在兴办学校、引进师资、设立教育基金等几方面。印尼潮州乡亲公会从2006年开始与雅加达Permai学校联合赞助扩建西加邦戛安宁三语学校；2007年开始分发奖学金和助学金给成绩优良的潮人子弟，并报送幼师徐丁娜、许汉妮到中国广州培训；2008年支持赤道基金会高校助学金工程，再保送贝燕妮、杨欣欣到广州留学；2010年举办"潮州2010年教育展"，为学生和家长提供国内外的升学资讯②。

第二节　新、马、泰粤侨华文教育发展的新阶段

一、新加坡弘扬华族文化，华文教育纠偏补失

战后新加坡不彻底的双语教育政策导致华文教育的全面衰落，然而20世纪80年代末在东南亚华文教育全面复苏的大背景下，面对"西化"之风严重侵蚀社会道德面貌的局面，新加坡不得不重新反思华文教育政策的偏差，开始以新的视域定位华族文化和华语教育的价值。在文化寻根的理念指引下，当代新加坡注重弘扬华族传统文化和价值观念，重视华文华语的商用价值，并通过设立华语英语并重的特选中小学，鼓励以第一语文的要求来教华文等多种方式提高华人母语教育水平。

---

① 该孔子学院由于没有得到印尼国民教育部的认可于2011年停止运作。
② 印尼潮州乡亲公会：《印尼潮州乡亲公会成立十周年纪念特刊2001—2011》，雅加达：印尼潮州乡亲公会，2011年，第62页。

（一）潮州八邑会馆的文教活动

为了响应新加坡政府弘扬华族文化的国家需求，潮州八邑会馆于1983年成立了文教组，负责策划及推展一切有关文教的活动。文教组由张良材、杨伟群分别担任正副主任，委员包括杨锡厚、曾森光、祝佩秋、潘醒农、王源河、马元璋、陈善良、郭亨经、陈启汉等。文教组成立后，重新装修潮州大厦左座楼下的三间教室，开辟为文教中心，用作开办展览、会议、演讲及各种研习班。自1984年文教中心建成后，先后举行过潮人书画展、韩国书画展、新加坡亚洲研究学会演讲会、牛车水区欧南园教育中心"全国书画比赛佳作展"、新加坡日本文化协会主办"新日书法展览"、淡米尔总会"淡米尔儿童勤学奖励金颁奖礼"、南洋美专校友书画展、新加坡彩色摄影学会"建国25周年教育美展"、新加坡艺术协会主办美国艺术教授FREVER SOUTHLY油画个展、牛车水区欧南园教育中心主办"建国25周年青年美展"、新加坡岛屿文化社主办"林木化个展"、文礼联络所主办摄影比赛、南洋美专"新日妇女联合彩墨画展"、更生美术研究会"儿童画展"、中国吴静山画展、宗乡会馆座谈会、赵准旺中国画展、王乃壮书画展、魏照涛画展、娄师白书画篆刻欣赏会、乐龄书画会成立典礼及书画欣赏会、小说讲习班修业仪式、华人家族制度与华人企业讲座，等等。这些民间文化活动除了宣传扩大华语文化影响外，也为新加坡国家文化事业的发展起到了促进作用。另外，文教组还筹建文物室，在会馆内部及社会上广泛征求有关潮人宗乡社团、公立学校、著作字画、传统手工艺品、传记等的史料和文献，为海内外参观研究潮人历史文化提供了可贵的文献实物资料。在华语教育方面，文教组邀请教育学院讲师陈雪华主讲汉语拼音版，书法家杨伟群指导书法研习班，又为响应讲华语运动，与《联合早晚报》及其他七大会馆、三教团联合主办"全国华语演讲比赛"。

1985年为了更加充分发挥会馆在文教事业方面的功能，潮州八邑会馆董事会决议扩充文教组的组织，改文教组为文教委员会，并订立新的文教委员会章程。文教委员会以筹划及推动会馆文教及康娱活动、联络文化教育各界参与各种文教康娱活动、收集文物为宗旨，下设文娱、教育、出版、康乐四组。其中文娱组开展的活动主要有音乐、舞蹈、诗歌朗诵等讲习会、座谈会和公开演出。出版组赞助新加坡优秀的华文文艺创作，策划出版"新加坡潮州八邑会馆丛书"，并主办文化座谈会、小说讲习班等。到1989年，潮州八邑会馆丛书出版21种，丛刊则有5种，同年12月，在"新加坡立国30年华文文艺书刊展"上，会馆丛书获得一致喝彩，"咸认为在未来新华文学史上，必占一席之地"①。康乐组多次举办气功班、太极班、卡拉OK、舞蹈比赛及郊游、旅游活动。教育组则负责组织有关华文职业教育和短期培训，1984年教育组在文教中心举办股票投资讲座，聘请南洋大学荣誉商学士陈孟皋主讲《新马港股市介绍及风险分析》、加拿大马尼托巴大学经济学硕士廖江茂主讲《股票投资的技术性分析》、南洋大学荣誉商学士谢孟生主讲《股票投资的基本型分析》。另外，教育组还开办中文电脑班，课程包括"文字处理""IUS应收账目"及"学生假期电脑营""儿童电脑班"，学校假期中另外开设供中文教师修读的密集电脑班，受到学校师生和社会有关人士的热烈欢迎，仅1988及1989两年中，修读电脑班课程的学员共有500余人②。潮州八邑会馆成为第一家开设中文电脑班的宗乡会馆。

为了响应新加坡政府发展华文教育的方针政策，潮州八邑会馆文教委员会还出资赞助中国著名语言学家詹伯慧教授莅临新加坡参加华文研究会的学术活动，赞助教育部课程策划署及华文专科视学组主办的"全国小学华文教学研讨会"，并在暨南大学副校长饶芃子教授到访新加坡潮州八邑会馆期间，就华文华语问题与其进行了热烈的讨论。

(二) 粤籍会馆与奖助贷学金

新加坡茶阳（大埔）会馆自1992年起开始颁发奖学金、助学金、大专学生贷学金，颁发的对象除了会馆子女，还惠及非会员和巫印籍同胞，资金主要来源于会馆产业茶阳花园公寓的租金收入。1995年，为了更有效地发挥会馆教育慈善事业功能，茶阳（大埔）会馆成立"茶阳（大埔）基金会有限

---

① 《文教委员会近况》，六十周年纪念特刊编辑委员会《新加坡潮州八邑会馆成立六十周年纪念特刊》，新加坡潮州八邑会馆，1989年，第173页。
② 《文教委员会近况》，六十周年纪念特刊编辑委员会《新加坡潮州八邑会馆成立六十周年纪念特刊》，新加坡潮州八邑会馆，1989年，第173页。

公司，并制定法令，将茶阳花园公寓租金收入的三分之二作教育慈善用途，包括继续捐助各个学府，如南洋理工大学学生基金、启发小学电脑室、中正中学重建基金等，另外，基金会还每年拨出20万元作为会员及励志社社员子女的奖助学金。据统计，1993—1998年，茶阳（大埔）会馆共颁发小学、中学、高中、大学、大侨小学、启发学校奖学金456170元，惠及学生1553人，助学金180960元，惠及学生205人[①]。

当然，就新加坡华人人口的比例以及新马华侨教育的基础而言，目前新加坡的华文教育从发展母语的角度看还有明显的不足，在新加坡政府对于华文教育政策纠偏补失，复兴本国民族语言文化教育和东方价值观教育的长期规划中，粤籍华人与宗乡团体在弘扬华族传统方面仍需扮演积极的角色。

二、马来西亚粤籍华文教育继往开来

"二战"以后，马来西亚华人坚持多元教育政策以抵制马来西亚政府的单元同化教育政策，为争取和捍卫平等的民族文化教育权利展开数十年有理有节的抗争，使得马来西亚华文教育在一片哀鸿的东南亚仍然保有相对独立的发展空间。20世纪80年代以后，随着国际形势的深刻变化，为配合全球化、世界科技发展和教育改革的大潮，马来西亚政府在80年代末90年代初在政治、经济、文化、教育等领域调整策略，提出了大力发展经济和科技的"2020年宏愿"，在教育领域提出一系列的改革计划。尽管马来西亚政府仍然没有从根本上改变压制华文教育的政策，马来西亚华文教育仍然没有被真正纳入国家的教育体系，但是马来西亚华人发展母语教育的强烈愿望，华人社会重视华文教育、发展华文教育锲而不舍的精神，还是使得政府的教育政策有所松动，尤其华文高等教育获得了新的发展空间，成为当代马来西亚华文教育取得新突破的标志。

如今，马来西亚已经形成了从小学到大学程度完整的华文教育体系。华文小学，简称"华小"，以华文为主要教学媒介语。中学华文教育，包括私立中学华文教育（华文独立中学）和公立中学华文教育（国民型中学），

[①] 根据《新加坡茶阳（大埔）会馆一百四十周年纪念特刊》第158页表格统计。

其中"独中"是马来西亚华文教育重要的一环,是马来西亚华人延续民族文化,发展民族母语教育的重要基地,同时它又是一个三语学校(兼授马来语、华语和英语)。《2013—2025年教育发展蓝图初步报告》显示,报读"华小"的华裔学生已经从2000年的92%,上升到2011年的96%。[①]"独中"的学生人数从70年代的28000多人增至目前60000多人,学校数量由60年代的16所增至目前的60所。"国民型中学",即60年代以前以华文为主要教学媒介语的华文中学,后因《1961年教育法令》实施,先被迫改为以英文,后又改为以马来文为教育媒介的中学。根据2009年教育部统计数据,全国共有78所国民型中学。国民型中学的学生基本上都是来自"华小",每周至少有5节华文课(每节为40分钟)。华文高等教育,即南方学院、新纪元学院和韩江学院,这三所学院是从90年代获得马来西亚政府批准而先后建立的,它们除了根据不同的科系采用多语进行教学,都开设中文系进行华文教学。[②]

在当代马来西亚华文教育的发展过程中,粤籍华侨华人除了与其他华人族群一同反对政府推行的力图使华校变质为马来语学校蚕食华教力量的教学内容3M制度,在"华小集会用语事件""华小高职事件"中共同进退,促进南方学院、新纪元学院的开办之外,还在本方言系统内教育事业中筹措捐款、扩大华文学校规模、设立奖助贷学金,鼓励华族子弟学习。其中曾经创办过轰轰烈烈庞大教育事业的潮州人在新时期继往开来,在华文教育上迈出新步伐,槟城潮州会馆充分发挥社团传承民族文化教育的主要作用。

(一) 韩江中学在黑暗中重新走向光明

由于韩江中学董事会与教师职工会之间的纠纷,韩江中学校务在1985—1995年陷入低潮。1995年,随着韩江新董事会的成立,企业家陈国平出任董事长,提出"宏开新局面,振兴我韩中"的办学总纲领,韩江中学恢复元气,迈开新的一步。在新董事会第一次全体会议上,陈国平董事长具体解释了十字办学总纲领的含义,即除继续遵循董教总维护母语教育的路线之外,将力促落实教育功能多样化,充分利用现有的齐全硬件设备,开设专科班、

[①] Ministry of Education(2012). *Preliminary Report Malaysia Education Blueprint 2013-2025*,p.95。
[②] 朱爱琴、强海燕:《马来西亚华文教育现状及其新政策研究》,《现代教育论丛》2013年第5期。

职训班、大专班,乃至有可能的话,使韩江有朝一日能够拥有从幼儿园、小学、中学乃至大专学院的完整教育体系。

为了实现这一目标,董事会在学校管理、办学方向等方面实行新的举措。首先为了缓解学校经费困境,董事会联合校友会组织万人宴会为韩江中学发展基金筹款,共筹得款项308.8万元。同时为了适应时代变迁,董事会决定在保留潮籍人信理员前提下,开放赞助人名额给非潮籍人士,以便让更多热心华教和乐意捐助韩中的华人成为赞助人,吸引学有专长的非潮籍人士进入董事会,推动韩中的校务;与此相应,在会员资格条文中,以"支持华教人士"代替"潮籍"字样;1998年,两名非潮州人吴春来、李雅和成为新董事,改变了董事会的传统结构。

在办学方向上,韩江中学采用华、英、巫3种语言路线和多元化政策,1998年新增三项课程,取得很大成功。其一,重新开办了韩江新闻传播学院,聘请马来西亚5家华文日报负责人及2家华语电台负责人担任委员顾问,聘请文教界人士、资深报人、学术界精英担任顾问委员或辅导讲师。其二,与世界著名的ESL国际语文中心合作,开办韩江ESL国际语文中心,提高本校学生英文水平,并广泛招收北马各地有志学习的学员。其三,开办电脑班,短期培训有志向学者,并开放设备给新闻传播学院的学生,提高他们的电脑技能。

(二)韩江学院的建立和发展

随着韩江中学各项改革的顺利推进,1998年,韩江董事会将开办韩江学院的计划提上日程。在筹备期间,董事会聘请马来西亚理工大学杨泉博士草拟一份韩江学院计划书,聘请马来西亚理工大学张中兴教授、邱琼润副教授、刘光荣教授、邓俊涛教授、谢桂元副教授成为学术咨询委员。经过董事会与各方面负责人磋商,决定申请韩江学院先成立大众传播系、电脑工艺资讯系、商学系和理工系。1999年7月13日教育部批准了韩江中学董事会开办韩江学院。2000年5月8日,韩江学院正式开课,分大众传播系、商业管理系、资讯电脑系及工程系四科系。2001年韩江学院与南京大学合办中文硕士班,2004年韩江中学、韩江学院与上海大学签署教育合作协议书。2006年韩江学院成立韩江电视新闻中心,成为全马来西亚首家设有网上电视及新闻网站的私立学院。2014年,韩江学院由教育部获准正式升格为韩江大学学院,成为马来西亚第一家传媒大学。

(三)设立奖助贷学金

早在20世纪60年代,为了鼓励教育和发展学校,韩江中学设立了奖学基金,资助贫困学生和鼓励资优生。80年代末,韩江学校重上正轨后,增加了学校奖助学金的总额。2000年,董事会决定设立韩江教育基金委员会,基金总额为200万元,根据学生的不同情况,增加奖助学金的种类,如分为奖学金、普通助学金、工读生助学金等。据统计,自2007—2010年,韩江学校共发放奖学金209928元、普通助学金105178元、工读生助学金67024元[①]。韩江学院成立后,为了吸引更多学生尤其是优秀而贫困的学生报读,韩江教育基金专门设立奖贷学金给报读该校的优秀高中毕业生,2000年发放全额奖学金、半额奖学金、贷学金共24份,2002年发放41份,2003年发放34份[②]。

韩江学校是马来西亚粤籍华人尤其是潮籍华人兴学事业的最大成就,也是海外华人为传承母语教育不懈努力和付出的缩影。如今虽然马来西亚拥有中国之外最庞大、最完整的华文母语教育体系,但在受马来中心主义排斥与限制的大环境下,马来西亚华人社会仍要常怀忧患意识,通过自我整合和团结,集思广益,在华文教育的课题上开拓新境界,打造新天地。

三、粤籍华人助推泰国华文教育迈上新台阶

20世纪80年代末以后,随着华文作为商用语文的价值日益凸显,在国际社会意识形态斗争弱化、区域经济合作扩大的背景下,泰国逐渐改变了原有的管制华文教育政策,转而采取一系列鼓励华文教育的措施,比如允许各民校开办汉语幼儿园、小学以及各类汉语教育补习班,将汉语教育从小学一年级至四年级延伸到小学六年级,同时也允许具备条件的中学将汉语设为外语

---

① 根据《韩江中学创校陆拾周年纪念特刊》中"韩江中学大事记"统计。
② 曹淑瑶:《国家建构与民族认同:马来西亚华文大专院校之探讨(1965—2005)》,厦门大学出版社,2010年,第203页。

选修课，并批准成立了泰国第一所由华侨创办的以汉语教育为主的大学——华侨崇圣大学，泰国的华文教育进入一个新的时期。泰国华文教育的复苏直接得益于泰国政府对华文教育政策的改变和放宽，同时也离不开华人社会的努力推动，身为泰国华人主体的广东人，其中郑明如、谢慧如、郑午楼等侨领在此过程中扮演了关键角色。

20世纪80年代以后，世界范围内汉语热的出现，为泰国华文教育的复兴创造了良好的外部环境，但是长期以来泰国政府对华文教育的限制已经造成了华文教育的衰落，如何顺应新形势，推动泰国政府华文教育政策的转向，并探索发展华文教育的方式方法，成为摆在泰国华人有识之士及各社团领导人面前的新问题。1988年泰国福建会馆副理事长蔡志伟发表《泰国华文教育是否患上了不治之症》，引起了泰国华人社会的巨大反响，其后中华总商会主席、泰国国泰信托集团董事长郑明如（祖籍广东丰顺）等四人代表泰国中华总商会拜会泰国教育部长玛纳，陈述发展华文教育的深远意义，同时，其他一些华人团体也积极呼吁政府部门开放华文教育，华人社团的请求对其后不久教育部放宽华教政策有直接的促进作用。

在华文教育重现生机的新态势下，之前以小学为主的华文教育逐渐发展中学教育、高等教育。1995年泰国潮州会馆创办了以培训华文师资为主的泰华国际文化学院，举办多次华教进修班，并聘请中国教师对全泰国华文教师进行培训。2000年，泰国潮州会馆发起倡议筹建潮州中学，潮州会馆诸常执委、曼谷各社团及各界热心教育人士慷慨解囊，捐资11亿泰铢建成一座包括教学、行政、宿舍、礼堂大楼在内的设施齐备的现代中学，2004年对外招生。有的社团或董事会积极筹措资金改善华校办学条件，如位于泰国南部的合艾国光中学90年代初期在校董会主席方志雄（祖籍广东普宁）倡议下，重建学校校舍，得到华人社会的普遍响应，重建后的国光中学拥有三层楼的图书馆、标准足球场、灯光篮球场、室内篮球场和室内排球场。如今，国光中学已经成为一所包括从幼儿园至高中的知名华校，在校学生达两千多人。[①] 为

[①] 《谭天星访泰南合艾国光中学并为合艾华助中心揭牌》，中国网，2016年11月24日，news.china.com.cn/live/2016-11/24/content_ 37388486.htm.

使华文教育拥有一个完整的体系，同时为满足中泰文化交流和适应社会日益重视华文的要求，90年代以后泰国华人成功创办了华侨崇圣大学，成为泰国华文教育振兴的里程碑。1991年，华侨报德善堂董事会董事长郑午楼（祖籍广东潮阳）在筹备庆祝建堂80周年的座谈会上，提议在曼谷建立一所注重华文教育与研究的大学，为国家社会培育专门人才，郑午楼的提议得到与会者的热烈支持。郑午楼本人为建校捐资1亿铢，华社各界人士也踊跃捐款，1994年华侨崇圣大学举行揭幕典礼。如今华侨崇圣大学已经从原来的五个学院发展为有资格授予学士、硕士学位的11个学院30个系的综合性大学，在泰国乃至东南亚以及其他国家和地区的华人社会声名远播[①]。尽管华侨崇圣大学致力于推动华文教育的发展，但在郑午楼"华人既爱祖国也爱居留国"的华侨观指导下，崇圣大学把华文教育融合到泰国文化教育事业中，将融合东西方文化传统于一炉，保持中华优秀文化，保持泰族优良文化传统美德作为设学要旨，得到泰国官方和社会的认可，1992年泰王御赐"华侨崇圣大学"泰文校名。同时，华侨崇圣大学也在办学过程中与中国高等学校加强交流合作，聘请中国学者前去讲学，与大陆高校互换留学生，并与北京大学签订校级交流协议，与上海中医药大学合作开办中医学本科专业课程，成为增进中泰文化交流的一座桥梁。

为了更好地推进华文教育工作，泰国华侨社会还成立了全国性的华教机构，如1984年成立泰国华文教师公会、1990年成立泰华教育基金会、1996年成立泰国课授华文民校联谊会，这些华教组织为华文教育的改革做了大量具体工作，如组织华文教师进修、建立基金改善华文教师的福利待遇、与中国海外交流协会联合编写华文小学的华语课本、组织华文教师到中国参观学习等。在华教组织的倡设和日常活动中，许多粤籍侨商侨领都身体力行，发挥了不可替代的领导作用。泰华文化教育基金会成立前，中华总商会永远名誉主席、泰国潮州会馆永远名誉主席谢慧如与另一位中华总商会永远名誉主席、泰国潮州会馆名誉主席郑午楼就基金会的成立奔走、磋商，谢慧如还担任了泰华教育基金会的首任主席。泰国中华总商会常务会董、潮州会馆副主

---

① 《泰国华侨崇圣大学15年来取得巨大发展》，《华声报》2006年1月12日。

席、泰国陈氏宗亲总会永远名誉理事长陈克修长期担任泰国课授华文民校联谊会主席和泰华教育基金会主席，他经常放下自己公司的繁忙事务，奔走联络呼吁各界人士为华教捐助，并多次组团访问数十所华文民校，给予各校校董和教职员工物质和精神上的支持。在热心侨教的各侨领领导下，各华教组织开展了诸多对华文教育有实质性促进的工作，泰华文化教育基金会仅成立两年已筹得基金1000万铢①。1994年，泰华文化教育基金会接办曼谷时代中学，并在该校基础上创办东方文化书院，以开办各类成人业余华文班为主，在校生1000多人；该校还与北京大学合作，聘请中国教师授课，并在泰国举办汉语水平考试，成为规范汉语教学的必要手段。

总之，自20世纪80年代以来东南亚地区华文教育开始全面复苏，粤籍华人在此过程中发挥了重要作用。当然，尽管东南亚华文教育在最近几十年发展的势头令人瞩目，但是与战后初期的繁荣局面还有很大差距，而且目前华文教育还存在师资水平低、华文教材数量不足等局限，华文教育的对象、华文教育与主流教育的接轨等问题还需要探索。而要解决这些问题，应该有一个"整合"各方资源的思路，即要把中国海峡两岸的力量有效地整合在一起，把中国国内的力量和东南亚的力量、华侨华人的力量以及住在国的力量协同起来，共同推动东南亚华文教育事业的发展。

---

① 尹崇敬主编：《世界华人企业家传略 第一集》，北京：新华出版社，1992年，第148页。

第五章　粤籍华侨华人与美洲华文教育

第一节　粤籍华侨华人与美国华文教育

一、"二战"前粤籍华侨美国兴学的历史遗产

"二战"以前美国的华文教育经历了早期私塾教育、新式华侨教育两个阶段，尤其在第二个阶段，在清末新政、民国初年和南京国民政府时期三次海外兴学运动的策动下，华文教育呈现了繁荣发展的局面，到"二战"前夕，美国华文学校发展到60余所，其中"在旧金山有14所，在夏威夷有23所，在加州其他城市有12所，在美国大陆除加州以外的城市如纽约、华盛顿、芝加哥、波士顿以及西雅图等地有10多所"[①]。这些学校按照兴办者、赞助者可分为会馆办学、教会办学、地缘社团办学及政党、文化社团、个人办学。其中粤籍侨校主要是由中华会馆和一些地缘社团创办，代表性的学校如下：

第一所公立华文学校是1884年由旧金山中华会馆筹建的金山学堂。旧金山中华会馆是旧金山地缘型会馆和血缘型会馆组成的最高级会馆，是旧金山华人的代言人，"二战"以前实际上是全美华人的代言人。旧金山中华会馆主要由宁阳、肇庆、合和、冈州、阳和、三邑、人和七大会馆组成，前4个会

---

① ［美］麦礼谦：《美国华侨简史》，载于旧金山《时代报》1981年1月7日、21日，2月18日。

馆的成员主要来自珠江三角洲西部和西南部，阳和、三邑会馆的成员基本上来自珠江三角洲几个县，人和会馆的大部分成员是操客家话的。因此，实际上，旧金山中华会馆是典型的粤籍华侨的组织。大约在19世纪60年代中期，随着华人儿童数量的增多，旧金山华人子女教育成为华侨社会的一大问题。面对美国主流教育对华人的歧视政策以及少数教会学校无法满足华人入学需求的困境，华人社会中文教育开始兴起。在家庭教育和私塾、专馆等旧学机构逐渐萌芽的背景下，1884年，旧金山中华会馆计划建立一个同时教授中文和英文的中西学堂，并得到清政府驻美国旧金山领事的参与支持。1886年，建校工程提请中国驻美公使张荫桓批准，并请张荫桓拟定学堂章程。1887年，会馆筹得学堂专款1300元，但由于教员薪资尚未筹齐，学堂开办一事进展缓慢。1888年4月，经过一番努力之后，金山学堂在沙加缅度街777号2楼建成开学，不久改名大清书院，程赞清担任学堂监督，学生有60人，分为两个班级[1]。上课时间为周一至周五，每日下午三时，学生从华人公立学校下课后进行，这使得美国华文教育自始走的就是补习教育的道路。大清书院的教学目标是中、西学兼顾，但是限于资金，中文传统经典和语言学习的文化课程是教学的主要部分，教材为四书五经等经史典籍，教学水平与同时期国内的私塾专馆相当，有些成绩好的学生可以回国参加科举考试。1906年，美国旧金山大地震，大清书院在地震引发的火灾中被烧成一片废墟。1908年清政府委派内阁侍郎梁庆桂到北美兴学，梁庆桂与中华会馆成立的学务公所合作在旧金山开办了第一所新式学堂，名大清侨民公立小学，招收学生110名，开设经学、修身、国文、历史、地理、习字、体操和唱歌等中文科目[2]。民国成立后，学校改名"中华侨民公立学校"，1918年学生人数增加到140人，1920年学校允许女生入学，1925年学校设立初中部，一跃成为美国华人教育的最高学府[3]。1927年，学校扩充教室，加建一座新校舍，再更名为中华中学校，直

---

[1] 陈国华著：《先驱者的脚印——海外华人教育三百年1690—1990》，多伦多：Royal Kingsway Inc.，1992年，第45页。
[2] ［美］麦礼谦著，肖炜蘅译：《传承中华传统：在美国大陆和夏威夷的中文学校》，《华侨华人历史研究》1999年第4期。
[3] 李永：《排拒与接纳——旧金山华人教育的历史考察（1848—1943）》，武汉：华中科技大学出版社，2015年，第215页。

到今天。1928年，学校开设高中课程，是全美第一所采用六三三新学制的完备的华文中等学校。

在纽约，华人社团创办的较大的侨校是1907年由纽约中华公所开办的纽约侨民学堂。纽约中华公所成立于1883年，是纽约州全体性的华侨组织，由宁阳会馆、联成公所、中华总商会、安良工商会、协胜公会、致公堂、金兰公所等团体组成，宁阳会馆和联成公所是纽约侨团组织的两大支柱，因此纽约中华公所的主席和通事由宁阳会馆和联成公所轮流选任，39名议员也由宁阳会馆、联成公所占据18个名额。因为联成公所是由广东台山籍以外的华侨组成，所以纽约中华公所不能算作纯粹的粤籍侨团，但是因为早年纽约华侨中台山县籍人数最多，台山宁阳会馆成立也较早，因此台山籍人乃至广东人在纽约中华公所中具有较强的影响力。学校初创之时学生很少，只有20多人，没有固定校舍，只能借一所天主教堂的一间房充当教室，中华公所援助250美元，1913年华侨领袖请求中国拨款补助。学校成立初期课程极不完善，日常教学不过是教育一般儿童，使他们认得华文，能够写信管账而已。民国初年，华人携带家眷到美国的人数日益增多，纽约华埠的华人学童也相应增加，纽约华侨公立学校开始走上完善化的道路。1922年中华公所召集华侨团体代表开会，议定各派代表1人，正式成立校董会，中华总商会、安良总会、台山宁阳会馆等组织的负责人为常务校董。1929年中华公所各侨团捐款购置勿街60号大楼作为校址。应该说，该校校舍称不上理想，地方狭小，缺乏图书室、运动场和游戏休息的地方，各种教学设备也非常简陋，但是自从有了固定的校址，学校的发展开始走上正轨，1933年，学生人数达到100多人，另有教员4人，专职校长1人[①]。学校上课时间为每日下午4时半至6时半，学制与国内小学相同，程度分六级，教科书全部向祖国订购，另外设立特别班供成人失学者补习。学校日常经费主要依靠学费收入，学生每人每月缴费3元。教职员一般为国内大学毕业，又在纽约哥伦比亚大学或纽约大学研究院读书的留学生，性质为兼职，领取50元月薪。因为战前纽约华侨社会实力不足，华

---

① 刘汉标、张兴汉编著：《世界华侨华人概况 欧洲美洲卷》，广州：暨南大学出版社，1994年，第188页。

侨公立学校的发展比较缓慢，但是"华侨办学的目的主要是希望通过侨校教育，培养爱国观念和民族意识，希望子弟懂得中华文化，知道前辈创业的艰辛和保持中国人固有的勤劳朴素的优良传统……希望送子弟入侨校学习，使其能帮助记账及写信，具有一些创家立业的能力。……以上两个目的，侨校都曾有一定贡献，特别是第一个目的较为显著"①。

除了中华会馆外，粤籍的地缘社团也兴建了一些学校，如阳和会馆创设阳和学校，冈州会馆兴办冈州学校、南海福荫堂兴办旧金山南侨学校，这些学校规模比较小，有的只招收本籍属的华侨儿童入学，所以发展受到很大限制，多数学校在"二战"之前就停办了。有较大影响且至今仍在勉力办学的是福荫堂兴办的南侨学校。

南侨学校隶属于旧金山旅美三邑总会馆辖下的南海福荫堂。旅美三邑总会馆是1850年由南海、番禺、顺德三邑乡梓联合建立的非营利性社团，成立之初主要为新侨提供食宿之所以及帮助找寻工作，后为捡运同邑身亡异域者骸骨回籍安葬，于1855年、1858年相继成立了南番顺三善堂。1919年，福荫堂值理连同各商号负责人决定开办华文学校，由李澹书、关景良、关定波、李立生、伦标等人负责劝捐，筹得数万元，随后组织南侨学校董事局，负责兴学事宜。1920年3月10日，学校正式开学，校舍暂租积臣街647号一所房屋，设教室一间、议事厅一间，有学生35人，关定波先生任校长兼教员。1924年，因为学生增多，学校董事局与福荫堂联合会议，决定购买土地自建校舍，为此福荫堂拨款八万元，加上邑属各商铺、邑侨踊跃捐款，共筹得十余万元，购入沙加缅度街七百五十五号空地，建成二层新校舍，1926年正式启用。此后学校开放招生，不分畛域，到1931年学生增加到300余人，教员8名，校务蒸蒸日上②。

粤籍侨校自成一体，无论在日常管理还是在教学活动方面都表现出浓郁的粤籍色彩。首先，会馆、社团所办学校主要靠侨团领袖、侨商发起组织，办学经费也多靠他们捐助、筹募，因此学校的日常管理之职多由粤籍侨领担

---

① 广东省政协文化和文史资料委员会编：《广东文史资料精编 上编第六卷 清末民国时期人物与台港澳及华侨华人篇》，北京：中国文史出版社，2008年，第292页。
② 《旅美三邑总会馆史略1850—2000》，旅美三邑总会馆，2000年，第77-79页。

任。比如民国初年旧金山中华侨民公立学校，校长由七大会馆主席每年轮值充当，曾轮值充当校长者有三邑会馆主席崔树芬、肇庆会馆主席郑尧勋、冈州会馆主席梁树屏等。校董则由中华会馆商董遴选充当①。具体而言，每年春初由七大会馆向中华总会馆选派校董共23名，连7名主席共为30名。嗣由校董会互选正副主席各一名、书记一名、财政二名、核数二名，以组成校董会。校董会对于选聘校长教职员、建筑校舍、筹措经费，负全部责任。每年开会若干次，以决议各项校务工作。②因为教学语言之便，学校教员也多由粤籍人士担任。比如大清书院刚开办之时，设正副教习两名，正教习多由举人或秀才充任，由各会馆轮流派出，也常常由会馆的主席兼任。例如合和会馆主席余若周（秀才）为正教习，李章伯为副；宁阳会馆主席刘庆云（秀才）为正教习，阳和会馆主席温文炳为副③。当然，最能体现粤籍侨校特色的还是学校的教学语言和课程设置。1930年，张月庐旅美期间撰写了通讯《纽约之华侨公立学校》，刊登在《生活周刊》杂志第17期，详细记载了她参观纽约华侨公立学校的所见所闻，从中可以一窥粤籍侨校的教学样貌，照录如下：

  学校教授的方针，第一是教学生们讲话，国内的人听了或觉得奇怪罢。学生们平时说的只是一点家常用语，而且说的还是广东各县的乡下土音，就是听得懂广州话的人也丝毫不懂他们说的是什么。小朋友们在玩耍时全是说英语，因受了美国学校的训练，所有的意思只有用英语才能明白发表出来。作文时每人都有一本《英汉字典》，国内的学生是用这字典去查英文的解释，此处的学生是有了英文的意思再去查中文是怎样写法。因此，教学生们说流利而有条理的广州话，使学生们的意思能用广州话发表出来令人明白，是华侨学校的第一件工作，这工作包含提倡、演说、辩论、演剧等，每星期有一个演说比赛会，各级一定派二人加入。各级代表由级中学生轮流的强迫担任，每星期又举行级际辩论会，又将国内的剧本译成浅近的广东话，教学生们演剧。年来实行这几

---

① 刘伯骥著：《美国华侨教育》，台湾"华侨教育丛书"编辑委员会，1957年，第31—32页。
② 刘伯骥著：《美国华侨教育》，台湾"华侨教育丛书"编辑委员会，1957年，第41页。
③ 刘伯骥著：《美国华侨教育》，台湾"华侨教育丛书"编辑委员会，1957年，第30页。

种方法，颇著成效。第二个方针是教作文，讲话有进步了，作文自然也进步。学校完全授白话文，艰深难学的文言在华侨社会中当然不适用，作文时只要将广州话的语尾虚字换成国语，就是一篇好文了。现在学生们都使用四角号码法的新字典，作文参考更加便利。第三个方针是激起他们的民族观念，学生们受了美国学校的麻醉，颇以做美国人为荣。我曾问过一个小孩是那里人，他傲然答说："My father is a Chinese, but I am an American."（译言：我的父亲是中国人，但我是美国人。）学校时时将我国悠长的历史、广阔的疆土等观念印入稚弱的脑筋中，又讲外人在我国内的强横傲慢的情形，对稍高级的学生还讲些领事裁判权等不平等的地方，激发他们爱护民族的心。教授的课目，以国文为主，助以本国史地、党义、社会等。其他各科，如算学、自然等科，在美国学校已经有了，不必重复，此外还有国语一科。在华侨社会中，标准语言人人都能懂的是广州话，要学讲国语是不可能的。有许多在纽约留学的人来校参观，都说学校为什么仍用广州话教书，仍奖励学生用广州话演说，不知华侨学国语没有听和讲的机会，是永远不成功的。而且学生不愿意学，家长也不赞成，所以华校教国语的目的只求学生能听得懂国语，这已经是奢望了。

二、"二战"后美国粤籍华文教育的延续和发展

（一）"二战"后粤籍传统侨校的延续与发展

"二战"以后，随着国际政治局势的变换和美国华侨社会的转变，美国的华文教育进入了一个挑战与机遇并存的新时代。从客观上看，美国改变了对华侨华人的歧视政策，1943年废止了排华法律，到1965年前，又先后通过《战争新娘法案》《新移民法案》，直接带来了华人社会人口数量的增长，来自中国内地和港台地区以及印支半岛的大量新移民本身增加了美国华文教育的自然基础和社会需求，他们的多元文化背景也带来了华文教育多元混杂的新图景。在文化政策上，20世纪60年代以后受美国国内民权运动的影响，美国放弃了一直以来的种族熔炉政策，转而鼓励多元民族文化发展，这为包

括华人在内的少数族裔保持传承本民族文化传统提供了更加开放的空间。但是一个负面的干扰因素是，1949年以后，受"冷战"局势影响，中美之间建立保持了二十多年的紧张对立关系，华人与中国内地的交流往来被隔断，对新生的中华人民共和国政权的疏离以及人为的外交隔绝在某种程度上又影响了华人对传承中华文化传统和语言教育的热情。从主观上看，战后美国在华人移民政策上的松动，允许在美华人享受入籍归化的权利，美国华人的社会地位提高、进入主流社会的渠道被打开，这些都导致华人传统的落叶归根观念逐渐被落地生根的意识所取代，表现在子女教育问题上，许多华人不再把祖籍国的语言文化教育视为主流教育之外必不可少的补充；加之，华人的居住范围从华埠扩大到郊区和更偏远的城市，直接带来了华埠侨校生源的萎缩，表现为学校数量和就学人数比战前有所减少。这种局面直到60年代以后，多元民族文化政策激发出华人社会寻根渴望之后才有所扭转。总之，正是在华人社会与外部政策环境不断的变幻和互动中，战后美国的华人教育走过了40—50年代停滞、60年代以后复兴、90年代上升成长的发展历程。粤籍传统侨校正是在这样的大趋势中留下了延续与发展变迁的历史轨迹。

战后相当长一段时间，旧金山中华中学校因为历史悠久、设施完善仍保持着领头羊的地位，在20世纪50年代，其高中生人数在全美国的华侨学校中居首位，全校学生达560多名[①]，但到六七十年代，就学人数有所下降。而同时期快速崛起的是纽约华侨公立学校。战前纽约华侨公立学校发展比较缓慢，整个30年代就学人数都维持在100多人，1949年学校聘任莫其鑫担任校长，有小学6个班，中学2个班，共有学生230多人。1953年，学校建新校舍，为扩大招生创造了条件。1963年，陈冠中接任校长，他打破常规办学的传统，在平日班之外增加了周末班，使学生人数很快从600名增加到900名，以后又添置新校舍，不断扩大招生规模，到1969年另一校长接任时，学校已设有从幼儿园到高中92个班次，学生总人数达到2669名。70年代学生增加到3000多人，另外还有暑期班学生500多人，教职工130多人，成为全美规模最

---

① 刘汉标、张兴汉编著：《世界华侨华人概况 欧洲美洲卷》，广州：暨南大学出版社，1994年，第188页。

大的一所华侨华人学校。[1]另一间保持良好声誉的学校是南侨学校，在福荫堂的大力支持下，学校于1963年重建学校礼堂，增加了学生活动场所，设置各类奖学金，鼓励优秀儿童，到1989年周末班已发展到七个班。1992年学校利用蒙兆学基金会捐款购入10台电脑，开设电脑班，开华埠中文学校教授中文电脑输入之先河，另外从香港购入大批全新教科书，供应各班使用。如今，学校开设的课程有中文、电脑、普通话、中国舞蹈等，学生人数达900余人[2]。

战后粤籍侨团也创办了新的华文学校，如1983年北加州潮州同乡会与美东越棉寮华侨相济会联合成立纽约中山中学小学，有学生200余人[3]。同时期，南加州潮州同乡会也参加全美潮州总会并联合各大侨团组织中山华文学校，到20世纪90年代末已经发展到5个分校，1500多名学生[4]。战后新建侨校中最有影响的是罗省（洛杉矶）中华会馆创办的罗省中华孔教学校。

罗省中华会馆是南加州华埠27个华人团体联合组成的最高领导组织，它的前身是成立于1889年的卫良公所，取"排解纷争，以安善良"之意，是洛杉矶早期华侨建立的全侨性组织。后来随着华侨人口日益增多，各种同乡会、宗亲会等联谊性团体相继设立，急需成立一个联合机构统筹慈善福利事务，于是将卫良公所扩大组织，于1910年正式改名为罗省中华会馆。目前罗省中华会馆团体会员有：大中华实业公司、黄氏宗亲会、龙冈亲义公所、台山宁阳会馆、台山宁侨公会、秉公堂、李氏敦宗公所、南加省开平同乡会、至孝笃亲公所、合胜总支堂、俊英工商会、至德三德公所、同源会、朱沛国堂、妇女新运会、伍胥山公所、南加省马氏宗亲会、林西河堂、中国国民党驻罗省分部、英端工商会、昭伦公所、冈州会馆、冈州保安堂、溯源堂、南加省余风采堂、凤伦公所、洛杉矶吕氏宗亲会。这些宗亲会、地缘会馆、工商会及其他团体基本都是由粤籍侨民组成，1973—1974年，曾有华北同乡会

---

[1] 刘汉标、张兴汉编著：《世界华侨华人概况 欧洲美洲卷》，广州：暨南大学出版社，1994年，第188页。
[2] 《旅美三邑总会馆史略1850—2000》，旅美三邑总会馆，2000年，第80页。
[3] 新加坡潮州八邑会馆：《第四届国际潮团联谊年会纪念特刊》，新加坡七洋出版社，1987年，第75页。
[4] 刘汉标、张兴汉编著：《世界华侨华人概况 欧洲美洲卷》，广州：暨南大学出版社，1994年，第190页。

申请加入，在获准后因地域的方言风俗习惯的不同，终究没有加入会馆组织，所以罗省中华会馆始终保持了鲜明的粤籍侨团色彩。作为一个华人社区自治性的领导机构，罗省中华会馆自成立之日起就将传续中华文化作为使命之一，早期曾开办私塾。1949年，会馆诸人都认为侨教乃百年大计，于是同时倡议建校，并于当年3月成立"筹建罗省中华会馆暨中华学校委员会"，正副委员长由黄天相、邝迪沾担任，总务黄伯泉、胡杰民，中文书记李家添、黄益平、叶盈，西文书记唐棣忠、梁锦源，募捐主任黄迪庆，财政关杰勤，会计张喜洲、黄德锐，建筑张辉培、刘显济[1]。建校工程于1951年底完成，1952年9月，中华学校将原有三所私塾和一间教会学校整合，首度开学时有学生60余人。1969年学校更名为中华孔教学校。1973年，中华会馆修改章程，改原来的学务组为校董会作为学校的管理机构，设校董21名，其中14名由会馆理事会推出，7名由会馆监事会推出，专责侨教。此后，随着入学人数增加，学校增设周末班，每逢周六周日设上午及中午班以广栽培。到20世纪80年代，学校学生人数超过1000人，教职员有17人，校务取得长足发展。2002年，因为校舍残旧不堪，中华会馆主席和校董会的领导成立"罗省中华会馆所属中华孔教学校筹建委员会"，公开筹款，修建现代化教学大楼。2003年11月，新校舍扩建工程完工，中华学校得以崭新的面貌屹立华埠。

（二）战后粤籍侨校教育的特点

"二战"以后美国侨社人口结构和来源变得多元化，除了原有的粤籍老侨及后裔以外，中国内地、香港、台湾和东南亚的新移民分别构成了不同的华侨社群，他们出于各自的教育需求，创办了不同类型的华文学校，这些学校可以大致分为四种：（1）台湾背景的华文学校。战后台湾移民较多为专业人士和留学生，他们文化素质高，热心侨教，到80年代台湾背景的华文学校已经成为美国华文教育的主流。这些学校一般分布在传统华埠以外的城镇和边缘地区，教学语言为普通话，教授繁体汉字和注音符号。1994年各学校负责人联合成立了"全美中文学校联合总会"，许笑浓为会长，吴大侗、刘竹青为副会长，台湾"侨委会"在华校的发展过程中给予很多支持。（2）印支华

---

[1] 李婴婴主编：《罗省中华会馆120周年纪念特刊》，罗省中华会馆，2009年，第103-104页。

裔难民开办的华文学校。这些学校有几十所，主要分布在加州的洛杉矶、西门子、圣地亚哥，其次是湾区屋仑、芝加哥、纽约、波士顿、休斯敦等城市的新华埠。印支华裔难民由不同的方言群体组成，因此大多数学校用普通话授课，只偶尔在必要时候用方言做些解释，绝大多数学校也使用台湾"侨委会"印制的教材。另外，这个群体的成员具有较浓厚的血缘地缘观念，保留了较多的传统习俗和组织形式，在办学活动中，这些学校的董事会与华埠内的粤语方言学校的做法更为接近，一俟条件许可，他们就会购买土地并兴建自己的校舍①。（3）中国大陆学者、留学生和新移民开办的华文学校。这类学校主要是为获得永久居留权的大陆新移民子女提供中文教育所建，教授普通话、简体汉字及汉语拼音。80年代开始兴起，发展迅速，到90年代末已发展到近百所，遍布全美30余州，其中美东尤多。1994年成立了以中国大陆学人为主体，以倪涛为主席、洪辉为副主席的"全美中文学校协会"——新移民在美国开办中文学校集体意义上的代名词，目前会员学校已近300所②。

战后美国华文教育办学类型日益多元化的情势对粤籍侨校的发展是一个不小的挑战，粤籍侨校从战前华文教育的主体变为战后多元华文教育的一支。但是粤籍侨校保持了旧有的传统优势，同时顺应战后形势，积极拓宽教育活动的内容和范围，通过参与组织文化交流活动，扩大了影响和声誉，巩固了自身在美国华文教育体系中的地位。

1. 传统优势的保持

经费短缺是海外华文教育发展面临的普遍性问题之一，像所有其他地区其他类型的华文学校一样，粤籍侨校也没有固定的经费来源，但是由于背后有侨团、侨领的支持和赞助，粤籍侨校的整体办学还是比较有资金保障，校舍、硬件设施也比较完善，体现了粤籍侨社的组织性和办学实力。以罗省中华孔教学校为例，自1949年筹款建校至今已成为美国西部日臻完善的华文名校，侨团和粤籍乡民乐捐助学的义举功不可没。

筹款助学的活动包括：

---

① ［美］麦礼谦著，肖炜蘅译：《传承中华传统：在美国大陆和夏威夷的中文学校》，《华侨华人历史研究》1999年第4期。
② 周聿峨、张树利：《新移民与美国华文教育》，《东南亚纵横》2005年第6期。

建校初期，建筑费和开办费移用抗战时期大家捐献的余款加上临时募集六万元，总计18万元。

1967年，中华会馆拨款一万二千元，扩大礼堂舞台，校内粉饰一新。

1975年，校董会发动添置教具，募捐得款八千余元，陆续充实设备。

1994—1995年间，校董会会长和中华会馆主席发动侨界捐款，重修校舍更新设备，5月26日在金龙酒家举办筹款晚会，粤剧票友陈小玲女士粉墨登场，演出折子戏，马氏商场董事长马锦周捐一万元，总计筹得十二万元，使重修及扩建工程顺利开展。

2002年，中华会馆和校董会推动成立罗省中华会馆所属中华孔教学校筹建委员会，公开筹款改善校舍，侨务委员会捐助三万元，马锦周伉俪慨捐十万元，白人女士Ms Slesinger捐五万元，短短数月募得款项五十六万余元。

除了有特定用途的筹款活动外，特别值得一提的是，龙岗亲义公所名义轩醒狮团每年农历新年义务舞狮采青筹款，数十年如一日，迄今仍保持此良好风尚，为侨社令人动容的一幕场景。

中华学校师生在前面举着大旗，龙冈公所父老在一旁帮着放鞭炮，敲锣钹打鼓，名义轩醒狮团师傅刘渭领着儿子、徒弟、徒弟的儿子、徒弟的徒弟，年年农历过年都在华埠等华人社区大街上舞狮，一家家商店、餐厅、银行、公所、会馆，逐一上门舞狮采青，替商家带来新年开市吉利旺气，也为中华学校带进大约万元捐款；中华会馆历届主席等首长及校董会成员则在旁帮着开发收据给捐款商家。一群人浩浩荡荡在街头舞足一日，已成为华埠每年春节必然轰动的景观。①

---

① 李婴婴主编：《罗省中华会馆120周年纪念特刊》，罗省中华会馆，2009年，第104页。

侨团、校董会与粤侨的捐款助学改善了华埠侨校的办学条件，为广大学生创造了优美的学习环境。此外，为了提高学生求学的积极性，增加侨校的吸引力，还有一些富商侨领设立了奖助学金，表彰成绩优秀表现突出的教师和学生，成为侨团办学的另一佳话。比如宁阳总会馆自1999年拨专款增设奖学金，扶掖优秀学子。三邑总会馆为鼓励邑人学习中华文化，特设立助学金、奖学金、奖教金等，每年发放总额达数万美元之多①，其中奖学金分为甲乙两种，甲种奖学金给予学费全年，乙种奖学金给予学费半年。凡是三邑邑侨子弟，不论在任何侨校，高初中及高小五六年级肄业，各科成绩合计，平均在八十分以上，操行列于甲等，均可申请②。纽约潮州同乡会通过春节联欢会筹款2.6万余元，设立奖学基金，奖掖后进③。而作为洛杉矶侨团最高组织创办的罗省中华孔教学校更是得道多助，每年毕业暨结业典礼时，都有殷商大户与侨学界争相捐赠奖学金、奖品，并亲临为成绩优良学生颁奖，激励勤学，其中国泰银行三十余年为每班第一名的优秀学生颁发奖学金；开平中学校友会十余年来，以银鼎为每班之第二名颁奖；龙冈亲义公所为所有四姓子弟颁发奖学金；冈州会馆每年捐出五千元充实奖学基金。1977年中华会馆主席张如灼任内身故，捐出丧礼节余3300元。1983年，侨界领袖胡杰民、余成礼后人各捐出1万元设奖学基金，侨领陈小玲女士捐3万元。侨领和侨团的捐资提高了学校的知名度和教学水平，同时也吸引到侨社以外的资金赞助，近些年先后有来自耆英会、北美经济文化办事处、台北海华文教基金、协和医院等单位捐款充实奖教基金④。

2. 顺应时势，教育活动日益多元化

以粤语为教学语言是战前老侨校的传统，然而随着战后华人社会的改变，华埠内的粤籍侨校的生源已经不再局限于粤籍华侨子弟，而是包括了新老移民在内的所有华人，省籍五花八门，再用地方性的方言作为教学语言显然不合时宜。另外，作为国际通用的现代标准汉语，普通话显然具有更广泛

---

① ［美］曾文中：《旅美三邑总会馆》，《穗郊侨讯》1995年第6期。
② 《旅美三邑总会馆史略1850—2000》，旅美三邑总会馆，2000年，第56页。
③ 新加坡潮州八邑会馆主办：《第四届国际潮团联谊年会纪念特刊》，新加坡七洋出版社，1987年，第76页。
④ 李婴婴主编：《罗省中华会馆120周年纪念特刊》，罗省中华会馆，2009年，第107页。

的适用范围，美国主流教育体系中的中文课程以普通话和简体字作为教学内容就是最好的例证，因此为了与主流教育接轨，为了更好发挥中文的实用价值和商业价值，开设普通话课程显然是粤籍学校的不二选择。以纽约华侨公立学校为例，自建校之初到20世纪70年代，完全以粤语授课；到80年代初，开始设立国语班，近些年的趋势是转学国语的广东子弟日渐增多，如今国语班的数目已经超过粤语班①。类似的还有罗省中华孔教学校也于1984年开设了国语课程。1995年，美国中文学校联合会调查显示：全美635所中文学校在教学用语方面，79.7%教授普通话，12.8%教授粤语，1.2%采用东南亚地区语言或其他汉语方言授课②。可见开设国语课程已经成为所有华文学校不可逆转的趋势，当然由于传统和师资力量所限，华文学校完全取消粤语授课也不见得行得通，因此在相当长一段时间内，粤语和国语课程并行将成为粤籍侨校教学的特点之一。

在教学形式上，传统侨校自成立之日就多采取平日班，即利用每周一至周五下午当地学校放学后的两三个小时补习中文。战后由于华侨华人数量的增多以及华人融入主流社会的程度日益加深，许多华侨搬离华埠，定居在郊区和较远的城市，为了满足日益扩大的教学需求以及兼顾华埠以外青少年就读的方便，粤籍侨校也借鉴了新移民学校的模式，开始设立周末班。1980年罗省中华孔教学校因为平日班学额已满，还有300人无法入学，请准校董会，增设周末上午班、中午班，1983年再增设周末下午班。这样学校每周一至周五下午上课，星期六及星期日分上中下午三部，全天上课，学生人数超过千人③。还有旧金山南侨学校自1985年开始设立周末班，在10年间，周末中文班由3个增加到16个，学生人数也从1988年的410人增加到1995年的740多人，其中在周末班上课的学生几乎达到每日班学生的两倍④。周末中文班显然不仅仅满足了华埠外华人儿童的需求，同时也受到了华埠内学生的欢迎。纽约华侨公立学校开设周日班后，学生人数从1963年的678人上升到1975年的3250

---

① 张黄甘枝：《粤语词汇的源流演变及纽约的粤语教育》，华东师范大学2012年硕士学位论文。
② 肖炜蘅：《当代美国华文教育浅析》，《八桂侨史》1999年第3期。
③ 李嫈嫈主编：《罗省中华会馆120周年纪念特刊》，罗省中华会馆，2009年，第105页。
④ ［美］麦礼谦著，肖炜蘅译：《传承中华传统：在美国大陆和夏威夷的中文学校》，《华侨华人历史研究》1999年第4期。

人①，其中周末班的生源增长尤其迅速，以至于即使有令人羡慕的独立校舍，但是每期周末班还是有数百名学生被拒之门外。学校校长胡意秋女士不得不感叹呼吁，在华埠附近的子弟应该踊跃参加日班的课程好多空出一些名额留给在华埠外只能周末来上课的华裔小朋友②。

在教育内容上，战后粤籍侨校也日益拓宽教学范围，实行中文语言、职业技能及传统文化并重的课程方案。比如罗省中华孔教学校除了实施国粤双语教育，教授汉语拼音和繁体字外，还在周末开设舞蹈班、电脑职业培训班、中乐班；2008年暑假又开设读经班（读《论语》《孟子》《中庸》《三字经》等），用现代语文深入浅出地传授中华文化的精华，让学生对传统文化有所了解，作为日后做人做事之基础。纽约华侨公立学校重视教授学生为人处世之道，特别开设常识和礼貌课程，胡意秋校长认为学好中国人的礼貌和谦虚，跟学中文一样重要。多元文化课程的设置增加了学生学习的兴趣，也使得华文学校的性质更加明确，即它不是设在海外的单纯的语言学校，而是兼有教育与传播中华文化传统、进行族裔文化熏陶功能的教育机构。事实证明，这种族裔文化熏陶对于青少年的价值观和精神世界的影响是非常巨大的。一位在纽约华侨公立学校度过三年学习时光的日班学生这样写道："在这短短的三年，我已经学到了很多的知识。如今我明白什么是礼义廉耻，什么是中国的固有道德。学得越多，我就越对中华文化起了崇敬的心。这都是学校教导我的……"③

3. 加强社会联系，塑造品牌形象

粤籍侨校在加强内部管理、完善教学条件、优化教学内容的同时，还积极谋求学校与学生家长、学校与学校、学校与主流社会之间的互动和联系，通过媒体宣传、文化展演和教学成果展示提高学校的知名度，进而突破华文学校的传统定位，在更具社会性、文化性的层面拓展新的功能。这些学校定期举办开放日，邀请学生家长及侨学界代表参加，介绍学校历史、展示学业

---

① ［美］麦礼谦著，肖炜蘅译：《传承中华传统：在美国大陆和夏威夷的中文学校》，《华侨华人历史研究》1999年第4期。
② 杨庆南编著：《世界华侨名人传》第五册，古晋：马华企业有限公司，1986年，第145页。
③ 绿洲主编：《外国中学生作文精品大全》，昆明：晨光出版社，2002年，第96页。

成绩,促进家庭与学校教育的沟通。每年夏天还举办隆重的毕业与结业礼,学生和家长都盛装出席,侨团领袖也应邀致辞,并为优秀学子颁发奖学金。粤籍侨校还积极参与地区性乃至全国性的诗词、作文、书法、绘画比赛,既加强了中文学校之间的沟通和联系,也提高了学校的知名度。如罗省中华孔教学校1984年与南加州中文学校联合会及梅花诗社联合举办诗词朗诵比赛,获得团体组及初级组第一名;1988—1994年,刘仲明校长任职期间,每年组织学生参加台北侨联总会及美加地区作文、书法、绘画比赛,获奖无数,当地报章都有报道转载。另外,为了扩大学校的影响力,加强学校与华人社会、主流社会的联系,中文学校还利用筹款晚会、开幕剪彩、春节游行等节日庆典,开展各种类型的传统文化节目展演,推广中华文化,提升中文学校整体形象。

第二节　粤籍华侨华人与加拿大华文教育

加拿大的华文教育发端于淘金潮中后期华人富商开办的私塾,后来在中华会馆、教会、帮会、华人宗亲、地邑等组织的领导下,走过了清末的萌芽期和民国的发展期。尤其抗战期间,受民族意识的鼓舞,加拿大华文教育得到了蓬勃发展,据统计,1932—1945年,加拿大的华文学校有26所,华侨集中的温哥华有8所,维多利亚有7所,此外,蒙特利尔、温尼伯、渥太华、新威斯敏斯特、卡尔加里、纳奈英、埃德蒙顿等地均有华侨小学或幼儿园[①]。

"二战"以后,随着加拿大政府放宽了华侨子女移居加拿大的政策,华侨华人对于民族生存权和平等权的合理要求得到一定程度的满足,加上战后国际政治局势的巨大变化,使得加国华人逐渐萌生落地生根意识,在他们心目中,华文教育的重要性与战前相比大大减弱。同时在客观上,许多华人的居所远离华埠,华校的办学经费、教材、师资量微质低,也削弱了华文学校的吸引力,许多华校由于生源不足被迫关门。战后直到20世纪70年代之前,华文教育都处于发展的停滞期。

---

① 李东海著:《加拿大华侨史》,台湾"中华大典"编印会,1967年,第341-342页。

20世纪70年代以后,加拿大华文教育开始走向复兴,表现为:第一,华文学校的数量和规模都有很大的增长。据1986年不完全的统计,加国华人举办的中文学校有56所,学生近万人,教职员600余人[①]。这些学校比较集中于华人聚集的卑诗省及大温哥华地区、安大略省、阿尔伯塔省及埃德蒙顿、魁北克省及马尼托巴省等区域。这种复兴的热潮到了20世纪90年代以后,在国际汉语热的大背景下,被来自中国、东南亚的新移民连同加国传统侨社的力量,一同推向了新的高涨阶段。1994年,仅温哥华在册华校已有50余所,未在册开课学校达130所[②]。华校数量的增加直接体现了加国社会对华文教育的强烈需求,与之相应的是华校规模也在不断扩大。如1997年创办的阿尔伯塔省中文学校建校时已有学生1130名,不到五年时间学生人数进一步增加到1360人,学生分为58班上课,课程包括幼稚园、小学、初中及高中各级,另有教职员60余人[③],为加拿大最大的华文学校之一。第二,华文教育与主流教育接轨。在加拿大多元文化政策的指引下,加拿大各省都制定了祖语教育计划,即组织政府财力、设施和各民族地区的人力资源,开展母语教育,保留各民族的语言文化传统。这一计划的实施为主流学校内的华文教育开辟了广阔空间。以安大略省为例,到20世纪80年末,整个大多伦多地区,除了士嘉堡外,多伦多、北约克、约克、东约克、伊陶碧谷五市的教育局以及统管大多伦多市天主教学校的天主教教育局所辖的学校中,有72所学校设有339个中文班,学生共有8664人[④]。在温哥华,公立中学如有15个以上学生家长要求开设华文课程,学校就会设法去开班。1984年卑诗省议会决议,将中文列为全省学校第二种语言课程,1985年该省进一步决定全省中学9—12年级必须设置中文课程。另外,加拿大政府从1994年将华文考试成绩作为大学认可的一种外语分数。所有这些现象表明华文教育已经成为加拿大国民教育体系的一个组成部分。

像美国一样,当代加拿大的华文教育在不断扩大规模、完善建制、提

[①] 王棠主编:《转轨中的华文教育》,北京:中华文化出版社,1991年,第71–73页。
[②] 耿红卫:《试析加拿大华文教育的发展》,《八桂侨刊》2015年第3期。
[③] 中国海外交流协会文教部编:《第三届国际华文教育研讨会论文集》,北京:华语教学出版社,2000年,第49页。
[④] 王棠主编:《转轨中的华文教育》,北京:中华文化出版社,1991年,第76页。

高教学质量的同时，也加强了彼此之间的沟通交流，华校联合的趋向愈加明显。20世纪80年代以后加拿大先后成立的华教组织有卑诗省中文学校协会（1980）、全加中文学校协会（1982）、安省华文教育协会（1989）、加西侨校联合会（1989）、中文教育学会（1994）、卑诗省中文学校联合会（1997）等，这些组织通过举办区域性或全国性的会议或研习讲座，讨论华教议题、交流教学经验，共同推进华文教育的发展。在华文教育日益联合化、加拿大华侨华人来源地日益多元复杂、联合性质社团的作用日益举足轻重的今天，单独讨论粤籍华侨华人对华文教育的作用和贡献变得比较困难，但是加拿大早期移民几乎全部来自珠三角的历史事实、粤籍传统侨团仍然占有全加华人社团半壁江山的现实，决定了粤籍华侨华人始终是加拿大华文教育一支重要的推动力量。

一、粤籍传统侨校的延续与变迁

（一）中华会馆与华文学校

中华会馆是华人社区统一的全社区性组织，由于加拿大早期华人绝大多数为粤籍，因此中华会馆也可视为粤籍侨团的一种。以1884年成立的维多利亚中华会馆为例，根据建会时加拿大华侨捐款收据存根的小册子，有学者统计，5056名华人中，有64%来自广东四邑（台山、开平、新会、恩平四县）、18%来自番禺、顺德、南海三邑，还有部分来自广东鹤山、增城、香山等县[①]。中华会馆主要是为了应对加拿大19世纪80年代掀起的排华浪潮以及华人社会内部的变化，救济和遣送部分贫穷的华工回国，维持华侨社会的秩序而出现的。继1884年维多利亚中华会馆成立以后，其他华侨集中的市镇也陆续成立了中华会馆，如新威斯敏斯特、温哥华、多伦多、蒙特利尔、渥太华、哈利法克斯、萨斯卡通、里贾纳、温尼伯、埃德蒙顿等。

中华会馆的宗旨主要是"联络众情、施行善举、解息争讼、扶助贫病、禁除内患、杜御外侮"，在会员福利和施行善举方面，收运部分华侨骸骨回国、资助救济失业贫病华侨是大部分会馆的主要工作，也有部分中华会馆

---

① 黎全恩等著：《加拿大华侨移民史（1858—1966）》，北京：人民出版社，2013年，第72页。

建立华文学校，开展华文教育活动。如1899年维多利亚中华会馆创立乐群义塾、1917年温哥华中华会馆设华侨学校，这两所学校随着时代的变迁几经沉浮，但始终坚持不懈，办学活动一直延续到战后。

1. 维多利亚华侨学校

维多利亚华侨学校是加拿大历史最悠久的华侨学校，由维多利亚中华会馆创建，它的前身是乐群义塾，在清末民初校名几经变迁：1909年名维多利亚中华学堂，1917年改为维多利亚华侨公立学校。1924—1929年，学生人数在110～140名之间。1931年受经济危机及校内人事问题影响，学生人数降至50余名，1933年校务整顿后，学生人数略有增加，1934年申请中国政府侨务委员会的补助，1939年学生达159名，为历史最高纪录。"二战"以后，由于维多利亚华人社区衰落，学校经常要面对经费不足的难题，但在20世纪70年代学生仍有100名[1]。

2. 温哥华华侨公立学校

温哥华华侨公立学校是战后加拿大规模最大的华侨学校之一，1917年由温哥华中华会馆创建，曾石泉、陈树人等具体负责，学生有200余人。1922年因曾、陈二人回中国，校务废弛，学生锐减，后受经济危机影响，经费日绌，1932年停办。同年8月，国民党在温哥华的党总支部将学校迁到党总支部所在地，重新组织学校校董会复办，1941年向中国教育部立案，定名为温哥华华侨公立学校。1943年学生达200余人。60年代有学生500余人、教师10余人，为当时加拿大规模最大的华文学校。

（二）宗亲、地邑社团与华文学校

宗亲侨团和地邑侨团是以血缘、姓氏、地缘为纽带结成的团体，目的是相互扶持，谋取利益，沟通感情。加拿大宗亲、地邑侨团出现于19世纪70年代，比较著名的宗亲社团有黄江夏堂、李氏公所、昭伦亲义公所、至德三德堂、笃亲公所、南阳总堂、溯源总堂、凤伦总堂等，地邑社团有新宁余庆堂、新会福庆堂、香山福善堂、开平广福堂、恩平同福堂、番禺昌后堂、增城仁安堂、南海福荫堂、顺德行安堂、客家仁和堂等。宗亲地邑社团主要由

---

[1] 周南京主编：《华侨华人百科全书　教育科技卷》，北京：中国华侨出版社，1999年，第300页。

城市富商主持，同时也为同乡同宗的华工举办一些福利和慈善事业，具体包括慈善救济、调解、诉讼、教育、卫生、宗教祭祀等事务。总体上看，宗亲地邑社团办学的热情不高，战前只有温哥华恩平同福总堂创办了广智学校，维多利亚的禺山公所倡办了禺山小学，黄江夏堂创办了文疆学校。广智学校校长徐如悦是华社的知名人士，学校设有国民一至三年级、高小各年级，还开设英文夜学班，校长徐如悦亲自担任卫生一科教学，学务委员吴玉书担任体育、唱歌两科教学[①]。作为一所较有影响的华校，广智学校的办学活动一直延续到战后。宗亲地邑侨团办学最成功的例子当属黄江夏堂创办的文疆学校。

黄江夏堂是黄姓华侨华人在海外成立的本族姓的宗亲社团组织，在东南亚的菲律宾、印尼、新加坡、马来西亚都建有黄江夏堂或江夏公所，美洲的黄江夏堂最早成立于1875年的旧金山。黄江夏堂以汉代尚书郎黄香（文疆）为奉祀祖先，江夏县位于湖北省东南部，现已成为武汉市的一个区，过去一直有"楚天首县"的美誉，是海内外黄姓裔孙公认的总郡望和发祥地，即"天下黄姓出江夏，万派朝宗江夏黄"。加拿大黄姓族人众多，据学者统计，1884—1885年，卑诗省5056名华人中黄姓有415人[②]，其中119人来自广东台山。大约在1885年以前，维多利亚已经建有黄江夏堂，以联络感情、互助合作、共谋宗亲福利为宗旨。起初没有固定会所，只在埠中发生事端，或于乡间有任何善举，或于每年拜祭祖先诞辰时，会众才举行聚会。后设总堂于温哥华，在维多利亚、多伦多、卡尔加里、蒙特利尔等城市设有17处分堂及通讯处[③]。

1925年，温哥华黄江夏总堂创办文疆学校，是加拿大乃至美洲侨社唯一的氏族学校，校舍设于会所三楼，主持教务者为黄灼棠和黄绮霞。同年七月向加拿大政府注册，1937年3月在国民政府侨务委员会暨教育部立案。文疆学校因为"组织健全，人事一贯，一切行政较为简化，故成绩素著"[④]。华侨子女踊跃报读，限于教室不足，初期只能招收75人。1929年在国小部以外开设

[①] 黎全恩等著：《加拿大华侨移民史（1858—1966）》，北京：人民出版社，2013年，第459页。
[②] 黎全恩等著：《加拿大华侨移民史（1858—1966）》，北京：人民出版社，2013年，第72页。
[③] 参考周南京主编《世界华侨华人词典》，北京大学出版社，1993年，第218页。
[④] 李东海著：《加拿大华侨史》，台湾"中华大典"编印会，1967年，第337页。

补习班。1932年选派学生参加华侨教育会加拿大分会举办的全加侨生识字写字比赛，获奖者人数众多。1946年，因为学生人数骤增，商请黄江夏总堂在二楼增开教室，同时举行筹捐开办中学。到60年代，初中及小学部共有学生220余人。

除了中华会馆、宗亲地邑侨团之外，加拿大洪门致公堂还于20世纪20年代成立了菁莪学校，以培育华裔精英为宗旨。温哥华洪门民治党1935年举办了大公义学，凡入学者一切费用豁免，学校经费除了依靠民治党津贴以外，全依赖社会人士捐助。作为全加拿大唯一免费教导侨生的华文学校，大公义学在战后也持续办学很多年，具有比较广泛的社会和历史影响，但到20世纪60年代末停办。

（三）粤籍传统侨校的特点

第一、粤籍传统侨校的办学活动主要依靠粤籍侨团的组织、赞助和监督管理。加拿大第一所华文学校乐群义塾的成立完全依靠中华会馆的倡议和组织。当时有感于华埠内贫苦华侨子弟求学无门，中华会馆诸侨领抱持有教无类的教育理念，聘请李扬光、黄介石创办义塾，以会馆三楼辟为教室。中华会馆还组织董事会管理学校日常工作，校长则由华埠内德高望重的侨领做名义上的领导。在华文教育的发展中，筹集款项建设学校是一件需要付出大量精力和财力的工作，1908年维多利亚中华会馆筹办中华学堂，华埠侨商李奕卫、卢仰乔首先各捐助1000元，之后维多利亚、温哥华等地侨商也热心捐输，共筹款4万余元，保证学堂于次年七月竣工落成。类似的还有温哥华华侨公立学校，抗战期间，温哥华华侨公立学校侨童大增，会馆有筹建新校舍的设想，但因为战时物力维艰而难以推进。40年代末，组织筹建新校舍委员会，选李日如为委员会主任，邓湛隆、林振为监督，李照礽、林国珍为财政，李乐天、萧秉祺为宣传，林逸川、李朗轩为总务，关崇颖、李梓良为募捐，合力推进，侨领李日如、李奕侣首先各捐助5000元，李照礽、林举振各捐助3000元，之后经各侨团侨胞勋力捐助，共得款项7万余元，并于1953年购置毗邻唐人街的一所旧教堂，改建为新式校舍，同年8月落成。而大公义学校长颜志炎的劝捐举动更是成为一桩美谈。他在战后曾利用暑假两个月，游遍全加，为学校筹款12000元，受到学校校董会致赠金牌感谢①。在校长、教员聘用方面，由于语言便利，粤籍侨校的很多主事者、教师都是广东人。如乐群义塾初建时聘任的扬光先生，是广东台山东头里人，光绪年间秀才。文疆学校历年任教者有黄灼棠、黄绮霞、黄镜波、黄公权、黄洁英、黄承义、黄亮畴、黄星甫、黄敬三、黄孔阜、黄鸿辉、曾美霞、李颖鸿、马新眉、黄绰余、黄卫青、司徒懿向、黄琼意、黄蕙坤、黄伟、何春南、黄炯怡等，大多数为黄姓族人，其中黄星甫、黄孔阜连任教员、校长长达十四年之久，服务侨教，其清苦自乐的精神难能可贵②。维多利亚华侨公立学校的历任校长及教员有50余人，大多数也为粤籍人士，尤其值得一提的是祖籍广东台山的李东海，担任学校华侨公立校长及中华会馆书记十余年。他早年曾在厦门大学历史学系就读，侨居加拿大期间曾利用维多利亚中华会馆八十年多年所珍藏的文献、卑诗省省府资料室所保存的史料，并博采中西文图书、日报、刊物、政府公报等，撰成35万字的《加拿大华侨史》，为一部具有价值的信史。

第二，从侨民学校向华文学校转向，办学方向更加多元化。战前的粤籍侨校如同世界各地的华侨学校一样，其办学目的和宗旨是保存中华民族的文化，发扬爱国精神，学制、教师、课程内容完全照搬中国的，甚至与中国的城市相比，课程和办学方法都要更保守。如乐群义塾分为甲乙两班，甲班授四书、经史、《千家诗》等，乙班授《三字经》《百家姓》《幼学琼林》。塾内另设庙堂，祀有孔子牌位，每年农历八月二十七日孔子圣诞之日，学生的父母要携儿女、三牲到孔子灵前跪拜，默祝其儿女学业有成。新文化运动以后，中国国内发生教育革命，白话文成为新的书写语的基础，但在加拿大的这些传统侨校，教学语言仍是广东话而不是国语，教材仍然是一些根据古文改写的词汇有限的读本，有的仍然沿用19世纪采用的中国教育经典③。"二战"后，传统侨校教育成为隶属于所在国国民教育中的民族文化教育的一

---

① 黎全恩等著：《加拿大华侨移民史（1858—1966）》，北京：人民出版社，2013年，第595页。
② 李东海著：《加拿大华侨史》，台湾"中华大典"编印会，1967年，第338页。
③ ［加拿大］魏安国等著，许步曾译：《从中国到加拿大》，上海社会科学院出版社，1988年，第263页。

种，教育的宗旨主要是为满足华人保留"文化之根"的需要，因此在课程的设置上"教育"的意味有所减弱，相应地增加了许多传统文化课程，主要有中国语文（包括语法、拼音、对话、阅读、写作、书法）、国画、音乐、舞蹈等。同时，为了适应亚洲形势的变化以及加拿大新移民的需要，许多学校也开办了国语班，如文疆学校1951年开始加设国语课程，老师黄维申在该校大礼堂用国语演说，并转译粤语，"发音正确，而又用两种语言对照，听者甚感兴趣"，他的国语课每周六讲授一小时，由学生选修。后来黄维申赴香港省亲，国语课改由黄澄清讲授。到1953年，该校又聘请黄月葵女士担任国语老师，兼授常识、唱歌等课。另外，还有一些传统侨校在保存民族文化的同时，开始入乡随俗，向当地主流文化靠拢，比如大公义学在20世纪60年代开始将圣诞节庆祝活动与学期结束的放学礼一并举行，还特别举行宗教祝圣仪式，这些中西合璧的新型仪式受到学生和家长的普遍欢迎。

第三、华文学校成为中华文化传播的集散地。战后华文学校语言教育与文化教育并重的二元教育模式，使得华文学校成为华人社会传播中华文化的有效平台。比如隶属于加拿大政府的国家影片厂，为了拍摄华埠电视片，以介绍华裔在加拿大发扬中国固有文化的情景，就曾经到大公义学拍摄华文学校的教学情景，该校的创办人演讲至圣先师孔子的儒家道理，学生认真聆听，英文同步翻译，拍摄从晚上7点持续到10点[①]。更具代表性的例子是文疆学校于20世纪50年代筹划设立的文化室，以"陈列中华古今文物，实施环境教育，以加强侨生对祖国之认识，以引起其爱护宗邦之观念及德行之修养"为号召，收到海内外社会各界捐赠的名人字画、瓷器雕刻、陶器漆器、中堂对联、图书照片，不计其数。在1954年4月4日举办的成立典礼上，学生表演了白话剧目《没有登记的同志》和改编自老舍名著的《面子问题》。文疆文化室如同一座中华文化的博物馆，吸引了华埠及主流社会人士的关注，据统计，成立仅一年多，就接待西人到校参观1100余人次。另外，文疆学校还多次邀请学者到校发表中国古代历史、民族及文化等主题的演讲，受到学生和侨界的热烈欢迎，提升了华人社会的学术文化含量。

---

① 黎全恩等著：《加拿大华侨移民史（1858—1966）》，北京：人民出版社，2013年，第598页。

二、中华文化中心与华文学校

中华文化中心是战后出现的以弘扬中华文化为宗旨的民间社团组织，目前建成并对外开放的中华文化中心有四所，分别位于温哥华、埃德蒙顿、卡尔加里和多伦多。第一间中华文化中心是黄氏宗亲会于1972年倡议，由各界华人、社团积极响应，并在加拿大政府财政支持下成立的温哥华文化中心，中心设理事会，由会员大会选出理事31人，会员分为永久会员、团体会员、家庭会员和个人会员多种，现有会员6000多人。埃德蒙顿中华文化中心成立于1985年，以中华会馆为主体，由十几个华人社团经过多年筹备，在加拿大政府及全体华人共同努力下，耗资180万加元建成，目前是埃德蒙顿市华侨华人娱乐学习和交流聚会的场所。卡尔加里中华文化中心建于1991年，是加拿大最大的文化中心，由加拿大政府、中国香港企业家霍英东及当地企业家周治济等捐资兴建，建筑样式仿照天坛祈年殿，大厅金碧辉煌、气势恢宏，文化中心有一个古文物馆，里面有兵马俑的复制品和其他珍贵文物，是卡尔加里城内的著名一景。大多伦多中华文化中心于1994年兴建，是大多伦多市多元族裔的文化枢纽，创始主席为张明达医生。这些文化中心的领导层以中国香港移民为主，在多年的文化活动中，始终与广东省建立和保持着良好的合作关系。比如2002年温哥华中华文化中心曾与广东省史志办合作举办了"广东侨乡与加国华侨"学术研讨会。2004年，广东省恩平市代表团到加拿大访问，特意参观了温哥华中华文化中心，时任中心主席的恩平籍乡亲郑文华介绍了中心的概况及华人在加拿大的历史，并陪同代表团参观了各项文化设施。2017年底，温哥华中华文化中心一行五人还在主席郭英华带领下拜访广东省侨办，双方考虑在华裔新生代中开展工作，在当地传播中华文化、培训华文师资、宣传推广粤菜、举办广东少数民族文化展等方面进行合作，推动广东与温哥华的文化交流。

中华文化中心以传播中华文化、传承中华文明、分享文化传统、增强合作交流、促进族裔和谐为目标，一般设有中文学校、图书馆、博物馆、活动中心、会堂、剧院等设施，不定期开展各种文化演出、讲座、展览等活动，是社区传播中华文化的重要平台。中华文化中心的中文学校根据不同的情况开设各种类型的中文语言课程,其中温哥华中华文化中心旗下的李世坤中文学校规模最大,现已发展6所分校,分布于大温哥华地区列治文、温东、本拿比、高贵林等市,有学生4000余人、教师150人。学校宗旨在于推广语文教育,培训学生听讲读写能力,同时注重伦理道德熏陶和传统文化的学习,课程设置从幼儿园到高中,非常完备,每周七天分不同时段上课,是北美地区最具规模的中文学校之一。学校除了国语班和粤语班外,还有专为温哥华当地出生、年龄稍大的土生华裔学生开设的"广东话写读班",以汉语拼音为教学工具的"简体字班",以及为准备参加中文省试的学生开设的"中文省试预备班"。2011年学校参加由中国主办的海外华人青少年作文比赛,获得5个一等奖、12个二等奖、15个三等奖、8个教师指导奖,成绩突出[1],同年学校荣获国务院侨办颁发的海外"华文教育示范学校"荣衔。

第三节 粤籍华侨华人与拉丁美洲华文教育

与北美洲的美国和加拿大相比,拉丁美洲的华文教育较不发达,且发展比较迟缓。据载,清光绪年间,哈瓦那和利马曾设立过"中西学堂",兼学中文和西文,"文字既通,即分门学习武备、制造、算学、律例等事"[2]。辛亥革命以后,拉美各国华侨办学活动开始增多,如1920年墨西哥墨西卡利市建立中华学校,1924年秘鲁中华通惠总局开办中华学校,1924年牙买加成立新民学校,1934年国民党巴拿马支部设侨立中国国民小学,1936年古巴设长老会中华学校,1938年古巴奥连特省办华侨小学,1947年厄瓜多尔成立中华小学校,1943年特立尼达和多巴哥办中华学校,1943年萨尔瓦多设华侨夜校,1944年洪都拉斯办华侨小学,1945年苏里南设华侨小学。这些学校主要由华人社团、国民党组织、教会团体以及私人开办,因为早期拉美华侨大多是广东人,因此侨校都以广东话授课。学校规模很小,学生一般只有几十甚至十几人,大的也不过百余人,设备非常简陋,教师延聘不易。生源和经费的缺少导致有些学校寿

---

[1] 《大温哥华文化中心中文学校送别337名毕业生》,《海外华文教育动态》2011年第8期。
[2] 李春辉、杨生茂主编:《美洲华侨华人史》,北京:东方出版社,1990年,第620页。

命很短，几年之后就办不下去了。1965年，台湾当局"侨务委员会"统计，拉丁美洲侨校共有22所，其中墨西哥、古巴、巴拿马、牙买加各3所，秘鲁、苏里南各2所，特立尼达和多巴哥、厄瓜多尔、多米尼加、危地马拉、巴西、智利各1所①。在拉丁美洲华文教育的历史中，粤籍华侨华人做出了重要贡献，限于资料，本处仅考察中华会馆与华文学校的关系。

一、秘鲁中华通惠总局与中华学校

"二战"前由粤籍侨团开办并延续至今的华文学校主要是秘鲁中华通惠总局设立的中华学校。中华通惠总局是秘鲁乃至拉丁美洲华人综合性社团的代表，它不以某一地区、某一特定籍属的华侨华人为服务对象，而是秘鲁全国性的全侨组织，但是因为秘鲁的华侨大多来自广东，作为其会员的各代表侨团基本都是粤籍宗亲地邑组织，因此中华通惠总局具有非常明显的粤籍侨团属性。

中华通惠总局的成立，与秘鲁华侨社会的形成和粤籍侨团组织的建立密切相关。粤籍华人移居秘鲁可以远溯到明万历年间，鸦片战争之后，大量广东契约华工进入秘鲁从事苦力劳动，他们被安排到鸟岛挖鸟粪、在沿海种植园做工、在各地修公路铁路和港口。居所分散，没有身份自由，华侨社会无从形成。直到19世纪70年代，随着契约劳工制的废除，拉美华侨摆脱了身份控制，成为自由人，并逐渐从荒岛、郊区进入城镇做工或经商。为了联络乡情的需要，华人先后成立了中华、同升、南海、番禺、冈州、香山、福潮、远安、粤东、潮州、肇庆、东义堂和义勇堂等13所华侨会馆②。1884年，清朝光禄卿郑藻如奉命出使拉美，他在秘鲁看到众多华侨散居各地，尽管建立了一些地方性的社团，但彼此之间没有统一组织，"乃命有众创设中华通惠总局"，取"通商惠工"之意。1886年，在秘鲁华侨华人的积极响应和踊跃捐资下，中华通惠总局成立，会所设在利马市爱育街811号。秘鲁中华通惠总局采用团体会员制度，会员由各地邑宗亲社团组成，如古冈州会馆、番禺会

---

① 高信：《华侨的时代使命与努力方向》，台北：华侨出版社，1967年，第220–222页。
② 李明欢著：《当代海外华人社团研究》，厦门大学出版社，1995年，第34页。

馆、鹤山会馆、花邑会馆、中山会馆、介休会馆、同升会馆、龙冈亲义公所和中山隆镇隆善社。

秘鲁中华通惠总局的宗旨是"总理秘鲁华侨的慈善公益事业，加强华侨相互扶助，继承和发扬中华民族传统，维持华侨权益"，在慈善公益事业方面，开办学校、开展华文教育是重要内容。1923年秘鲁中华通惠总局主席谢宝山（祖籍广东中山），倡议设立中华学校，由谢宝山、何海珊、周健超、霍炯堂、唐芝云、李琼山、罗殿祥、冯孝选、郑靖奎、梁国霖、霍家勤、古镜初、古聘夫、钟庚言组成筹备委员会，并展开建校募捐。1925年4月15日租利马市南海会馆为侨校校舍，招生开课，学生65名，分3级授课。1926年，通惠总局开课，聘周翘轩为华文主任、蔡少春为西文主任，学生增至113名。40年代后半期，有学生170名、华文教员3名、西文教员6名。秘鲁中国国民党总支部人员也于1935年在利马国民党党所创办了三民学校，学生人数最多时达200余人。1962年两校合并，定名利马中华三民联校。国民党驻秘鲁总支部常委潘胜元等提倡，将"中国航空建设协会"秘鲁分会在利马美连耶区近2万平方米之巨幅土地赠给联校作为校址，潘又捐款数十万秘元，在此地建3层校舍。同年开学，学生288人。经费由通惠总局定额津贴，并每年向华人社区募捐两次。1966年有校舍4栋，又有中山纪念堂、学生宿舍及幼稚园，学生400名分别编入高中、初中、小学、幼稚园。1973年，台湾"侨委会"支持成立联校自治会管理学校，1976年学生人数达2000余名。学校教授华、西、英三语，组织有乐队、舞龙队、舞狮队、民族舞蹈队，又先后增建孔夫子、林语堂、胡适3栋大楼，设有理化实验室、电脑室、电化室、音乐室、家事室。该校颇具规模，所以曾得秘鲁教育部列入全国20所示范中等学校之一。由于学生不断增加，原校舍不敷应用。中三联校自治会驻校理事总务主任梁光原说服秘鲁教育部拨出圣米格邦杜新社区9272平方英尺土地扩建分校。国民党驻秘鲁总支部常委潘均荣首捐200万元作为分校第一栋大楼建筑费用。1982年3月大楼完工后，潘均荣又捐7000美元设置中文成绩优良学生奖学金，分校正式命名为孔夫子学校，并于1982年4月正式开学[①]。

---

① 参考周南京主编《华侨华人百科全书 教育科技卷》第163页及陈国华《先驱者的脚印——海外华人教育三百年1690—1990》第570页。

二、智利智京中华会馆与中文学校

智京中华会馆成立于1893年，是智利现存历史最久远的华人会馆，由于智利老一代华侨大多为广东人，且以广东鹤山人居多，因此智京中华会馆是以粤籍会员为基干，广东鹤山籍乡亲任主要职务的资深社团，据2014—2015年统计，中华会馆13位理事中有12位是广东人[①]，可见直到今天，这种广东"一省独大"的局面也没有改变。智京中华会馆馆址设在首都圣地亚哥，最初宗旨是联络旅居智利侨胞，为新抵智利华工提供帮助，并开展一些华人福利事业。在华文教育方面，智京中华会馆曾经多次尝试开办学校，如在20世纪60年代曾创办培英学校，在张伟廉任会馆主席期间曾开设中文学习班，但都未能坚持下来。进入21世纪以后，智利华人移民不断增多，同时伴随中国经济发展和国际影响力的提升，世界范围内兴起了"汉语热"，智京中华会馆的侨领们决定抓住时机，再次开办华文学校。

2002年2月，以陈桂陵、彭奋斗和胡金维为首的新一届智京中华会馆理事会成立，决定把开办中文学校作为首要任务。理事会提出：要向理事负责，为后代着想，哪怕只来一个学生，中文学校也要开。理事会决定将2000年落成的会馆大楼三层全部改造为教室，并于2003年5月成立了中文学校筹备小组。在中国驻智利大使馆的关心和支持下，陈桂陵主席，彭奋斗、胡金维副主席，马志华秘书长，谭胜昌、周锦文等全体理事积极投入到筹备工作，广大热心公益事业的侨胞，不分地域，献计献策，为学校捐款捐物，有文化有教学经验的侨胞不计报酬报名当教师。经过几个月的努力，智京中文学校于7月5日举行成立大会和开学典礼，有学生90名、教师8名，韩平伟出任教务长。

智京中华会馆中文学校的招收对象，是在智利首都以及周边城市各大中小学校学习的年龄6—20岁的华人子弟，也有少量智利中小学生和成人入学。学生按中文水平和年龄分班，学生人数在90～140人不等，每周六上课（12:00—16:00），每次四个课时（45分钟/课）。学校的中文教学以中国暨

---

① 《海外侨情观察》编委会编：《海外侨情观察2014—2015》，广州：暨南大学出版社，2015年，第265页。

南大学华文学院的教师参考书《中文》为指导，以通过国家汉办设立的中小学生汉语考试（YCT）和汉语水平考试（HSK）为目标。课程设置包括快速识字、汉语拼音、中文综合教学、中国文化历史地理常识、中国书法、手工、民族舞蹈等。现用教材为中国暨南大学华文学院编写的《中文》、北京中国语言文化学校编写的《汉语拼音》、中国教育部语言文字应用研究所研究员郭保华教授编写的《等级汉字》和华语教学出版社出版的《中国文化常识》《中国历史常识》《中国地理常识》（中西文对照版）。每年除了单元中文测试外，学期末举行中文总测试，同时根据各年级的学习进度定期举行少儿YCT1—4级和成人HSK1—6级模拟考试。

作为一所由粤籍侨团在21世纪开办的华文学校，智京中华会馆中文学校呈现出以下特点：

第一，中文学校的发展主要依靠中华会馆理事会的领导和资助，同时中国政府各级侨务部门、驻智利使领馆以及智利侨界各方也给了了大力支持。由前文可知，中文学校是由中华会馆的侨领倡议并筹办起来的，理事会为学校提供校舍、购买办公家具和学生课桌椅，每年都添置教学设备和购买文具，学生学费一直保持低标准，会馆财务补助是学校经费的重要来源。学校日常在会馆理事会领导下进行工作，2003年会馆理事会制定《智利智京中华会馆中文学校学生守则》，2007年学校制定《智利智京中华会馆中文学校教师岗位责任制》，完善了学校的各项规章制度。中华会馆诸多理事陈桂陵、胡金维、彭奋斗、李红光、吕玉松、谭胜昌、陈叙贤、何国新、胡百均、郭文等都对校务倾注大量心血，事必躬亲，及时倾听教师意见，改善教师待遇，使中文教学得以顺利开展。另外，中国各级侨务部门也非常关心学校的发展，自学校成立后，国侨办就一直免费为其提供中文教科书，并拨款25000美元用于学校基础设施的扩建和改善。广东省侨办也为学校赠送文具、图书和乐器。建校十余年中，先后有全国人大侨委、全国政协港澳台侨委、中国国侨办、中国侨联等多个涉侨部门和数十个国内访问团到学校参观、座谈和指导工作。中国驻智利大使、领事、新华社驻地社长、孔子学院中方院长等人多次应邀参加学校重要活动，鼓舞了会馆和学校师生的办学热情。智利各界侨商、侨胞也为学校提供了各种各样的帮助。如智利江苏商会会长郁飞先后十余次向学校赠送文具、奖品、礼品、舞蹈服装等各种物品,而且数量很大,为学校解决了很多困难;智利唐山伙食华人超市老板杨立国先生、智利瀚融实业有限公司总裁朱建平先生赠送中文教学挂图、儿童读物和文化书籍等。

  第二,学校成为传播中华文化的园地。学校除了日常开设中国语言文字和传统文化类的课程以外,还通过公开演出、文化展览等活动,加强与侨社以及智利其他种族的互动,成为外界接触、了解中国文化的媒介。比如学校2007年组织了学校舞蹈队,先后学习排演了《采蘑菇的小姑娘》《好日子》《阿拉姆汗》《在那片草地上》《茉莉花》《穿越黑暗》《北方有佳人》、时装秀、拉丁舞等中外舞蹈,2008年学校舞蹈队代表智利侨界参加智利外交官夫人协会举办的国际慈善公益活动,2009年参加侨界庆祝中华人民共和国成立60周年晚会和智利华商联合总会成立大会,2013年参加智利华人华侨妇女联合会、智利教育部和智利全国儿童福利院联合组织的慈善义演,展示了中国文化艺术,受到侨界和当地社会的欢迎和好评。学校还每年举办学生书画作品展览,主题包括对家乡的记忆、对中国的向往、在智利的生活学习、国际旅游度假等。2008年中国驻智利大使馆文化处与学校联合组织了"北京欢迎你"奥运绘画和作文大赛。2009年学校在会馆二楼活动大厅开辟专区,展示学校活动图片、学生字画、学生作文,还制作每年一期的大板报,活动至今展示过的主题包括"爱祖国、爱家乡""庆祝中华人民共和国成立60周年画展""我会中文我骄傲""我的中国心""会说中国话走遍天下都不怕""竹青智利智京中华会馆中文学校成立十周年",受到侨界的好评。

  第三,重视对外交流,建构多元社会网络。在智利,学校建校以来一直同智利其他开设中文课程的教学机构保持联系,学校老师积极参加孔子学院和孔子课堂的活动,例如中国文化讲座、中国文化艺术表演、中文教学交流、汉语桥等。学校每年的结业仪式等重要活动也邀请其他教学机构和汉语教师来参加。学校还是智利中文教师协会的集体会员单位。同时,学校也积极开展与中国的联系和交流。自学校成立后,每年派教师参加中国国家汉办、中国大使馆文化处、智利天主教大学孔子学院和智利圣托马斯大学孔子学院在中国或智利本土举办的各类中文教师培训班,2011年韩平伟校长还参加了国侨办举办的"印尼、美洲海外华校校长培训班"。2006年以来，学校还每年组织智利华人华裔学生参加国侨办举办的"海外华裔青少年寻根之旅"冬令营活动，共有88人参营。学校的老师和学生还积极参与社会公益活动：2006年中南美洲中国和平统一促进大会在智利召开，老师们为大会做义务服务；2008年中国汶川地震、2010年智利"2·27"大地震，许多老师和学生向灾区捐款，高年级学生写信慰问灾民。

总之，智京中华会馆中文学校虽然是一所以广东人为主的侨团开办的学校，但在发展的过程中，能够打破籍属限制，广纳侨社各界人士的建议和资助，积极寻求中国政府侨务部门的指导和帮助，以语言教育和文化传承为目标，发展与侨界、当地社会、中国各方面的联系，在功能的发挥上突出文化交流媒介的特性，取得了良好的社会声誉。

第六章　粤籍华侨华人与欧、非、大洋洲华文教育

第一节　粤籍华侨华人与欧洲华文教育

一、欧洲华文教育的一般状况

与东南亚不同，欧洲华文教育起步较晚，"二战"以前，只有英国和荷兰出现过几所规模较小的中文识字班，如1919年荷兰华人社团中华会在莱顿创办的"中文班"，1928年何艾伦在伦敦创办的中文学校等。这些中文班在战争期间大多毁于战火。"二战"以后，海外华文教育蓬勃发展，但是由于欧洲各国忙于恢复经济、医治战争创伤，加之当时旅欧华侨华人数量不多，因此欧洲的华文教育仍经历了一段停滞时期。据统计，到1954年海外共有华文学校4376所，但是欧洲只有3所[①]。其中2所分别位于英国的伦敦和利物浦。

20世纪70年代以后，随着国际政治、经济局势的改变，欧洲出现了华侨华人移民的高潮。这些移民主要来源于中国香港新界、东南亚印支三国还有改革开放以后的中国内地新移民。据1997年统计，英国、法国、德国等12个西欧、北欧、南欧主要国家的华侨华人共有95万人[②]，与1955年欧洲主要国家

---

① 周南京：《战后海外华文教育的兴衰》，郭梁主编《战后海外华人变化国际学术研讨会论文集》，北京：中国华侨出版社，1990年。
② 欧洲华侨华人社团联合会：《文件资料汇集》，第43页。

的华侨华人数有11980人相比,40年间人口数量增加了90倍。华侨华人数量的增加扩大了华文教育的自然基础,同时,在客观上,欧洲国家大多鼓励多元民族文化的发展,有的国家还通过划拨教育经费、发放津贴等方式给华文学校不同程度的资助;另外,在这个阶段中,中国政府和侨务部门、海外华人社团也非常重视华文教育的发展,这些政府、社会力量汇聚成了推动欧洲华文教育发展的巨大合力。因此,20世纪70年代以后,欧洲华文教育的发展速度逐渐加快,尤其20世纪90年代以后,更有风起云涌之势。

第一,华侨华人自己创办的中文学校数量越来越多。据学者的调查估计,20世纪90年代中期,全欧华人创办的中文学校(中文班)有300余所,其中英国最多,有160~180所,遍布全英各地,其次为荷兰、法国,各有中文学校(中文班)三四十所,再其次是德国有20多所,西班牙有13所,意大利有10所左右[①]。经过21世纪以来近二十年的发展,欧洲华文学校的数量早已不限于此,2005年《欧洲时报》报道,英国的华文学校已超过200所,教师有1000人左右,学生两万多人[②]。这些中文学校从办学主体来看,可以分为四类:一是华侨华人社团办学,包括华侨华人社团集资办学和华侨华人社团与当地政府联合办学两种形式,其中华侨华人社团集资办学是海外华文学校的主要类型,而华人社团与当地政府联合办学的形式出现较晚,学校数量不多,代表性的主要有西班牙马德里中文学校、罗马一洲中文学校、旅荷华文联谊会中文学校;二是华侨华人宗教团体办学,如荷兰乌特勒支福音中文学校、鹿特丹中华基督会附设小学、荷兰华人基督教会中文小学等;三是华文媒体办学,如欧洲时报中文学校;四是华侨华人私人办学,如比利时布鲁塞尔"余易书院"就是由旅比台湾人余叔谋、易忠钱两人创办的,书院除开设中文班外,还开办书法班、烹饪班、绘画班、武术班、太极及针灸、指压等进修班[③]。

第二、出现全国性的华文教育行业行会。欧洲各国华文学校多是由华侨华人自发组织,不可避免地存在力量分散、各自为政的弊端。随着华文学

[①] 章志诚:《欧洲华文教育的历史与现状》,《八桂侨刊》2003年第1期。
[②] 郭熙主编:《华文教学概论》,北京:商务印书馆,2007,第97页。
[③] 章志诚:《欧洲华文教育的历史与现状》,《八桂侨刊》2003年第1期。

校的增多，团结各华校及所有热心中文教育人士，有效地促进华文教育的发展，成立全国性的华文教育协会成为一种必然的趋势。1991年末，一群热心中文教育的义务教师，为了给英国土生华侨子弟提供一套合适的中文教材，组织了英国中文教材编辑委员会，并用两年时间编写了一套包括课本、活页作业和教师指引的完备的中文教材。1994年英国中文教材编辑委员会组织成立了英国中文学校联会，共有会员学校89间。作为全英中文学校的联合团体，该组织定期举办广东话、普通话师资培训班，全英学生中文作文比赛、书法比赛、春节文艺汇演等活动，大大推动了华文教育的发展。1996年荷兰华人社团联合会创建全荷中文教育基金会，主要的目的是"在不断变化的荷兰外国语母语教育体系中加强华文教育领域之间的联系，从而达成华文学校与外国人母语教育局属下华文教育之间的配合"。2005年，法国华文教育协会成立，共有会员学校40余所，成为继全英中文学校联会之后，欧洲又一个综合统筹全国华文教育发展的华人团体。广泛的、有权威性的华教组织的建立为欧洲华文教育迈向更高层次提供了组织保证。

第三，华文教育正逐步与欧洲主流教育接轨。随着汉语国际影响力的提升，欧洲的华文教育已经不仅仅局限于周末中文学校这一特定范围，许多国家也在主流教育体系中增设了汉语课程，比如2004年，英国将汉语作为具有战略意义的外语科目，列入中学外语课程。2006年，英国教育部将中文设定为中小学第二大外语。法国的情况也非常类似，2003年调查显示，法国有132所初中和高中提供中文的选修课，共有118名教师，2002—2003年，中小学生学习汉语的人数超过7000人；在高等教育中，几乎所有的专科大学都开设汉语课程，另有10所大学的外语系设有汉语本科，东方文化学院、巴黎第七大学还开设中文硕士、博士课程。欧洲主流教育以及其他非中文背景的教育组织纷纷开设中文课程，一方面固然有利于从整体上拓宽了华文教育的渠道，扩大了华文教育的规模，但另一方面，华人中文学校如何在新的历史条件下保持自己的特色和优势，也是需要广大华文教育工作者思考的问题。

二、"二战"后欧洲粤籍侨团中文学校

粤籍华人是欧洲华人移民的重要组成部分，"二战"以前，粤籍华侨主

要是欧洲国家引进的远洋货运的水手和契约劳工，"二战"以后，粤籍华人主要来源于中国香港新界农民、印支三国难民、新加坡和马来西亚的再移民以及中国内地的新移民。大约到20世纪70年代末，随着香港移民和印支难民逐渐在欧洲站稳脚跟，华人子弟的中文教育逐渐提上日程。

（一）英国

20世纪60—70年代，在香港新界工业化进程中失去土地生活无着的客家农民不得不选择出洋谋生，而战后处于经济衰退中的英国对英联邦各国及其管治地区的人民放宽入境的限制，因此形成了新界人移居英国的潮流。根据1996年英国官方数据，全英华人总数有16.5万～16.8万，其中12万～13万来自香港，新界农民及其后代的人数有10万多人[①]。与后来中国内地、东南亚的新移民和再移民不同，新界的这批移民文化水平较低，95%的人都从事中餐馆和外卖生意，工作常常要忙到深夜，用中文同孩子交流的机会很少，而他们的孩子白天在学校都使用英语，天长日久，这些孩子便从不善说中文变成不会说中文了。这些新界移民因为从小受中国传统文化影响，具有较深的民族感情和浓厚的乡土观念，希望他们的第二代学习中国语言文化、保持中华文化传统的愿望非常强烈，针对这种现象，华侨社团伦敦共和协会于1968年创办了第一个中文识字班，有学生8人、教员1人。同年，英国华商总会也创办了中文学校，以后越来越多的华侨社团把创办中文学校当作为华侨华人谋福利的主要内容之一。因为当时绝大多数华人均来自香港，这些中文学校也都以粤语作为教学语言。

20世纪70年代以来，印度支那三国政府驱赶华裔难民，造成国际难民史上罕见的一次大迁徙，为数达76.5万的华裔难民流落世界各地，其中被英国接收者约为20700人。饱经沧桑的印支华人在包括英国在内的西欧国家生活稳定之后，陆续组织各种社团，谋求同乡同行的互助团结，从事慈善公益事业，传播中华文化。印支华人难民开办的中文学校有伦敦华南小学、侨英小学、华东小学、北部的中文学校和格林威治华裔中文学校等。

---

① 巫秋玉：《旅居英国的香港新界客家人初探》，庄国土等主编《世纪之交的海外华人》，福州：福建人民出版社，1998年。

由于印支难民以广东籍占多数，因此这些学校也主要用广东方言教学。根据统计，到20世纪90年代初，英国的周末中文学校中港侨创办的约有150所，由星马华人开办的有10～20所，由越南难民开办的约有30～50所①。

1. 英国共和协会中文学校

伦敦共和协会成立于1947年，由祖籍广东宝安的老海员陈天声等人创建，最初由华人餐饮业者和海员30多人组成，后来会员发展到1000多人，绝大多数是香港新界移民到英国的餐馆工人和小商人。在英国华人社团中，伦敦共和协会是成立较早、规模较大的团体之一。共和协会成立初期，政治色彩比较浓郁，"以拥护祖国新民主主义建设""有钱出钱、有力出力，帮助人民解放事业的宣传任务"②为号召。20世纪60年代末，共和协会从激烈的政治活动中退潮，开始举办中文教育。1968年共和协会首创了第一个儿童识字班，有8名学生、1名教师。1981年增设帮助侨生获取英国中学中文文凭的学习班。1987年后发展为一所拥有500名学生、26名教员，幼儿、小学、中学共有19个班次的星期天业余学校。该校还设有普通话、太极拳、中国民乐等学习班。学生年龄在3～16岁之间，经考试合格者，学校发给文凭。学校经费主要靠自筹，共和协会的侨团领袖、学校校长、教师以及热心教育的侨胞都有捐助。伦敦教育当局、港英政府驻英办事处等机构也提供少量资助。学校成立之后由于经费不足，很多年没有固定校舍，只能在星期天租借唐人街临近几所学校的教室上课两小时。1985年，共和协会发起"募集共和中文教育基金暨购建校舍"活动，在英国国内和国外开展筹款。在英国国内，筹款委员会邀请英国侨界知名人士成立顾问团及筹款监督小组，首先发动本会会员、学生家长及各界朋友踊跃捐输，继而委派义务筹款员拿着"义捐册"在两年多的时间内走遍英伦三岛，广泛征集捐助款。与此同时，筹委还派出代表团到香港筹款，并成功争取到霍英东等社会名流赞助，收获颇丰。筹委会派到北京的"中文教师代表团"也获得了中国国侨办及各界人士的鼎力支持。1987年，共和协会利用募得的20多万英镑，购买了位于伦敦市中心一座四层

---

① 王棠主编：《转轨中的华文教育》，北京：中华文化出版社，1991年，第50页。
② 英国共和协会：《英国共和协会五十周年纪念特刊》，第44页。

楼高的建筑作为学校校舍，成为英国为数不多的拥有自己独立校舍的中文学校之一。学校教师都是热心华文教育事业的华人青年、留学生、研究生、职员和退休老人。他们全部为义务教师，星期天放弃休息为学生授课，仅中午能享受一顿免费午餐，这种热心教育事业的奉献精神，赢得了广大华人的爱戴和敬佩。曾有新华社驻伦敦记者陆运祥应邀到学校参观，在他的笔下，共和学校的"学生们都很有礼貌，守纪律，课堂上专心听讲，认真做作业，回答问题都预先举手，而且十分踊跃。对于疑难问题，老师们耐心启发，由浅入深，循序渐进，家长们普遍反映，上课时间虽短，子女们都学有所得"[①]。

2. 曼城侨联社华人子弟学校

曼城侨联社成立于1967年，由香港新界移民温石喜等人创办，社团宗旨是联络侨胞、互助互爱，通过当地政府争取华人合法权益。1969年侨联社创办了当地第一所中文学校，1980年，曼城中国教育文化社区协助中心创办了另一所中文学校。如今这两所学校已经成为曼彻斯特规模较大，有广泛影响的中文学校。侨联社中文学校有学生500多人，学生年龄在5～18岁之间。学校开设语文、常识、普通话、尺牍、舞蹈、戏剧、武术、成人英语班和师资培训班。学校教师由学生家长、留学生和热心华人社会事务的英国人组成，都是义务教学，每星期日下午上课，经费主要靠华人社团捐助。侨联社华人子弟学校的创立和发展有赖于全体华侨华人的支持，侨联社的领袖尤其发挥了巨大作用。比如长期担任侨联社会长的温石喜，不遗余力地积极倡导和支持侨团开办中文学校，他说："中国是一个5000年的文明古国，中华民族有优良的道德和文化传统，为让一代代华人继承和发扬我们民族的传统美德，培养他们对故乡的感情，给华人家庭创造和睦幸福的环境，即使遇到再大的困难，我们也要把中文学校办下去。"[②]这一席话道出了华侨华人在海外薪传中华传统文化的美好愿望。

（二）法国

早期旅法华侨多为留学、遣使、经商而留居者，还有一部分是"一战"

---

① 陆运祥著：《英国纪行》，北京：新华出版社，1996年，第142-143页。
② 陆运祥著：《英国纪行》，北京：新华出版社，1996年，第140-141页。

期间输入的华工，在地域上，粤籍人数并不占优势，反而浙江青田人、湖北天门人是比较令人瞩目的群体。20世纪70年代以后，印支半岛爆发难民潮，作为印支殖民地原宗主国的法国接收了十余万的华侨难民。这些难民多为广东潮州籍和福建籍人，还有部分是广东四邑、客家、海南和上海籍人。印支难民的大量涌入不仅改变了法华社会的人口结构，还带来了法国华文教育的兴起。这主要是因为地理上，越南、柬埔寨、老挝与中国毗邻，因此印支三国华人在历史上始终保留着浓厚的中华文化传统和风俗习惯，即使他们后来因为政治动荡而流落世界各地，这种民族情感、文化认同并没有发生改变。20世纪80年代后，法国印支裔华人经过十余年的奋斗，生活逐渐稳定，为了使下一代保持中华文化之根，他们成立了各种社团组织，从事慈善公益活动，传播中华文化。正是在这样的背景下，法国的华文教育逐步发展起来。另外，原印支三国华人教育比较发达，印支难民中不乏从事华文教育的工作者，这也为法国华文教育的起步带来了人力资源和宝贵的实践经验。

1. 华裔互助会中文补习班

华裔互助会是法国规模最大的印支华人团体之一，1982年成立于巴黎，由许书利、潘洪江、郑荣辉、陈顺源、黄擎天、陈庭允、林东岩、陈克威、许木逢、李乌、刘家利、陈锡南、蔡桑鸿、蔡桑田、黄炳财、王立人、陈汝南等17位热心公益事业的华商发起创建。现有会员600余人，多为潮州、广肇、海南、客家、福建等五帮印支移民。尽管华裔互助会不是严格的粤籍侨团，但是社团的发起人和领导人主要为粤籍。如陈克威，祖籍广东潮阳，1975年移居巴黎，其与四弟陈克光创办的陈氏兄弟公司曾位列全法一千家最佳企业；潘洪江，祖籍广东潮州，1975年移居巴黎，先后创办友和有限公司、华丰国货公司、亚洲市场、中国民航服务站、中国商业楼；郑辉，祖籍广东潮州，1975年移居巴黎，创办的巴黎士多公司是营业网点遍布欧洲各国的跨国商贸集团；林东岩，祖籍广东潮州，1976年移居法国，与朋友合资创办百盛饮食业集团，其下属"牛车水"饮食中心深受巴黎人欢迎。其中郑辉不仅是社团的发起者之一，还是社团的核心领导人，自第二届起一直担任会长、主席职。

华裔互助会的宗旨是团结各阶层、各籍贯华人，发扬互助精神，为加强中法友谊和促进文化交流而努力；鼓励华人遵守所在国法律，积极融入法国社会。1983年华裔互助会开办中文班，每年开设6个不同程度的班级，分别在周三、六、日下午授课，暑假另设假期班，采用北京华文学院编写的《汉语》作为教材。授课教室设在社团会所内，教师多为兼职。到中文班学习的华裔学生多数汉语基础为零，可是经过数年的学习，学生们就可以认得上千个汉字，具备一定的阅读和朗读能力，还可以用汉语进行一些交流。每年夏天，中文班都举行隆重的结业典礼，邀请社团领导人、学生及家长出席典礼。经过30余年的发展，华裔互助会中文班的规模逐渐壮大，据2013年统计，华裔互助会中文班有13个班级，共300余学生[①]。

2. 法国潮州会馆中文补习学校

法国潮州会馆，原名法国潮州同乡会，成立于1985年5月5日，由印支潮裔华人黄擎天、黄明山、林东岩、薛理茂等人发起，宗旨是"团结旅居法国潮州籍华裔，互相济助，办好同胞福利事业"。他们同其他社团友好合作，共同推进中法文化交流，不参加政治派别，目前共有会员近2000人。第一届会长是黄擎天，副会长为黄明山、林东岩、赖英孝、罗文中、周木忠、陈顺源、曾辉、陈培辉、许木逢、吴耀龙、蔡梓霖、黄烈川、陈锡南、田清中、郑楚南等。

潮州会馆中文补习学校成立初期只有2个班，56名学生，后来随着入学人数的增多，开始按级分班，采用北京华文学院编写的《汉语》作为教材。除了中文课程以外，学校还于2000年开设中文电脑基础班，让没有电脑基础的学员能够学会利用电脑进行中文文字处理和运作。2002年，为了适应法国大学生进修中文的需要，潮州会馆文教组还邀请比较文学博士、巴黎第一大学亚洲经济系应用外语专业中文教授刘秉文女士，在会馆开设中文专修班，招收正在大学学习或具有同等水平的各界人士。这个班用40~44个学时，教授汉语拼音、基本书写和语法，然后继续教学，使学员具备参加中国汉语水平考试的水平[②]。如今潮州会馆中文补习学校已经发展成为包括34个班820多名

---

① 《欧洲时报》2013年6月23日。
② 《龙脉》2002年11月18日。

学生的具有较大影响的中文补习学校①。

以上两所学校可以看作印支裔粤籍社团办学的缩影,它们的共同特点是:学校性质是业余的补习学校,没有专门的校舍,上课教室就设在社团会所内;社团的文教组集体领导学校的规划和日常运作;延续印支三国中文学校的传统,采用普通话教学,多选用中国内地出版的教材,授课教师主要是中国大陆或台湾的留学生以及原印支三国的华文教师。

(三) 荷兰

早期旅荷华侨主要是粤籍海员和浙江、山东籍的小商人,"一战"期间在中国各地招募的华工,以及"一战"之后到荷兰勤工俭学的留学生。"二战"之后,随着国际政治、经济局势的变幻,从世界各地移民到荷兰的华侨华人的数量日益增多,到20世纪90年代已经超过6万人,这些人的祖籍地以广东省、浙江省为主,福建省次之。粤籍华侨在"二战"以后的来源比较复杂,一方面,香港新界的移民、港商以及持英国护照的香港人大量移居荷兰,根据当地华侨领袖估计,香港籍移民有2.5万~3万人②;另一方面,印支地区的华人难民有数千人流入荷兰,他们大部分是粤籍。另外,原荷兰殖民地苏里南、印尼以及东南亚其他国家的华人再移民、中国内地新移民也有部分是粤籍。与不断兴起的移民潮相伴而生的是在荷华人中文教育的需求日益增长。大约在20世纪60—70年代,一些华人社会中的侨领开始创办中文学校,此后,在华人福音教会、华人社团和个别热心教育人士的大力推动下,荷兰华文教育逐渐迎来了大发展的阶段。据统计,现在荷兰的中文学校共有40多所,分布在荷兰十个省③,其中大部分属于侨团创办。粤籍侨团创办的中文学校中最具代表性的是旅荷华人联谊会中文学校。

旅荷华人联谊会成立于1976年,由祖籍广东高要的中餐业主梁鸿基等人创建,是一个非常有影响力的粤籍华人社团组织。联谊会最初成立的目的是为在荷老年华人提供生活上的帮助,并在年轻一代华人中传承中华文

---

① 根据2011年对中文学校傅幼英先生的采访。
② 刘汉标、张兴汉编著:《世界华侨华人概况 欧洲、美洲卷》,广州:暨南大学出版社,1994年,第40页。
③ 吕娇娇:《荷兰中文学校考察分析》,山东大学2016年硕士学位论文。

化，即"老有所为，幼有所教"。其后，随着联谊会冲破传统观念束缚，日益融入主流文化，社团宗旨改为"联络荷兰广大华侨、华人、华裔，促进团结，争取合法权益，继承和发扬中华文化的优秀传统，推动中文教育，增进中荷友谊"①。经过数十年的努力，旅荷华人联谊会坚持正确的发展理念，在社团内外建立了广泛的社会联系网络，在荷兰华人社会发挥了重要影响。

在旅荷华人联谊会的各项事业中，开展中文教育、传承中国传统文化始终是社团的初心和使命。联谊会成立后，通过募集捐款，在阿姆斯特丹唐人街租下了一个大房作为会所，有了固定的会所之后，联谊会开始着手中文班办学计划。中文班成立初期规模很小，学生有20多个人，没有教室，只能围坐在一张乒乓球台旁边上课，教材是老师临时编的手写本。后来随着华人子女学习中文的人数越来越多，1986年联谊会克服经费、师资等方面的困难，在恩克赫伊森建立了第一所分校，1990年又在登海尔德建立了第二所分校。如今学校已经发展成为包括幼低、幼高、小学一至六年级及初中部共18个班级，500多学生的大型华文学校。学生年龄从5~20岁不等，基本都是广东裔，也有外国学生。上课时间一般为周六上午11时至下午3时共四个小时。五年级以下学生用粤语教学，从五年级开始学习汉语拼音，用普通话教学。另外，高年级学生还可以学习书法、唐诗欣赏、中国文化史话等传统文化课程。学校教材种类繁多，小学课本选用香港教材和荷兰教育部"中文教材发展计划"编写的整套教材《中国语文》，初中部使用台湾"侨务委员会"编写的《初中华文》1—6册，普通话课程采用上海复旦大学编的《今日汉语》共四册。学校教师共有18人，均来自香港，在中文学校任职不拿工资，每月只领取一点交通费。

除了英、法、荷三国之外，欧洲其他国家的粤籍侨团也开办了规模大小不一的中文学校，如瑞典杨丽然女士领导的瑞京华人协会中文学校，学生约有50多人；比利时旅比华侨联合会小学，有学生30余人，义务教员2人，采用

---

① 《旅荷华人联谊会成立二十周年暨旅荷华人联谊会中文学校第十届毕业生庆典纪念特刊》，1996年，第60页。

香港教材，用粤语授课①。

  总体上看，欧洲粤籍侨团创办的中文学校的办学模式，一方面体现了老一辈华人移民薪火相传中华民族语言文化传统的良好愿望，另一方面由于所在国华人社会人口结构和经济实力不同，其运营模式也表现出大同小异。首先，在英国、荷兰以及一些北欧国家，由于华人移民中香港籍人数较多，所以港侨对华文教育的发展起到了重要的引领作用，相应地粤语成为中文学校主要的教学语言，1997年以前港英政府也是中文学校粤语教材的主要提供者。当然随着汉语普通话应用范围的日益扩大，大多数的粤籍学校都开设了普通话班，中国内地出版的海外华文教材也越来越多地出现在中文学校的课堂，但是由于华人子弟中粤籍人占绝对优势，因此粤语班仍然是不可或缺的组成部分。其次，粤籍侨团中文学校除了极少数能够得到所在国地方政府或教育部门的经费补贴外，绝大多数都是自筹经费，除了社团资助外，主要靠华人社会的捐助，因此普遍存在经费不足的问题。因此除英国共和协会中文学校拥有独立的校舍外，其他社团学校都只能借用社团会所或租用当地正规学校的校舍，这也是多年以来欧洲华文教育始终不能摆脱周末中文学校性质的原因之一。最后，华人子弟学习中文的初衷已经从纯粹地赓续民族情感改变为实用主义的目的。

三、"二战"后欧洲粤籍华文教育中的杰出人物

  粤籍华人的中文教育事业主要依靠粤籍社团的全力支持，依靠粤籍华商的领导和资助，同时也离不开热心华文教育的教育家和一线教师的辛苦付出。"二战"以后，旅英香港移民陈雪，旅法潮州乡彦薛理茂、傅幼英，旅荷台湾移民蔡树坚，他们是欧洲中文教育发展中做出重要贡献的教育家。

（一）格林威治中文学校创办人：陈雪

  英国格林威治中文学校是伦敦南部一所著名的华文学校，成立于1981年

---

① 刘汉标、张兴汉编著：《世界华侨华人概况 欧洲、美洲卷》，广州：暨南大学出版社，1994年，第9、68页。

5月①，如今已有近40年的历史。格林威治中文学校的发展和壮大离不开创办人陈雪女士的执着与坚持。陈雪原名李雪萍，毕业于香港师范大学，1976年移居英国。教育学专业出身的她到英国之后把事业的起点定位在开办中文学校。1981年陈雪开办第一期中文班，有五名学生，课程内容以基础识字为主，陈雪自任教师。经过多年的努力和坚持，到20世纪90年代后期，学校发展壮大成为拥有一所主校、两所分校（1985年创办的英语数学分校、1993年开办的普通话分校）的知名民间华校。据2011年统计，学校有学生500多名，义务教师53名②。与其他社团办学不同，格林威治中文学校并不属于某个社团，其日常经费虽然离不开华人商号、学生家长捐助，但是没有固定的经费来源使得学校的运营常常遭遇困境，尤其2008年格林威治区政府停止了对少数族裔母语学校的经费资助，校舍免租的优待也一并取消，更使得学校的运行举步维艰。陈雪校长只能多方呼吁争取，联络朋友，寻求社会资助。虽然由于经费的问题，几十年间格林威治中文学校的运作都是勉力维持，但是陈雪始终把提高教学标准作为首要目标，并根据英国实际情况调整教学内容。目前学校开设幼儿班、小学班、英国教育文凭普通级（GCSE）以及相当于大学预科的GCE A Level高级中文班，高级班的毕业生可参加英国政府的公开考试取得文凭，格林威治中文学校培养学生一向以参加英国公开考试的高合格率著称。2001—2002年，在陈雪校长带领下，学生还出版了两套共36本的中文教材，程度从幼儿至GCSE，繁简字体对照，附汉语拼音及英文注解。

陈雪除了自己创办和经营格林威治中文学校以外，还为英国主流学校开设中文课程做出了很多贡献。1984年英国内伦敦中央教育局设立双语部门，支持在英中学校开展中学教学，陈雪当时受聘在一家主流英文学校教中文，成为"内伦敦教育局中文部的第一位教师"。

作为英国第一代香港移民，陈雪对中国传统文化有着割舍不断的情感，对华人移民和后代有着天然的同胞情谊。格林威治中文学校每年举办为期十天至三周的夏令营，收费低廉，目的是让那些家境贫苦的学生也能度过愉快

---

① 一说格林威治中文学校创办于1973年，见李明欢《当代欧洲中文学校概览：现状篇》，《海外华文教育》2002年第3期。
② 《运作松散经费不足，英国华文名校断粮陷困境》，《海外华文教育动态》2011年第3期。

假期。1996年，陈雪创办旅英炎黄文化艺术协会，发扬中华文化和艺术，促进民族间的文化交流。如今，格林威治中文学校联同当地文化艺术部、皇家海事博物馆以及炎黄文化艺术协会每年举办格林威治中国文化艺术节。2003年，为表彰格林威治中文学校对华人社会及华文教育的突出贡献，英国女王曾为学校颁发"女王金禧奖"，全校教师因为参与义务服务被授以"无名英雄"的美誉。这是当年全英唯一的一所获此殊荣的华文周末学校。2004年，陈雪校长因为在英国推广中文教育多年，成绩显著，获得MBE勋衔。

（二）旅法潮人教育家：薛理茂、傅幼英

薛理茂和傅幼英是法国粤籍侨团办学中两个杰出人物，他们的身世经历有诸多相似之处：都是印支华人难民，在20世纪70年代以后再移民到法国，来法之前都曾经从事多年的华文教育事业，到法国后仍然为华裔青年的中文教育鞠躬尽瘁。从他们身上，可以看到海外中华文化永续不凋的精神所在。

薛理茂（1901—2014），祖籍广东潮安县庵埠镇，早年在汕头读中学，后入厦门大学修生物学专业。毕业后，任普宁师范学校教师。七七事变后，日军大举侵略中国，百姓生活流离失所。1938年，薛理茂应邀到越南堤岸潮州义安中学任分校主任，教授生物学，并就此在越南度过了十三年的教书生涯。1951年，薛理茂从越南移居老挝，在永珍公立中学任校长兼华文教师。薛理茂中文功底深厚，许多学生经过他的精心教导华文水平大有长进。在永珍中学执教十年后，由于老挝政治环境恶化，薛理茂又离开永珍中学，转赴柬埔寨金边端华中学教授华文和生物学，直到1970年端华中学停办而返回越南。回到越南后，薛理茂仍未离开教育一线，曾先后任百里居宣德中学校长、堤岸义安中学校长及班主任。几十年间，薛理茂的足迹走遍印支三国，辗转任教于多所华文学校，为海外侨社的华文教育事业培养了大批人才，同时多年的教育经历使他积累了大量的实践经验，也为他在移民法国后继续服务于华教事业奠定了基础。

1980年薛理茂举家移民法国，最初住在一座有九十家亚洲人聚居的大厦里。当时已经年过花甲的薛理茂本应开始享受休闲自在的退休生活，但是当他目睹华人家长忙于生计，无暇后代的华文教育，从教数十年蕴藏其心的教

书育人的热情重新焕发出来，他不顾年岁已高，与大厦的业主联谊会合办社区中文班，招收华人子弟，并亲自执教、编写教材，成为最早一批从事社区华文教育的志愿者。1982年，法国华裔互助会成立，他协助该会编写章程，并出任互助会首届总干事，他入会的第一件事就是开办中文班，并提倡体育活动，开设太极班，义务出任中文班、太极班的导师。屈指算来，薛理茂从厦门大学毕业后的70年中，教过的学生成千上万，遍布亚、欧、美各大洲，真正是桃李满天下。2008年，世界越柬寮华人团体联合会在柬埔寨金边举办第四届会员代表大会，薛理茂获得柬国王颁赠的金质勋章，这是对他毕生为华文教育做贡献的表彰。

傅幼英，1931年生，祖籍广东潮州，出生于柬埔寨，早年在金边端华中学读书，毕业后在柬埔寨从事华文教育事业20载。曾先后在柬埔寨磅通省东咬双市东华学校、磅针市培华学校、三州府新民学校、贡不广育学校、金边端华学校等校任教。1971年，由于柬埔寨时局动荡，傅幼英辗转到澳门，参加澳门归侨总会。为了让在澳门避难的东南亚各国归侨青年能接受中华文化的熏陶，傅幼英等人组织了华青男女篮球队、歌咏队、舞蹈组，通过一系列的康乐文教活动，傅幼英增加了许多宝贵的工作经验。

1983年移居法国巴黎后，傅幼英重新燃起了教育工作的热情，参加了潮州会馆文教组，联同其他一些志同道合的好友，一起参加了潮州会馆中文补习学校的创办。2004年、2007年，曾先后两次代表潮州会馆文教组应邀出席在中国举办的第四届、第五届国际华文教育研讨会，与世界各地华文教育工作者探讨交流有关海外中文教育工作。后来随着年岁日高，傅幼英从文教组的工作岗位退下来，但是他始终关心中文学校的发展，每周六、周日他都会去会馆看学生上课，跟老师讨论教学，跟家长交换意见。他的毕生愿望就是教一辈子书，"把粉笔带到棺材里去"。

薛理茂和傅幼英的人生轨迹从东南亚到欧洲始终与华文教育的事业相连，在过去的半个多世纪，现代化和当地化对海外中华文化的传承造成了不小的冲击，但是他们二人却在文化传承与适应中不断调整，为海外华文教育的发展找到了合适的定位。或许正如傅幼英所坚持的：在法国的华人青年，要融入当地社会，首先要学好法文，这是必经之路，必学之需。但是在学好法文的基础上也要学好中文,因为对于海外的华人青年来说,学好中文就好比在屋子里多开了一个窗,透过这个窗看出去,很广阔,可以看到整个世界;因为母语教育传承根文化,祖国的语言和文化非常宝贵,它是中国人的根,我们的根不能断。

(三)有华文教育才有民族语言文化的传薪:蔡树坚

提到荷兰的华文教育,旅荷华人联谊会中文学校是不能绕过的一所老校、名校。提到旅荷华人联谊会中文学校,就不能不提曾掌校十余年的老校长——蔡树坚。

蔡树坚,祖籍广东,毕业于台湾大学国文系,1978年移民荷兰。像许多旅荷的华人知识分子一样,蔡树坚在工作之余,对华文教育事业一直抱有极大的热情。在他看来,华文教育是传薪民族语言文化的基础,华人子女为了在外国生活,为了竞争,当然要学好别国的语言文化,但是如果因此放弃了本民族文化,斩断了自己的根源,是得不偿失的,在异国的文化中迷失自我,就如同花果的飘零。在海外,关于如何开展华文教育一直有不同的争论,有人认为华文教育应该集中于中国语言文字的教授和学习,有人认为语言文字背后的民族文化、历史地理、伦理道德都应该是华文教育的内容,蔡树坚显然是站在后一种立场,从更深的文化层次去理解华文教育的内涵。

除了担任中文学校的校长,致力于华文教育的传承和推广,蔡树坚还是发展荷兰华文教育本土教材的积极推动者和实践者。1991年,在华人母语教育受到荷兰政府更多关注的背景下,经过全荷华人社团联合会的呼吁,荷兰教育部同意资助中文母语教材的编写。为了能够有的放矢,政府建议首先进行一个中文母语教材的调查,蔡树坚和阿姆斯特丹大学语言学系的学者傅少奇具体负责调查工作和撰写报告书。调查报告从1991年9月开始撰写,到12月底完成。后来这份报告得到教育部肯定,教育部批准给予中文教材发展计划资助。对于华文教材的编写,蔡树坚有自己的理解和思考。在他看来,华文教材的编写应该满足五方面的需求:第一,华文教材应该能使华人子弟认识中国,寻回自己的根源,因此内容应该包含文字、文化、历史、地理等方面的内容;第二,华文教材应该弘扬中国优良的伦理道德;第三,华文教材编写要能够与当地的生活情况相对应，适应侨居地的生活背景；第四，华文教材应该能够配合当地的学校教育；第五，华文教材应该介绍侨居地的文化和特色，促进各民族间的融洽[①]。可以说，蔡树坚的这种认识是非常合情合理，也是符合海外华文教育发展实际的。

如今，蔡树坚已经卸任华人联谊会中文学校校长一职，但他并没有离开华文教育的大舞台，2001年荷兰中文教育协会成立后，蔡树坚担任协会常务理事，还被聘为荷兰华文精英教育中心高级教育顾问。为了表彰蔡树坚对华文教育矢志不渝的奉献精神，中国国侨办曾授予其"海外优秀华教工作者"称号、华文教育终生成就奖，荷兰女王也向他颁授"荷兰皇家骑士勋章"。

第二节 粤籍华侨华人与非洲华文教育

非洲的华文教育产生于20世纪初，第一所全日制华文学校为毛里求斯客属华侨组织——仁和会馆创办的新华小学。随后南非伊丽莎白港梅县侨商公会与圣马克斯英格兰圣公会布道团于1918年联合创办了伊丽莎白港华侨教会学校，以当地梅县侨商公会会所为校址。留尼汪早期华人领袖广东顺德人刘文波于1927年开办了当地第一所华文学校。抗战开始后，由于非洲华人子女回国升学受阻，非洲华侨开始组建华文中学，并积极筹建新的华文小学，非洲华文教育进入兴盛期。据统计，抗战期间毛里求斯华文小学有六七所，南非大陆侨校有八所，马达加斯加全岛共有十三所侨校[②]，留尼汪仅1943年就办了4所华文学校[③]。华文中学主要有毛里求斯新华中学、中华中学，南非伊丽莎白港华文中学、约翰内斯堡华文中学。由于非洲早期华侨绝大多数为粤籍，因此这些侨校具有明显的广东色彩，除了少数国民党海外支部所建的学校采用普通话教学外，大部分都使用广东话、客家话等方言教学。

[①] ［荷兰］蔡树坚：《华文教育对培植后代的重要性及教材编写的取向》，中国海外交流协会文教部编：《海外华文教育文集》，广州：暨南大学出版社，1995年。
[②] 方积根编：《非洲华侨史资料选辑》，北京：新华出版社，1986年，第81页。
[③] 贺鉴、黄小用：《非洲华人教育浅探》，《比较教育研究》2001年第12期。

一、"二战"后非洲华文教育发展的概况

"二战"后七十年来,非洲华文教育经历了高潮、没落和复兴的曲折发展历程。

(一)战后初期,华文教育延续抗战时期的繁荣局面,办学规模和数量都有进一步的发展

"二战"结束后,中国陷入国共内战的混乱局面,新中国成立以后为巩固新生的人民民主政权国内开展了一系列的政治运动,加之当时移民政策较为宽松,因此战后到50年代,中国人移民海外形成一个小高潮,非洲华人移民数量相应地快速增加。如马达加斯加1941年华人为3630人,到1951年增加到4900人,1961年增至8900人①。毛里求斯1944年华人人口数为10882人,1952年增加到17850人,1962年增加到23058人②。华人数量的增加扩大了华文教育发展的自然基础,进一步激发了华侨华人的办学热情。在马达加斯加,费内维尔中山学校在1940年小学部有六个班级,为了进一步扩大教学规模,1947年费内维尔中华会馆重新购买校址、全岛华人捐款新建校舍,1954年校内学生增加到629人,1962年增设中学部,到1968年共培养六年制小学毕业生320名③。在毛里求斯,新华学校在1944年有在校学生800余人,为了进一步支持新华学校发展,1947年,仁和会馆董事会批准学校借用会馆房舍,并负担学校自来水费用及政府税收,到50年代,全校中小学生达1010人④,成为非洲华人最高学府,吸引周边海岛许多华人子弟前来就读。与此同时,非洲各国华校数量也较战时有不同程度的增加。据不完全统计,1948年,南非华文学校由战时的8所增加到13所⑤;20世纪60年代初,毛里求斯华文学校由战时六七所增加到10所⑥。

---

① 方积根编:《非洲华侨史资料选辑》,北京:新华出版社,1986年、第221页。
② 方积根编:《非洲华侨史资料选辑》,北京:新华出版社,1986年、第160页
③ 张成伟:《马达加斯加费内维尔中山学校汉语教学现状研究》,哈尔滨师范大学2016年硕士学位论文。
④ 林金枝:《毛里求斯的华人社团》,《八桂侨史》1995年第2期。
⑤ 吴小伟、杨道麟:《南非华文教育浅论》,《八桂侨刊》2013年第1期。
⑥ 李济祥:《仁和会馆建立史话》,《毛里求斯仁和会馆建馆125周年纪念特刊》,路易港:仁和会馆董事会,1996年。

（二）20世纪60—80年代，非洲华文教育走向没落

战后华文教育的兴盛仅维持了很短的时间，受中国政局以及所在国移民政策的影响，越来越多的华人选择加入定居国国籍，相应地华人子女的教育也慢慢从华文学校转向到当地学校，从当地学校毕业进而去英、法、美、加等发达国家接受高等教育成为大多数华人的理性选择。华校关闭、停办成为普遍现象。据统计，南非在20世纪60年代有华文学校8所，现在仅剩约堡华侨国定学校、伊丽莎白港中华学校及比勒陀利亚华侨公学3所[1]。华校生源日益减少是华文教育衰落的根本原因。比如南非东伦敦中华中学在19世纪60年代中期因为生源问题不得不关闭，马达加斯加迭戈苏瓦雷斯培本学校因生源问题于1973年关闭，毛里求斯新华学校作为非洲最早的华文学校也因为生源问题在1973年停办。其他仍在开办的侨校在校学生其实也人数寥寥，只是勉力维持而已。如马达加斯加京华小学到1982年只有10余名学生，加菲亚纳兰楚阿华侨学校1982年学生不到30人[2]。除了生源不足之外，经费、师资匮乏也是华文学校停办的重要原因。华文学校的经费主要靠华人捐款，私人募捐无法保障稳定的资金供给，学校运营、设备维护、教师薪金经常面临困难。例如1948年南非东部省华侨小学就因为经费困难而关闭。华人子女纷纷选择西文学校，华文教育的衰落直接导致华人后裔中文水平急剧下降。在20世纪80年代，毛里求斯25岁以下的华侨青年，绝大多数不认识中国文字，甚至连客家及其他家乡方言，不但不会讲，连会听的也不多。[3]

（三）20世纪80年代以来华文教育的复兴

改革开放以后，随着中国经济实力的增强，中非经济和文化交流日益频繁，非洲各国华文教育有重新复苏之势。具体表现为：（1）部分传统侨校重新开办。比如1975年以后，毛里求斯新华学校在仁和会馆的支持下复办，全日制学校改为周末中文补习班，目前有学生200多名[4]。（2）华文教育被纳入

---

[1] 朱慧玲：《非洲侨情及其特点》，《八桂侨刊》2002年第1期。
[2] 参考李安山《非洲华侨华人史》，北京：中国华侨出版社，2000年，附录"非洲华文学校一览表"。
[3] 陈英东：《模里西斯华侨概况》，台湾：正中书局，1989年，第39-40页。
[4] 石沧金：《衰微中的坚持与努力——毛里求斯华人社会发展动态考察与分析》，《东南亚研究》2014年第1期。

国民教育体系，中文作为一门外语进入当地学校的课程体系。毛里求斯政府于1975年开始在5所中学开设汉语课程，同时有计划地培养汉语教师，到1982年，毛里求斯共有11位汉语教师，11所政府小学开设汉语课[①]。1992年汉语作为选修课，被列入中小学的正式考试科目。目前，毛里求斯开设汉语课的小学有23所，中学有10所[②]。在南非，2006年，6所综合大学和理工大学正式开设了中文课程，2009年，南非近100所高中开设了中文课程[③]。（3）华人社团开设了主要面向中老年华裔的汉语教学班。比如毛里求斯汉语促进会、仁和会馆、华语促进会等社团都开设了汉语教学班，南非业余文艺社开办中华文化补习班，为失学者提供学习机会。（4）中国政府加大对非洲华文教育的支持力度，直接推动了非洲华文教育规模的扩大、华文教育层次的提升。1988年，中国文化部在毛里求斯路易港建立中国文化中心，常年开设汉语班，"每年分三个学期，每学期开10至12个班，每期有学员150人左右"[④]，培养了一大批了解中国文化、会讲汉语的优秀人才。2011年国家汉办在南非成立中国文化和国际教育交流中心，分别在比勒陀利亚和约翰内斯堡设有国际学校和中资企业协会学校，2017年注册学生206人。学校以国侨办和国家汉办公派教师为主体，以"为南非的华侨子女提供最好的中文教育"为宗旨，2017年获国侨办"华文教育示范学校"荣誉称号。另外，自2004年中南两国政府在斯坦陵布什大学设立了非洲第一所孔子学院以来，到2018年底，非洲已有43个国家成立了59所孔子学院，孔子学院一般设在当地大学或研究院内，作为推广汉语和中国文化的交流机构，其直接推动了非洲华文教育迈入高等教育阶段。

二、粤籍华侨华人与非洲华文教育

客观地说，"二战"以后海外华文教育普遍被纳入了华侨华人居住国当地教育事业的范畴，成为当地民族文化教育的一部分，因此依靠政府办学成

---

① 刘岩：《毛里求斯汉语教学的发展及现状》，《汉语国际教育研究》2016年刊。
② 石沧金：《衰微中的坚持与努力——毛里求斯华人社会发展动态考察与分析》，《东南亚研究》2014年第1期。
③ 吴小伟、杨道麟：《南非华文教育浅论》，《八桂侨刊》2013年第1期。
④ 刘岩：《毛里求斯汉语教学的发展及现状》，《汉语国际教育研究》2016年刊。

为战后华文教育发展的主要途径。就非洲华文教育而言,无论是在制度上将汉语课程纳入国民学校课程体系中,还是积极寻求中非经济文化交流机会,为华文教育发展提供宽松的政策环境,政府在华文教育方面正日益发挥着重要的作用。但是华人社会素有兴学育人的优良传统,战后非洲华文学校的发展始终离不开华人社会、华人社团的努力,可以预见,在相当长的时期内,华人社会仍然是非洲华文教育发展不可或缺的支持力量。

(一) 毛里求斯仁和会馆与新华学校

毛里求斯是粤籍华侨华人比较集中的非洲岛国,尤其广东梅县客家人的数量在19世纪中期以后增长较快。为了促进客属华侨团结互助,客家籍华侨建立了仁和会馆,会址位于路易港西区的关帝庙神坛。根据李济祥所撰《仁和会馆建立史话》,仁和会馆的建立有赖于客属先侨的慷慨解囊:

> 到了清咸丰年间,广东客家人相继移民毛岛,使毛岛移民急剧增至一千五百多人。为了能够彼此守望相助,便成立了"嘉应同乡会"。同治八年,"嘉应同乡会"改名为"仁和会馆"。那时还没有固定馆址,每年以祭祀地点和日期作为集散和议事地点,口头相约,由出席者推举总理和协理来管理。……同治十三年,岁次癸酉(公元1874年),关帝生日那天,嘉应同侨按习俗齐集拉沙麟关帝神场,洁诚祭祀。典礼完毕,"仁和会馆"总理王雁宾,协理朱棠、李梗光、王德禄等目睹年年"祀事孔明,殊非久远之图",于是召集仁和同人,倡议建立圣帝庙堂。此议一出,在场者皆高呼善哉,一时响应之人,山鸣谷应,群皆捷足争先,倒匣倾囊。于是购买西区地基,相度形势,择日兴工,鸠工庀材。不久工程告成,规模宏整,气象大成,门槛上镌着"仁和会馆",两边对联:"仁风驰异域;和气话中原。"[①]

仁和会馆建立之初主要是为祭祀关帝,敦叙桑梓之情,1903年嘉应人陈

---

① 李安山编注:《非洲华侨华人社会史资料选辑》,香港社会科学出版社有限公司,2006年,第12–13页。

润生邀集友人制定会馆章程,以济困扶危、排难解纷为会馆宗旨,1904年向政府申请注册为正式社团。1905年,陈润生等人在新小山街19号购买一座房屋,作为仁和会馆会员下榻之处,后又注册成立仁和旅馆,作为客家或华人移居到路易港的暂居之所,这也是仁和会馆被称为"仁和旅馆"的原因。仁和会馆在唐人街拥有房地产,会馆选举董事会授权管理仁和会馆的产业,奠定了会馆良好的经济基础。1955年、1984年仁和会馆重新修订章程,会馆功能不断扩大,除了经济上的相互扶助外,还注重发展教育文化事业。比如1984年章程规定会馆宗旨包括五项:在会员或眷属逝世时给与物质或财政协助,设立学校、图书馆等,给予大众的教育上的便利、促进大众的体育活动,协助本会贫苦会员或其眷属或其他大众,促进大众的文化、道德社会及宗教事业[①]。

  会馆建立以后,在弘扬中华文化、敬老助贫、团结华侨华人、促进毛中友谊和文化交流等方面做出了很大贡献。抗战期间,曾发动华侨积极捐款支持祖国抗战,新中国成立后,是最早在毛里求斯升起五星红旗的社团之一。1972年中毛两国建交后,积极支持两国各种代表团的互访和交流,如1990年邀请"中国广东梅州客家山歌联欢团"在路易港市麟那白戏院演出,来听山歌的客家乡亲把戏院挤得水泄不通,有客侨感慨:"梅州山歌越洋来,万水千山隔不断。"[②]仁和会馆还热心开展慈善公益活动,在居住国,曾定期向老贫侨发放生活补助金,1970—1989年共发放80万盾;1986年广东梅县发生水灾,会馆发动华侨华人捐款12.6万盾用于救灾[③]。由于仁和会馆在促进华人社会发展的特殊贡献,在会馆成立125周年的时候,毛里求斯总统为会馆题词:"仁和会馆在社会、文化与宗教领域里,长期为传统文化与宗教的存在而努力,是完全值得我们祝贺的……他们的贡献,他们的激励,在为众多的毛里求斯人的家庭的生存起了作用。"[④]

  新华学校的创办和发展是仁和会馆发展教育文化事业、弘扬中华文化的

[①] 李安山编注:《非洲华侨华人社会史资料选辑》,香港社会科学出版社有限公司,2006年,第323页。
[②] 罗英祥编著:《飘洋过海的客家人》,开封:河南大学出版社,1994年,第252页。
[③] 林金枝:《毛里求斯的华人社团》,《八桂侨史》1995年第2期。
[④] 李安山编注:《非洲华侨华人社会史资料选辑》,香港社会科学出版社有限公司,2006年,第342页。

典型例证。

新华学校创办于1912年11月10日，创办人为热心教育的客家商人黎达夫、古文斌、吴韵琴，校舍位于路易港唐人街的中心地带。1941年初，新华学校由小学发展为新华中学（包括初级中学及附属小学），有学生64人，学制、教材、教学方法等均向中国看齐，并聘请部分中国教员；同年10月，增办民众夜校，1942年学生达700余人，教员20人，还在中央兵城举行了一次全校运动会[1]。1947年新华学校进入全盛时代，学校拥有18间教室，39名教师，学生增加到1019人，教师有39人，分18个班上课，为新华学校学生最多的时期[2]。20世纪50年代以后，由于时代变迁，华文教育衰落，华人子女逐渐改入西式学校，新华学校的生源日益减少，50年代末仅剩400余人，1972年学校中学部停招，70年代中期学校小学部停招。

在学校面临关闭危机之时，一批新华中学校友出面，将学校改办为幼儿园（全日制）和中文周末班。幼儿班分大、中、小三个班，招收3~5岁儿童，学校教授英文、法文、中文、客家话。周末班分预备班和普通班，分别招收全日制小学生和中学生，均设四个年级。周末班每周末上课3小时，小学生使用的教材是《基础汉语》，中学生用的是《汉语》，教师一般用普通话教学。周末班由于时间安排和编级灵活，受到家长和学生欢迎，从1986年开始，学生人数逐年有少量增加[3]。为了适应学生报考英国剑桥大学主办的中学毕业考试需要，周末班还开设翻译课，教授中学五年级中文考试的全部课程，以便学生衔接考试。据统计，到2000年，新华学校周末班共有学生300多人，由小学一年级至中五班，共分12班，教师有14位，在校学生听用普通话（毛里求斯土语和英法语的解释），拼音上课，教材由中国国侨办供应[4]。随着中毛两国经贸和人员往来的日益增加，中文的价值逐渐提升，新华学校

---

[1] 《毛里求斯新华学校步入百岁》，《福建侨报》2012年4月13日。
[2] 参考段颖、陈志明《跨洋流动、地方适应与中国联结——毛里求斯华人社团与社会探析》，《海交史研究》2017年第1期；《毛里求斯新华学校概况》，《华文教学通讯》1996年2月15日。
[3] 教育大辞典编纂委员会编：《教育大辞典 第4卷 民族教育、华侨华文教育、港澳教育》，上海教育出版社，1992年，第434-435页。
[4] 朱珠球：《毛里求斯新华学校——华文教育现状、特征、变化和发展有关问题综述》，中国海外交流协会文教部编《第三届国际华文教育研讨会论文集》，北京：华语教学出版社，2000年，第130页。

董事会一直计划将学校发展为中西合璧的全日制华文学校,但到目前为止,这一计划仍未实现,今天新华学校仍然是一所业余的华文补习学校。尽管如此,多年来新华学校仍然培养了大批汉语人才,为传承中华文化、促进中毛两国友谊和文化交流做出了重要贡献。

作为一所"为本埠全体客属华侨组织而成"的学校,新华学校的发展离不开仁和会馆和客籍华侨的扶持和支援。

首先,在学校创办初期,仁和会馆和客籍闻侨在经费和校舍等方面大力援助。新华学校的前身是吴韵琴等三位侨领集资开办的一所私塾,1912年随着学童的增加,经费短缺,黎达夫建议由仁和旅馆接办为正式学校,即后来的新华学校。仁和会馆董事会接受此建议后,拨出经费和房屋,将仁和旅馆刚刚购置的唎唎命街仁和屋产借给学校作为校舍,不收租金,学校只负担自来水费和政府税。1941年,新华学生增设中学部后,原有校舍不敷使用,吴韵琴将他承租的小山街的一处厂房借给学校使用。这处厂房的地皮本为仁和旅馆所有,1933年旅馆董事吴韵琴承租这块地皮并自建房屋作为厂房,约定租期为13年,到期后,建筑材料可由吴氏自行拆回。1944年,吴韵琴为了让就学华人子弟有一个良好的学习环境,在弥留之际,面谕后人将全部房舍赠予仁和旅馆以供学校使用。1947年仁和旅馆董事会决议,批准新华学校借用房舍外,还负担自来水费用和政府税款,借以补贴学校经费。

其次,仁和会馆和客籍闻侨通过董事会管理学校,保证学校的正常运作。新华学校以董事会为管理机构,以20世纪30年代为例,学校董事会的成员有古文彬、吴韵琴、吴伯清、侯光华、李少垣、林习堂、吴小垣、萧辑初、李禹臣、李丽堂、黄于优、吴伯京、黎子达、李权秀、李任南,其中李权秀为校长,这些董事多是仁和会馆的董事。他们经常组织各种募捐活动,为学校筹措经费,并通过聘任教员、议定重大事项等规范学校管理,保证学校教学的有序开展。

(二)塔马塔夫华侨总会与"邹省华侨学校"

塔马塔夫华侨总会又称"邹省华侨总会",是塔马塔夫市历史悠久、有广泛影响的社团。它的前身是成立于1906年的南顺会馆,抗战时期曾组织救国总会捐款援助祖国抗日，抵制日货。中马两国建交以后，塔马塔夫省整合省属12个县的侨社，组织全省的侨团组织塔马塔夫华侨总会。总会设正副会长和常委，目前会长为当地闻侨陈兆来，陈氏经营陈就公司，从事日用百货批发和零售。

邹省华侨学校的前身是1938年国民党驻马岛支部创办的兴文学校，是一所向当地政府注册的正规学校。学校初创时规模很小，只有19名学生，后设寄宿生，到1954年学生增加到629人。1958年学制改为7年，同时增设法文课程，1962年增设中学部[①]。为提供良好的教学条件，华侨多次筹措资金，陆续新建了3处校舍。1976年兴文学校与另一所华侨学校合并为塔马塔夫华侨小学，学校改为由当地华侨管理，保留原有2200多平方米的占地规模。2001年塔马塔夫华侨总会斥资重修学校。

如今邹省华侨学校是马达加斯加乃至非洲最有影响力的华侨私立学校之一，也是当地教育规模和教学质量都较好的学校。据2008年的数据，学校有学生398人，分幼儿部2个年级、小学部6个年级、初中部4个年级[②]。由于该地区南海、顺德老侨较多，所以学校的中文教育也有比较鲜明的广东色彩。幼儿部开设了幼儿粤语兴趣班、学前粤语兴趣班；小学部开设粤语兴趣初级班、中级班，汉语普通话兴趣初级班、中级班，每周二、四、五下午和星期六上午整段时间上课。初中部每周每班学习一小时汉语普通话，学生自由选修。粤语班由当地四位教师任教，汉语普通话班由两位外派老师任教。外派教师基本来自广东，由广东省侨办公派到此地，另外塔那那利佛大学孔子学院也为学校提供汉语教师志愿者。

学校还利用课余时间开设成人汉语普通话初级班和中级班，分为日班、夜班，每班每周各两节课，每节一至一个半小时，还有一个校外儿童普通话班，每周上课一个半小时。除了中文课程外，学校还开设剪纸班、唱歌班、唐诗班、毛笔字班等传播中华文化。目前学校学生除了华侨子弟外，还有许多外族子女就读，汉语和中国文化课受到所有学生的欢迎。

---

① 教育大辞典编纂委员会编：《教育大辞典 第4卷 民族教育、华侨华文教育、港澳教育》，上海教育出版社，1992年，第434页。

② 《马达加斯加塔马塔夫华侨学校》，中国侨网，2008年1月8日。

第三节　粤籍华侨华人与大洋洲华文教育

一、澳大利亚华文教育发展的概况

华人移居澳大利亚始于19世纪中期，但是早期移民多为劳工，来澳后忙于做工谋生，无暇教育，因此19世纪澳大利亚华人并无中文教育的需求，当地也未有中文学校存在。直到20世纪初期，受华侨民族主义思想的影响，加之保皇派和革命派的动员和驱策，澳大利亚才产生了最早的中文学校。据史料记载，第一所华文小学是悉尼著名侨领叶炳南、叶同贵于1909年发起创办的"悉尼中华蒙养两等学堂"。学堂办学以"进德开智为基，尤贵发明爱国合群之义，坚其内响之诚"为宗旨，招收6～15岁儿童，教学内容与国内学堂相近，设修身、经学、图文、算术、史地、体操、图书及唱歌等课程。此后，墨尔本、悉尼又先后出现了几所中文学校，比如：1909年墨尔本侨领伍洪南、刘月池、黄右公等人创办的"汉文半夜学堂"，注册学生30名；1911年，墨尔本《警东新报》报馆内开办的夜校，教授中文，学生10多人[1]；1916年国民党员赵平鸣在悉尼创办光华学校，有50名学生；1916年澳洲美以美教会开办中文夜校，学生30多人，1924年停办，共办了8年[2]；1931年，国民党的悉尼支部也曾开设华侨学校，有学生数十人，利用晚间上课；同年，墨尔本中国领事馆设立中文学校，领事馆主事蒋家栋亲自担任校长，设国文、史地等课程。总体看，澳大利亚早期中文学校办学时间都比较短暂，这主要是因为澳大利亚在20世纪初开始限制华人移民，"二战"以前，在澳华人数量日益减少，直接破坏了华文教育的社会基础，而且对华人移民的限制，也使得中文学校的教师动辄无法入境或被强迫离境，对中文学校的运转造成致命打击。因此有人形容"从1909至1930年，澳大利亚的华校和华文教育的发展是个失败的试验"[3]。

---

[1]　陈国华著：《先驱者的脚印——海外华人教育三百年1690—1990》，多伦多：Royal Kingsway Inc.，1992年，第100页。
[2]　陈国华著：《先驱者的脚印——海外华人教育三百年1690—1990》，多伦多：Royal Kingsway Inc.，1992年，第137页。
[3]　［澳］杨进发著，姚楠、陈立贵译：《新金山——澳大利亚华人 1901—1921年》，上海译文出版社，1988年，第290页。

"二战"以后到20世纪60年代，澳大利亚仍然实行"白澳"政策，华文教育在低迷中徘徊。直到20世纪70年代，澳大利亚彻底结束"白澳"政策，并鼓励多元文化发展，华文教育开始获得重视，进入生机勃发的新阶段。一方面，华文教育被纳入澳大利亚国民教育体系中，许多主流教育的中小学、大学都开设了中文课程。据统计，1988年全澳30多所大学有16所开设了中文课程，1992年增加到23所。1993年新南威尔士州有40多所公立小学开设中文课程，选读中文的中学生有1800多人①。2016年维多利亚州有150多所中小学教华文，其中政府学校占50%，私立学校占40%，教会学校占10%，学习华文的学生人数有12000人②。另一方面，各种性质的周末中文学校相继涌现，构成了一个颇具规模的中文教育网络。粗略统计，目前仅悉尼一市的周末中文学校就有50多家，学生人数超过10000人。维多利亚州的周末华文学校也有50多所，学生人数有9000多人③。按照办学主体划分，这些周末中文学校可以分为政府投资设立、华人社团创办、华人社区办学、民间文教机构办学和私人办学等五类。具体到各学校则规模大小不一。比如在墨尔本，最大的中华民族学校有学生1560人，史宾威中华公学有学生800余人，还有一些规模较小的学校只有数十学生。中文学校的学生以当地中小学生为主，绝大部分是华裔，也有少量非华裔，另外还有一定数量成年人。④

　　这些中文学校都是周末补习班性质，每周上课2～3小时，大多租用当地中小学校的教室上课。教师来源比较多元，包括中国内地和香港、台湾地区以及印支的新移民，还有留学生家属，多为兼职，薪金较低，一个钟点约10～20余澳元。各学校采用的课本不尽相同，中国内地和香港、台湾地区以及新加坡的教材均有学校采用，1986年维多利亚州当局自己编了一套华文教材，但采用的学校不多。总体来看，20世纪80年代以后，澳大利亚的华文教育呈现了欣欣向荣、繁荣发展的好景象，但是两教一资仍然是困扰中文学校

---

① 黄磊：《澳大利亚中文教育现状》，中国海外交流协会文教部编《海外华文教育文集》，广州：暨南大学出版社，1995年。
② 王琳主编：《世界华文教育现状研究》，北京：商务印书馆，2016年，第212页。
③ 王琳主编：《世界华文教育现状研究》，北京：商务印书馆，2016年，第213页。
④ 王雪霏：《澳大利亚墨尔本中文学校概况》，王棠主编《转轨中的华文教育》，北京：中华文化出版社，1991年，第82页。

发展的主要障碍，另外，澳大利亚华人移民历史短暂，居民聚居的密度较低，也影响了华文教育的发展。

二、粤籍华侨华人与澳大利亚华文教育

从历史上看，澳大利亚华人社会的形成以粤籍华工的流入为导源，因此以华人子弟为教育对象的中文学校一开始就带有比较明显的粤籍色彩。比如，最早的华文学校——悉尼中华蒙养两等小学堂由悉尼中华商会的某些华商倡办，悉尼中华商会成立于1903年，是中国最早创办的近代商会之一，会员由旅居澳洲的华商组成，这些华商大多为粤籍。中华蒙养两等小学堂以粤籍的叶炳南、冼俊豪、李春、梁创、叶同贵等5人为校董，"校中常年经费由商会资助，每年达百磅以上"①，日常教学采用广州话。其中，叶炳南祖籍广东增城县，在悉尼开设"安昌号"，经营中外杂货，华商会社协理；梁创祖籍广东东莞县，在悉尼开设"永安号药行"，华商会社协理。他们始终热心发展华文教育，从1911年至1914年，叶炳南捐助了大约150镑以弥补学校的财政亏空②。

（一）维省四邑会馆与中文学校

除了著名的华商侨领捐资办学以外，粤籍华侨华人对澳大利亚华文教育的支持和参与主要体现在侨团办学，"二战"以后，最典型的例子当属维多利亚省四邑会馆的中文学校。

维多利亚省四邑会馆是一个有着160多年历史的粤籍海外侨团，在世界华侨社团史上也属历史比较悠久者。19世纪中叶，广东新会、台山、开平、恩平等四邑先侨漂洋过海到澳大利亚淘金，他们主要于维多利亚州聚族而居，在异国他乡，为了安身立命，团结自卫，他们较早成立了以地缘、血缘为基础的同乡社团，学术界公认的三个早期的四邑华工的社团是巴勒拉特四邑会馆、墨尔本的维省四邑会馆和墨尔本的冈州会馆。

1854年，台山籍旅澳侨商雷亚妹组织维多利亚州四邑乡亲成立了华人

---

① 蔡少卿：《澳洲鸟修威雪梨中华商会研究（1902—1943）》，《江苏社会科学》2005年第4期。
② ［澳］杨进发著，姚楠、陈立贵译：《新金山——澳大利亚华人 1901—1921年》，上海译文出版社，1988年，第288-289页。

同乡会组织，最初名为四邑公所，所址设在冈州会馆内，1866年关帝庙建成后，公所迁到关帝庙财星宫二楼，同时"四邑公所"正式改名为"四邑会馆"。根据会馆章程，会馆联合四邑梓友以"维持日益增进文明及办理一切慈善事业为宗旨"，日常设经理一人、协理一人、书记一人，由各邑轮流推荐候选人，会馆每年召集四邑同人召开选举大会一次，选任职员。总体来看，因为华商有经济地位和声望，所以各邑推荐的候选人及最后当选担任职务的人主要是墨尔本比较富裕的零售店主和商人。作为一个慈善组织，四邑会馆成立后，曾多次捐款给当地的医院，也曾救济中国的饥荒、水灾和旱灾灾民。在20世纪最初的20年，四邑会馆会员众多，资金和财产比较充足，除了支持慈善事业外，也曾为政治目的而捐款。1980年，为了适应民主潮流和时代发展的需要，四邑会馆进行了一次改革，颁布了新的社团组织章程，此后社团的组织机构和宗旨职能都与从前有所不同。首先，在组织制度上，一改早期"三驾马车"职员制，设会员大会和会员代表大会，其中会员代表大会为最高权力机构，会员代表由十六人组成，在会员大会休会期间，行使对会馆一切事务、财政收支与决算的监督管理权，为了更好地执行和推动会务，代表大会设置慈善福利组、文娱组和总务组。其次，在组织职能方面，除了继续重申会馆的慈善性质外，新的组织章程还强调通过会馆建立的庙宇、义祠、每年举行的祭祖活动及办理慈善事业，达到会员之间联络感情，互相合作谋求福利的目的，并"期望新生代皆有祖国文化之认识"[①]。正是在强调传承中华优秀文化和培养华人新生代对祖国文化认同的背景下，1981年维省四邑会馆举办了第一所周末民族语言学校——四邑中文学校。

四邑中文学校正式成立于1981年4月4日，校址最初设在四邑会馆内，1983年以后，为适应教学发展的要求，先后租用墨尔本工专学院校舍及哥玲活教育中心作为校址。学校的办学宗旨是"发扬中华文化，培养学子学习及认识中华传统美德"。作为一所创办30多年的中文学校，四邑中文学校在创校、管理、教学、人才培养等方面都取得丰富的经验和很大的成绩，学校不

---

① 《澳洲维多利亚省四邑会馆组织章程》，梅伟强编著《澳大利亚维多利亚省四邑会馆简史（1854—2004年）》，墨尔本：澳洲维省四邑会馆出版社，2009年，附录6。

断扩大规模，在社会上具有良好的影响。

中文学校开办以后实行董事会负责制，1986年制定了《澳洲墨尔本四邑中文学校校董局组织章程》，校董局负责校长的选聘与解雇，筹划组织校务及经济的筹备运用，选聘荣誉校董及顾问，处理一切有关校务事项。

中文学校的教师每学期约有十多名，均是采用每学期聘用制，师资来源除了早期负责粤语教学的元老外，多数是聘任中国移民，她们一般都有师范或教育学的学历背景，并在国内有教育工作的履历，都能讲标准的汉语普通话和流利的英语。学校对教师有严格的管理制度，要求教师按照教学大纲及进度表施教，日常实行校董巡视制度以监督教学工作。

学生来源为居住在墨尔本八十多个区域的华人子女或中西结合家庭的子女，他们的移民来源地比较多样，包括中国内地和香港、台湾地区及东南亚国家，绝大多数在澳大利亚出生，汉语水平参差不齐。学校的教学根据维多利亚州教育部编订的教学大纲，并结合本校学生特点，制定具体的教学计划和要求，曾先后采用中国用繁体字印刷的书本、新加坡编印的简体字教科书，目前则以暨南大学华文学院专门为海外华侨编写的《中文》为主要教材。除了课堂教学以外，还定期举行朗读、造句、作文比赛，并专门设立VCE奖学金，以奖励和吸引学生。

作为一所粤籍侨团支持创办的学校，粤籍乡梓在学校的日常管理、经费支持等方面做出了很大贡献。首先，中文学校的领导者和管理者——校董局的十六名校董是由各邑推选出来的，均是粤籍。他们中包括董事长一人、副董事长一人、中英文秘书各一人、财政一人以及11名校董。为了规范化管理，他们定期召开会议，讨论办学事宜。董事长和校董经常到学校巡视和工作，以及时了解学校存在的问题并讨论解决。其中雷得胜董事长在中文学校创校期间，殚精竭虑，勇挑重担，对学校的发展有奠基之功。梁国祥、梁国贤两位董事长任职时间最长，对学校的发展壮大做出了很大贡献。其次，在办学经费上，侨团和梓里都慷慨解囊。中文学校目前的办学经费主要有四邑会馆津贴、维州政府津贴、学费收入、热心人士捐助和中国驻澳使领馆的支持等五种来源，其中四邑会馆津贴几十年如一日，是中文学校运行的主要财政支柱。有数据显示，自1982年到2004年，四邑会馆对中文学校的补助少则几百元，多则数万元，在会馆经费非常紧张的情况下，23年间共补助学校经费364129.74元①。而四邑的梓里，尤其是富商也经常向学校捐资赠物，详情毋庸细述。最后值得一提的是，尽管自20世纪90年代以后，学校的校长聘任已经打破籍贯限制，不再拘泥于四邑籍，学生来源也日益多元，但是粤语教学始终是学校的常设教学内容，一方面粤语在澳大利亚的应用比较广泛，另一方面粤语班的常设也无形中显示了学校的地缘特色。

（二）跨籍贯侨团的中文教育

"二战"以后，澳大利亚侨团的发展趋势是打破地缘和血缘限制，着力发展综合型社团，很多中文学校都是由综合型社团支持开办的，因此很难将粤籍华侨华人的作用单独区分开来，但是粤籍人作为澳大利亚华人主要的地缘群体，在社团办教育方面肯定是起了重要作用的。这些社团及中文学校的情况如下。

1. 侨青社及附属中文学校

侨青社是悉尼较有影响的华人社团。成立于抗战时期，原名是澳洲悉尼埠侨青抗战话剧研究社，社团主要活动是通过公演话剧支持祖国抗战，因此早期社员主要是戏剧演员。如今侨青社已经成为容纳了各界人士的，以增进中澳友谊、推动两国文化交流、促进华人社会福利为宗旨的综合性社团。1974年，侨青社创办了中文儿童班，最初只有8名学生。1977年，为了满足华人儿童学习中文的需求，侨青社正式成立了中文学校，成立初期有8个班，到1990年已经发展到41个班，学生达800多人②，教学内容分为普通话和广东话两种。除讲授汉语外，还讲授中国史地和中国音乐，深受大学生和幼儿家长的欢迎。教师来自中国内地和香港、台湾地区及新加坡等地的华人移民，教材采用新加坡版课本及自编的《中国的节日》《中国的发明》《中国著名的地方》《中国古代史》《中国近代史》等书，是悉尼开办的最著名的华文学校。

---

① 梅伟强编著：《澳大利亚维多利亚省四邑会馆简史（1854—2004年）》，墨尔本：澳洲维省四邑会馆出版社，2009年，第100页。
② 吴同永编著：《海外华侨教育史略》，福州：福建省侨办文教宣传处，1996年，第166页。

2. 墨尔本侨友社及侨友学校

侨友社是墨尔本市较有影响的社团,成立于1971年,主要是为澳大利亚华人提供文化、社交、福利生活方面的服务。1974年购置会址,因为会所设备俱全,因此深得社友欢迎,维多利亚华人社团联合会福利工作人员办事处、维多利亚州华族老人福利会办公处与康乐中心、墨尔本市华人儿童合唱团等均在此设办事处。另外,侨友社还积极参与澳大利亚各民族社团的事务,是民族社团联合会维多利亚亚洲分会和移民资料中心的首创成员之一。侨友社举办的中文学校——侨友学校,设立儿童班、成人班、粤语班、国画班、太极拳班、钢琴班等,周六、周日上课,有学生300多人。

3. 维多利亚州中华协会及中文学校

维多利亚州中华协会是由一群澳大利亚华人专业人士于1982年在墨尔本成立的社团,面向所有超过18岁、拥有澳大利亚居住权的华人华裔,到20世纪末,会员人数已超过3000人[1],以医生、律师、会计师等专业人士居多。中华协会的主要宗旨是促进会员在澳大利亚享有的正当权益和一般福利、保存和发扬中华文化的优秀传统、培植和促进与其他民族的亲善友谊、协助会员适应在澳大利亚的生活习惯、为会员提供适当的娱乐场所。协会成立后,同时创办了中文学校,到20世纪90年代初有学生300多人。学校先后采用新加坡的课本和中国编写的课本[2]。

4. 南澳洲中华会馆及中文学校

南澳洲中华会馆是由旅居南澳大利亚州首府阿得莱德市的澳籍华人于1972年创设的地区性社团组织,以争取和维护华人合法利益、开展华人社会福利工作、传播中华文化为宗旨,积极开展文娱、体育、教育活动,定期出版月刊通讯《南澳中华会馆》,是当地组织健全、较有活力和影响的华人社团。社团成立之初就开办了中文学校,学生有120多人,同时还设有儿童班和成人班[3]。

---

[1] 张秋生:《澳大利亚华人社团的历史考察》,《华东师范大学学报》(哲学社会科学版)1997年第4期。

[2] 王棠主编:《转轨中的华文教育》,北京:中华文化出版社,1991年,第85—86页。

[3] 张兴汉、刘汉标编著:《世界华侨华人概况 亚洲、大洋洲、非洲卷》,广州:暨南大学出版社,1997年,第277页。

5. 昆士兰州华人宗亲协会及中文学校

昆士兰州华人宗亲协会成立于1983年，协会地址位于布里斯班市坚毅谷区域街161号，以促进华人团结、发挥互助力量为宗旨。1985年曾举行过春节大游艺会，宾客会员数百人参与，盛况空前。为了使华人青年有机会受中华文化熏陶，学会下设华文补习中心，租用政府学校四间教室，开办多个周末补习班，学生有200多人[①]。

此外，主要的社团中文学校还有：澳大利亚华裔相济会在悉尼西区开办有11所华文学校以及学习班，招收幼儿园至初中各班的学生；悉尼越棉寮华联会创办的华文学校，有学生500多人[②]。

三、粤籍华人与大洋洲其他国家和地区的华文教育

除了澳大利亚外，大洋洲的其他国家和地区，如新西兰、塔希提、巴布亚新几内亚、斐济及萨摩亚也不同程度地开展了华文教育。

新西兰的华文学校起步于"二战"以前，最初的几所华文学校都与华人基督教会有关联，这些教会为了吸引信徒，除了传教、组织宗教活动外，还开办中文补习班，教授华人青少年学习中文，如惠灵顿浸信会和华人圣公会，都在教会礼堂开设中文班，业余时间教授华人儿童中文。此后其他的办学力量也陆续参与华文教育事业。但总体来看，新西兰的华文教育发展较为缓慢，到20世纪80年代，全国共有华文学校十余所，可以分为三种类型：一是宗教团体办学，如前文所举两例。二是社团办学，包括战前坎特伯雷华联支会在基督城创办的中文学校、1963年奥克兰华侨会所在奥克兰开办的中文学校、1968年屋仑华侨会所在奥克兰开办的华侨义校、1977年惠灵顿华侨文化体育中心在惠灵顿开办的中文学校、柬埔寨华裔康乐互助会在奥克兰开办的中文学校。三是私人办学，如1990年金强富在基督城创办的路易艾黎中文学校。但是20世纪90年代以后，随着新西兰多元民族文化政策的发展，汉语在新国受到越来越多的重视，华文课程逐步被纳入当地教育体系，到1996

---

① 林金枝：《澳大利亚的华人现状及其社团一斑》，《南洋问题》1986年第1期。
② 张兴汉、刘汉标编著：《世界华侨华人概况 亚洲、大洋洲、非洲卷》，广州：暨南大学出版社，1997年，第276—277页。

年，全国有60所中小学、6所大学和7所理工学院开设了华文课程。1998年教育部宣布将华文列入大学入学考试的外语科目。2000年，教育部将华文列入新国中学会考外语考试科目[①]。

塔希提的华文学校集中开办于20世纪20年代前后，主要有1918年中国国民党直属支部开办的夜校，1920年中华会馆设立的中华小学，1921年中国国民党直属支部、第二直属支部开办的三民学校和第二三民学校，1922年开办的中山小学。这些学校发展最盛时有学生1000人。此外，还有一些私塾。1964年以后当地政府规定华侨学校不准招收14岁以下学生，华裔子女只能改进法文学校读书。20世纪70年代以后，政府放开对华文学校限制，华文小学又开始教授中文[②]。

巴布亚新几内亚的华文学校最初也由教会开办，1920年天主教会创办阿昆学校，1924年改名圣特瑞莎养正学校，主要是英文教学，也开设中文课。1922年拉包尔市的基督教福音教会创办华侨学校，以中文教学。同年，甲丙也办有华校。"二战"期间，这些学校都停办了。20世纪50年代，政府设立公办华校，天主教复办圣心学校，两校都设有华文课，后来公办学校取消华文课，改办夜校，每周讲授4小时华文[③]。

萨摩亚华文学校起步很晚，1984年萨摩亚大学开办汉语班。还有几位老华侨在一家华侨餐厅开办中文班，有60余名学生，后迁到中华公会礼堂上课。

因为大洋洲的早期华人移民主要是广东人，所以这些华文学校的创办和发展必然离不开广东人的支持，下面以斐济的逸仙学校为例，做一说明。

斐济是西南太平洋中心的一个群岛国家，目前有华侨华人8000～10000人[④]。在20世纪80年代以前，斐济华人几乎全部来自广东，并集中来自四邑和

[①] 严丽明：《试析新西兰华文教育的发展》，《八桂侨刊》2005年第1期。
[②] 参考林蒲田主编《华侨教育与华文教育概论》，厦门大学出版社，1995年，第60页。
[③] 参考林蒲田主编《华侨教育与华文教育概论》，厦门大学出版社，1995年，第60页；李天锡《大洋洲的华文教育》，《八桂侨史》1999年第1期。
[④] 广东省人民政府侨务办公室、广东省社会科学院：《侨力资源新优势与广东转型发展——2011广东海外侨务资源调研报告》，2012年，第327页。

东莞、中山等县①。逸仙学校是斐济规模最大、影响最广的华文学校，也是南太平洋地区唯一的一所由华侨自办的以华侨子弟为主的华文学校。学校位于斐济首都苏瓦一条静谧的街道上，创办于1936年，由当时各界侨胞慷慨解囊，多方筹措经费而开办，校名原为华侨学校，是一所小学，最初有17名学生。后来因为斐济政府禁止学校冠以民族名称，遂改名逸仙学校。1986年逸仙学校中学部建立，因为教育质量高，如今学校已是斐济数一数二的名校，有近千名学生，除了华人子弟外，当地其他民族如印度、斐济、澳大利亚、新西兰人也把子弟送来就学。学校教学内容中英文并重，在中文教育方面，逸仙学校改繁为简，推广普通话，多次组织学生到中国参加"寻根之旅"冬令营。

逸仙学校是一所政府资助的公立学校，但其中中文教育的师资和教学资源完全由学校承担。在逸仙学校的发展过程中，中国政府给予了大力支持，自1986年以后，中国共派出36位教师到逸仙学校任中文教学工作②，国侨办等机构也多次为学校提供汉语教材。广东省政府曾向学校捐建一座标志性牌楼。2015年，在中国驻斐济大使馆和广东省惠州市侨办推动下，逸仙学校与惠州市仲恺高中结成了姊妹学校。其后，广东省惠州市侨办还为逸仙学校教学楼的扩建捐献50万斐济元。2018年斐济逸仙学校被列入国侨办华文教育示范学校名单，是当之无愧的南太平洋华文教育排头兵。

在逸仙学校80余年的发展历史中，斐济华人社团中华教育协会团结华人，直接推动了华文教育的发展，其中有三位粤籍侨领尤其发挥了重要作用。

余汉宏，广东中山县人，早年来斐，毕业于英国坎特伯雷大学、新西兰奥克兰大学。1967—1982年，连续三届当选斐济议会议员，是斐济第一位华人议员。余汉宏执着于推动中华文化教育事业，多年连选连任中华教育协会主席，他在任职期间，亲自出面为学校募捐，筹措经费扩大教学建筑，改善教学条件，在他的关心下，学校的中学部逐渐发展壮大，教学和管理成绩

---

① 徐明远著：《出使岛国——在南大的风雨岁月》，北京：中国华侨出版社，1995年，第27页。
② 《中国资助扩建斐济逸仙学校，建校82年已成南太华文教育排头兵》，https://www.meipian.cn/1dk5dswf。

斐然。

余其祥，广东东莞县人，早年随父亲来斐，艰苦创业，20世纪70年代获英女王颁太平绅士勋衔。为人厚道，乐于助人，心系祖籍国家乡，多次回乡探亲，资助家乡建设。对斐济贫苦华侨也仗义疏财，多次连任中华教育协会主席。

余鼎新，祖籍广东，出生于斐济苏瓦，在新西兰完成高等教育，获理学学士和数学硕士学位，才干突出，在斐济身兼数职，事业有成。在余汉宏任职中华教育协会主席前，余鼎新曾任此职多年。在职期间，团结多方师友，扶危解困，保证学校教育和教学的顺利开展。①

---

① 参考徐明远：《出使岛国——在南大的风雨岁月》，北京：中国华侨出版社，1995年，第30–33页。

余论　粤籍华侨华人与华文教育：从历史看未来

中国是一个有着悠久移民历史的大国，海外华侨华人是中国特有的优势和宝贵资源。根据最新的统计，目前有5000万华侨华人遍布世界上170多个国家和地区，创办有近2万所华文学校，海外华文教师达数十万人，数百万学生在校接受华文教育，其中不仅包括华侨华人子弟，而且包括了大量的非华族、华裔人士。海外华侨华人中粤籍人数最多，有人说"世界上有海水的地方就有广东人"，他们在海外落地生根、构架族群、竞存发展的同时，也一直关注中华传统文化在海外的延续和弘扬，是推动海外华文教育星火绵延、生生不息的重要力量。

"二战"以来，由于地域、风俗以及华侨华人住在国的政治、经济、宗教、文化等多种因素的影响，海外各地区华文教育颇具特殊性和复杂性。在东南亚，华文教育经历了"二战"后短暂的繁盛期后，由于东南亚各国政府开始推行对华人社会的政治归化运动而遭遇重创，直到20世纪80年代呈现复苏、发展之势。在美、欧、非、大洋洲，华文教育在战后停滞不前，只是在20世纪70年代由于华人的再移民而得以发展，在性质上，四大洲绝大部分华文学校都属于业余性质，全日制的极少。其办学形式多种多样，学校规模大小不一，其发展具有自己的特点和轨迹。粤人华文教育是世界华文教育的组成部分，它在战后的发展轨迹具有海外华文教育发展的一般特点，也有属于特定方言族群的鲜活内容。具体地说，在七十多年的时空变幻中，它经历了战后初期东南亚华文教育从盛到衰进而再复兴的历程，经历了四大洲华文教育战后数十年的沉寂到70年代之后的复苏和再发展。在具体的教育实践中，粤籍侨团以兴办华文教育视为社团的神圣责任，带领粤籍华人推动、支持、直接经办华文学校，通过奖助贷学金制度发挥振兴华文教育、振兴中华文化的会馆职能，并在多元民族、多元文化的现代政治文化发展格局中，积极寻求华文教育当地化、现代化、多元化的转型之路，从而使族群兴学办教的文化传统在新的历史时期得到进一步的继承和发展。这是"二战"以来粤人华文教育的历史内容。

那么，粤籍华人与海外华文教育的前途又如何呢？从历史看未来，前途将是光明的。

首先，华语在经济领域的实用价值、华语所承载的中华文化的潜在魅力将使"汉语热"成为国际社会的长久现象。

从经济上说，在世界经济一体化的浪潮下，区域性、世界性的经贸往来与合作成为国际经济领域的普遍现象。中国自改革开放以后，经济发展迅速，现代化建设取得突出成就，在国际社会的地位和影响力正日益扩大。在亚洲，中国作为区域性大国，积极参与区域经济合作与开发，为亚洲各国发展提供巨大市场，如今，中国已是日本第二大贸易伙伴，东盟的第六大贸易伙伴，中国珠三角、长三角等地区正日益成为亚洲经济发展的引擎。在世界经济格局中，中国是正在崛起的最大发展中国家，经济实力在世界排名第二，是吸引外来直接投资最多的国家，也是诸多国家中吸引外资的最大目标国，日本、英国、新加坡等发达国家都开始在华设立吸引外资促进机构。语言是人类社会最重要的交际工具，随着中国对外经济活动的大幅增长，科技交流、投资考察、经贸往来、商务谈判空前频繁，华文华语的实用价值和商业价值不言而喻。事实上，自20世纪80年代以来，新加坡、泰国等东南亚国家公私立教育机构纷纷开设商务华语课程，吸引了大量华裔、非华裔学生、社会人士报读，本身就说明华语作为经济活动的价值已经得到越来越广泛的社会认可。同时，在经济利益的驱动下，越来越多的国家政府会在民族、教育政策上鼓励重视华文教育的发展，原来严格限制、管控华文华语的国家也不得不放宽政策,这些都将成为未来海外华文教育发展的有利条件。

从文化上说,中华文化是世界文化宝库的重要组成部分,它源远流长,博大精深,在几千年前的上古时期,中国历史上的先贤圣哲就创造了前无古人后无来者的哲学思想和道德文明,中国古代的科学技术在15世纪以前领先于世界,中国的文学、绘画、书法、典籍、建筑、园林及其他各种物质精神文明是人类历史长河中的瑰宝。但是在过去的时间里,由于地理、语言、科技等多方面的原因,中华文化长期自成一体、不为其他民族所了解和熟悉,直到进入近代社会,世界各民族之间的交往增多,中华文化才进入外部世界普通民众的视野,人们越来越感受到中华文化的特殊品格和潜在魅力,尤其是面对全球化文化浪潮的冲击与融汇,中华传统文化包含的价值观念、意识形态、思维方式、道德修养正得到世界范围内越来越多有识之士的探讨与认同。语言与文化的关系密不可分,语言是文化的基石,是文化形成和发展的前提,是文化传播和延续的工具,同时,语言又受文化影响,反映文化,反映一个民族的特征,蕴藏一个民族的生活方式和思维方式。既然中华文化已经引起了广泛注意,与之密切相连的华文华语走向世界也将是一种历史的潮流。

其次,中国与世界"和平发展"的国际政治形势长期不会改变,海外华文教育在所在国将获得稳定发展的外部环境。就国际政治的基本走向而言,两次世界大战给人类留下了沉重灾难和沉痛教训,和平与发展成为世界各国人民的共同追求,"冷战"结束后,世界各国政治力量彼此制衡的多极化进程又使得这种追求日益成为现实,因此从长期来看,国际形势总体稳定,国与国之间相互依存将成为不可阻挡的时代潮流。就中国自身而言,新中国成立以来,中国一直奉行独立自主的和平外交政策,坚持与邻为善,互惠互利,通过四十余年的经济建设和改革开放,中国实现和平崛起。在此过程中,中国没有做损人利己的事情,中国领导人承诺永远不称霸,中国的发展不仅没有损害包括周边国家在内其他国家的利益,而且还使它们从中国的发展中不同程度地获益,这无形中破除了国际社会"中国威胁论"的假想,减少或消除了海外华侨华人住在国政府在政治上对华人的疑虑和偏见。新加坡前总理李光耀曾说"把中国当作敌人是不明智的做法";马来西亚前总理马哈蒂曾公开批驳"中国威胁论",他说,"我不担心中国,我们为什么害怕中国?使我们沦为殖民地的不是中国人,而是欧洲国家"。另外,在欧美等西方大国,自20世纪70年代以来多元文化主义思潮成为社会主流观念,在实践中,包括华人文化在内的少数族裔文化得到承认和尊重,成为所在国文化的组成部分被加以平等对待,尽管近些年随着西方本土遭遇移民危机的挑战,多元文化的权威性开始动摇,但是多元文化主义作为一种理想、一种观点,仍具有极大的现实性,这也将影响外国政府的内政外交,为海外华文教育推广创造宽松环境。

再次,作为文化载体的粤籍华人及社团,将在融入居住地社会的同时,继续弘扬传统文化,领导、关心和支持华文教育的发展。

文化具有鲜明的民族性,它一经形成,就成为维系民族成员共同的价值观念和生活方式的纽带,成为该民族人民生存和发展的依凭。中华文化形成以来世代哺育着自己的民族,中华民族对自己的文化有着挥之不去的情怀,它不以移民的迁徙为转移或消亡。海外华人及社团是中华文化的创造者和传承者,尽管随着时间的推移,越来越多的华人融入当地,并建立了对居住国的政治认同,但海外华人对本民族文化的心理认同是根深蒂固的。尤其在老一代的华侨华人看来,中华文化优良的价值观、道德观和行为准则直到今天仍然具有强大的生命力、陶铸力和积极的现实作用,因此他们希望自己的后代能够永远保留中华文化的气质和道德品格。

教育是传承文化的事业,事实证明,华文教育对于传承中华文化具有显著效果。重新定位华文教育的新加坡政府,总是把学习华文华语与弘扬华族文化相提并论,李光耀、吴作栋等领导人多次指出新加坡华人学习华语是认清自己民族特性和自尊的基本需要。在海外,侨团、华校、华媒是华社三宝,包括粤籍侨团在内的各方言传统侨团几乎都有发展华文教育的基本职能,如果说早期华侨教育的作用更多着眼于教育,着眼于人才培养,那么战后华文教育的延续则几乎都出于保留民族文化之根的需要,这种需要将成为华人长久的心理需求和共同愿望。

在本文的结尾,笔者要特别指出,无论在历史上还是现实中,粤籍移民都只不过是海外华人的一部分,此外还有福建籍、浙江籍、广西籍等各省籍地缘群体，他们也是华人海外兴学办教的重要力量。另外，随着帮群意识的淡化，各方言组织的华教机构已经不再是彼此孤立、自我保护的封闭性团体，它们相互有了更多的合作与交汇，在许多国家和地区，区域性、全国性华教组织陆续出现，在过去的几十年中，粤籍华人与其他省籍华人逐渐走上联合化的道路，它们共处于一个组织中，一起行动，共同推进华文教育的协调发展。可以预见，超血缘、超地域的华人坐在一起共谋海外华人教育事业的发展，在许多国家和大洲将成为一个方向。因此粤籍华人及社团在海外华文教育事业中从来不是孤立存在的，而是与其他省籍的华人和社团同时存在的，只有将粤籍及其社团放置在整个华人社会中，才能看清它们的地位和作用。更值得一提的是，如今的海外华文教育普遍已经成为所在国教育事业的一个组成部分，接受政府领导和教育部门管辖，也要依靠政府力量创造宽松、有利的办学环境，因此当代华文教育的发展是一个系统工程，必须依靠政府、华人社会、华文学校以及华教一线工作者通力合作，单独依靠一个华文社群已经无法完成传承华文教育的历史使命，因此粤籍华人绝不能故步自封，而是应该积极建立与政府对话的渠道、与其他方言族群加强联系，为区域性、全国性、全大洲华文教育的统一规划、宏观指导和战略研究贡献力量。